1 MONTH OF
FREE
READING

at

www.ForgottenBooks.com

By purchasing this book you are eligible for one month membership to ForgottenBooks.com, giving you unlimited access to our entire collection of over 1,000,000 titles via our web site and mobile apps.

To claim your free month visit: www.forgottenbooks.com/free483810

* Offer is valid for 45 days from date of purchase. Terms and conditions apply.

ISBN 978-0-656-66695-9
PIBN 10483810

This book is a reproduction of an important historical work. Forgotten Books uses state-of-the-art technology to digitally reconstruct the work, preserving the original format whilst repairing imperfections present in the aged copy. In rare cases, an imperfection in the original, such as a blemish or missing page, may be replicated in our edition. We do, however, repair the vast majority of imperfections successfully; any imperfections that remain are intentionally left to preserve the state of such historical works.

Forgotten Books is a registered trademark of FB &c Ltd.
Copyright © 2018 FB &c Ltd.
FB &c Ltd, Dalton House, 60 Windsor Avenue, London, SW19 2RR.
Company number 08720141. Registered in England and Wales.

For support please visit www.forgottenbooks.com

First edition

Cordier -
Bibliographie
stendhalienne
no 241

Vicaire - manuel
T, 461

SOUVENIRS D'ÉGOTISME

G. CHARPENTIER ET E. FASQUELLE, ÉDITEURS
11, RUE DE GRENELLE, 11

Extraits du Catalogue de la Bibliothèque-Charpentier
à 3 fr. 50 chaque volume.

Journal de Stendhal, publié par Casimir Stryienski
et François de Nion (1888) . . . . 1 vol.

Stendhal : Vie de Henri Brulard, autobiographie
publiée par Casimir Stryienski (1890). . . . . 1 vol.

Lamiel, roman inédit de Stendhal, publié par
Casimir Stryienski (Quantin), 1889. . . . . . . 1 vol.

EN PRÉPARATION :

Casimir Stryienski : Henri Beyle, étude biographique et
littéraire, d'après des documents inédits.

C. 1936. — Paris. Imp. F. Imbert, 7, Rue des Canettes.

STENDHAL
(HENRI BEYLE)

SOUVENIRS D'ÉGOTISME

AUTOBIOGRAPHIE

ET

LETTRES INÉDITES

PUBLIÉS PAR

CASIMIR STRYIENSKI

PARIS
BIBLIOTHÈQUE-CHARPENTIER
G. CHARPENTIER et E. FASQUELLE, Éditeurs
11, RUE DE GRENELLE, 11

1892

Tous droits réservés.

HC 2436
A2C1
1893

A P.-A. CHERAMY

En souvenir du
Cinquantième
Anniversaire
de la mort
de
Stendhal

C. S.

AVANT-PROPOS

Le manuscrit autographe des Souvenirs d'Égotisme *se trouve à la Bibliothèque de Grenoble. Ces pages complètent les Mémoires de Stendhal, qui forment ainsi trois volumes :* Vie de Henri Brulard (1788-1800) — Journal (1801-1814) — Souvenirs d'Égotisme (1821-1830) — *et représentent à,ut ce que Beyle a laissé de documents autobiographiques.*

Les Lettres inédites *sont empruntées à diverses collections; j'adresse mes remerciments à MM. P.-A. Cheramy, Ed. Maignien, conservateur de la Bibliothèque de Grenoble, Charles de Spoelberch de Lovenjoul, Auguste Cordier, Henri Cordier, F. Corréard et Julien Lemer, qui ont bien voulu me permettre de réunir cette précieuse correspondance.*

STENDHAL

ET LES SALONS DE LA RESTAURATION

I

Henri Beyle fut un homme d'esprit — c'est en somme le plus clair de sa réputation auprès des gens qui, de son œuvre si variée, si neuve, si personnelle n'ont rien lu. Trouver la preuve de cette affirmation dans les livres de Stendhal ne serait pas difficile — on pourrait ouvrir, presque au hasard, l'un ou l'autre des volumes qu'il publia de 1814 à 1839 et on lirait ces jolis mots à l'allure paradoxale ou ironique, ces aperçus fins et profonds, ces traits suggestifs qui sont comme l'écho des conversations de ce brillant causeur. Mais on ne se donne pas tant de peine — on croit sur parole la renommée et l'on déclare, après tant d'autres, que Beyle fut un homme d'esprit — la phrase est toute faite et très commode, et se répètera encore longtemps.

Aussi bien serait-il peut-être à propos — avant de placer l'auteur de *Rouge et Noir* dans le milieu intellectuel et littéraire où, vers la quarantième année, il conquit ce titre, — de citer quelques unes des formules qui sont la marque de son individualité.

Nous connaîtrons ainsi Stendhal plus intimement, —

ce sera un moyen de nous intéresser davantage à ses succès mondains.

Son esprit a bien des faces et se manifeste très diversement. Le mot, chez lui, est souvent sarcastique, souvent aussi plus doux, — mélancolique et rêveur. Beyle est tout à la fois le disciple de l'utilitaire Helvétius, du tendre Cabanis, du sec Duclos, et peut-être, — inconsciemment — de ce gentilhomme lettré, le prince de Ligne, cet autre homme d'esprit qui, avant Stendhal, avait tenté une classification des différentes phases de la passion amoureuse.

Les préfaces de Beyle surtout sont pleines de ces façons ingénieuses et satiriques au moyen desquelles il laisse entrevoir sa pensée plutôt qu'il ne l'exprime — et notons que c'est le caractère de son esprit et que cette discrétion dans la forme, sinon dans l'intention, en fait tout le charme.

A-t-il, par exemple, à dire comment il comprend l'amour ? Il ne donnera pas une définition, mais il débitera sans emphase, sans élever la voix, ce brillant couplet : « Rougir tout à coup, lorsqu'on vient à songer à certaines actions de sa jeunesse ; avoir fait des sottises par tendresse d'âme et s'en affliger, non pas parce qu'on fut ridicule aux yeux du salon, mais bien aux yeux d'une certaine personne dans ce salon ; à vingt-six ans être amoureux de bonne foi d'une femme qui en aime un autre, ou bien encore (mais la chose est si rare qu'on ose à peine l'écrire, de peur de retomber dans les inintelligibles...) ou bien encore, en entrant dans le salon où est la femme que l'on croit aimer, ne songer qu'à lire dans ses yeux ce qu'elle pense de nous en cet instant, et n'avoir nulle idée de *mettre l'amour* dans nos propres regards : voilà les antécédents que je demanderai à mon lecteur. C'est la description de beaucoup de ces sentiments fins et rares qui a semblé obscure aux hommes à idées positives. Comment faire pour être clair à leurs yeux ? Leur annoncer une hausse de cinquante centimes, ou un changement dans le tarif des douanes de la Colombie. »

La citation est un peu longue, mais on est entraîné

une fois qu'on a commencé, et n'eût-il pas été dommage de laisser dans le livre ce dernier trait satirique?

Quelquefois l'ironie va plus loin : « *L'empire des convenances*, qui s'accroît tous les jours *plus encore par l'effet de la crainte du ridicule* qu'à cause de la pureté de nos mœurs, a fait du mot qui sert de titre à cet ouvrage (1) une parole qu'on évite de prononcer toute seule, et qui peut même sembler choquante. »

Voici une courte appréciation littéraire : « Les vers furent inventés pour aider la mémoire. Plus tard on les conserva pour augmenter le plaisir par la vue de la difficulté vaincue. Les garder aujourd'hui dans l'art dramatique, reste de barbarie. Exemple : l'ordonnance de la cavalerie, mise en vers par M. de Bonnay. »

Puis la note poétique : « Bologne, 17 août 1817. *Ave Maria* (Twilight), en Italie, heure de la tendresse, des plaisirs de l'âme et de la mélancolie : sensation augmentée par le son de ces belles cloches. Heures des plaisirs qui ne tiennent aux sens que par les souvenirs. (2) »

Et, enfin, cette rare pensée : « La beauté est une promesse de bonheur. »

Après un séjour de sept années en Italie — on sait que Beyle, en 1814, ayant tout perdu, se réfugia à Milan — voilà l'homme qui va se mêler à la société de Paris et faire son chemin dans le monde.

Nel mezzo del cammin di nostra vita.

---

(1) De l'amour.
(2) On pense à ces vers de Dante :
   Era già l'ora che volge il disio
   A' naviganti e 'ntenerisce il cuore,
   Lo di ch' han detto à dolci amici addio,
   E che lo nuovo peregrin d'amore
   Punge, se ode squilla di lontano,
   Che paia 'l giorno pianger che si muore.

II

Nous sommes donc à la fin de l'année 1821. Beyle, victime d'une accusation du gouvernement autrichien qui le croyait affilié à la secte des Carbonari, est obligé de quitter Milan, sa patrie d'élection, la ville qui, pour lui, pour son cœur, sera toujours le souvenir attendri de ses débuts dans les armées de Bonaparte, de ses premières amours, de ses premiers plaisirs, et de son initiation définitive aux sensations des arts, — la peinture et surtout la musique.

Dans les *Souvenirs d'Égotisme*, Stendhal dit en parlant d'un voyage qu'il fit en Angleterre (1821) : « J'étais ivre de gaîté, de bavardage et de bière à Calais. *Ce fut la première infidélité au souvenir de Milan* ». Il se reproche cet excès de joie au moment où il vient de quitter cette bien-aimée Lombardie et aussi cette « divine Métilde » qui occupa absolument sa vie, de 1818 à 1824 (1) ; mais avant d'être à tout jamais le *Milanese* de la pierre tombale du cimetière Montmartre, il fera bien d'autres infidélités au souvenir de Milan et particulièrement pendant les quelques années de vie à Paris, qui précédèrent son entrée dans la carrière consulaire — de 1821 à 1830. Il s'oubliera plus d'une fois au milieu des philosophes, des lettrés, des gens d'esprit, ou des hommes simplement célèbres qu'il va rencontrer. C'est à ce moment qu'il entre en relations avec le comte Destutt de Tracy, l'auteur de l'*Idéologie*, Benjamin Constant, Mérimée, Victor Jacquemont, le général Lafayette, Charles de Rémusat, encore un tout jeune homme, mais « mûr dès la jeunesse », suivant le mot de Sainte-Beuve, Fauriel, Cuvier, Thiers, Béranger, Aubernon, Beugnot, Delécluze, le baron Gérard, en somme presque tout le clan libéral de la Restauration. On comprend qu'il ait pu

---

(1) Voir : *Vie de Henri Brulard*, chapitre 1ᵉʳ.

trouver quelques compensations à ce qu'il avait perdu.

L'art de « marcher au bonheur », il le cherchera aussi, quoi qu'on en ait, dans le succès auprès des plus intellectuels de ses contemporains et il le trouvera, sans trop se faire d'illusion.

A cette époque Beyle avait déjà publié plusieurs volumes. En 1814 parurent les *Lettres adressées de Vienne en Autriche sur Haydn, suivies d'une vie de Mozart et de considérations sur Métastase et l'état présent de la musique en Italie*, sous le pseudonyme d'Alexandre-César Bombet — le nom de Stendhal ne fut inventé que plus tard; on le trouve pour la première fois sur la couverture de *Racine et Shakespeare*, en 1823. Ces lettres eurent quelques succès, car l'auteur fut accusé de plagiat — Sainte-Beuve a fait à peu près justice de cette accusation dans une note de son étude sur Stendhal. Beyle s'est inspiré — sans l'avouer, il est vrai, — des *Haydine* de Carpani pour une partie de son travail, mais en somme on reconnaît bien vite sa manière et surtout ses idées dans ce livre très audacieux et très nouveau. Dès cette première publication Beyle commence contre la vanité française sa petite guerre, où l'on doit voir surtout son amour exagéré du caractère italien, et expose ses principes sur la musique — avertissant ainsi le lecteur qu'il n'écrira jamais pour le distraire simplement, mais qu'il lui communiquera des observations personnelles fondées sur une sorte de psychologie comparée et cosmopolite.

En 1817, il donne deux autres ouvrages: *Histoire de la peinture en Italie*, par M. B. A. A., et *Rome, Naples et Florence ou esquisses sur l'état actuel de la société, les mœurs, les arts et la littérature, etc., etc., de ces villes célèbres* (sans nom d'auteur.)

L'Histoire de la Peinture en Italie est capitale dans l'œuvre de Beyle ; on y relève bien des fautes de goût — par exemple une admiration soutenue pour Canova — mais il s'en dégage cette théorie des milieux, des climats et des tempéraments, déjà indiquée dans Montesquieu et étudiée par Cabanis, qui a depuis fait fortune. Cette théorie est exposée par Beyle le plus souvent en un tour vif et spirituellement concis. « Le peintre, écrit-il (chapitre XCIII), qui fera Brutus envoyant ses fils à la mort, ne donnera pas au père la beauté idéale du sanguin, tandis que ce tempérament fera l'excuse des jeunes gens. S'il croit que le temps qu'il faisait à Rome le jour de l'assassinat de César est une chose indifférente, il est en arrière de son siècle. A Londres, il y a des jours où l'on se pend. »

M. Taine, dans la préface de sa *Littérature Anglaise*, explique les mérites de Stendhal et la portée de l'œuvre du « grand psychologue. » Il reconnaît devoir beaucoup à ce précurseur. Beyle est, en effet, un trait d'union entre le dix-huitième siècle et M. Taine ; il apporte une large part d'idées nouvelles et d'applications originales dans cette étude des rapports du physique et du moral.

« On n'a pas vu, dit M. Taine, que sous des apparences de causeur et d'homme du monde, il expliquait les plus compliqués des mécanismes internes, qu'il mettait le doigt sur les grands ressorts, qu'il importait dans l'histoire du cœur des procédés scientifiques, l'art de chiffrer, de décomposer, et de déduire.... on l'a jugé sec et excentrique.... et cependant c'est dans ses livres qu'on trouvera encore aujourd'hui les essais les plus propres à frayer la route que j'ai tâché de décrire. »

Rome, Naples et Florence, c'est une sorte de journal de voyage écrit au jour le jour, comme plus tard les *Promenades dans Rome* (1829) et les *Mémoires d'un Touriste* (1838).

Beyle y parle de tout en artiste, en dilettante, en mondain. Ici le scénario d'un ballet de Vigano, là une anecdote italienne qui renouvelle la psychologie par l'imprévu des situations, et partout ce désir de communiquer au lecteur l'enthousiasme si sincère et si vibrant que l'auteur éprouve dès qu'il est de l'autre côté des Alpes. « Quels tranports de joie ! quels battements de cœur ! Que je suis encore fou à vingt-six ans ! Je verrai donc cette belle Italie ! Mais je me cache soigneusement du ministre : les eunuques sont en colère permanente contre les libertins. Je m'attends même à deux mois de *froid* à mon retour. Mais ce voyage me fait trop de plaisir ;

et qui sait si le monde durera trois semaines? (1) »

De plus, il a en portefeuille son livre : *De l'Amour*, écrit au crayon à Milan « dans les intervalles lucides ».

Comme causeur, Beyle apportait aussi un élément assez rare à cette époque : son cosmopolitisme. A la suite des armées de Napoléon, de 1806 à 1812, il avait voyagé en Allemagne, en Autriche, en Russie ; en 1817 et en cette même année 1821, il avait vu l'Angleterre. Pendant ses séjours d'Italie, il s'était rencontré avec Lord Byron, Brougham, Hobhouse, à qui fut dédié le quatrième chant de *Childe Harold*, Monti, le poète, Canova, Mayer, Rossini, Paccini, etc. (2).

Il pouvait donc bien dire à ces Parisiens qu'il allait étonner, autant que charmer :

Vengo adesso di Cosmopoli.

Le littérateur avait, on le voit, un bagage considérable, — et sa réputation assez restreinte, sans doute, atténuée par l'anonymat, bornée en somme à ces *happy few* auxquels seulement il daignait s'adresser, était suffisante pour lui servir de « billet d'entrée » dans un des salons les plus en vue, le salon du comte Destutt de Tracy.

Quel bonheur pour Beyle d'entrer en relations avec cet homme qu'il admirait depuis si longtemps et qui avait eu tant d'influence sur son esprit. « Je lis avec la plus grande satisfaction les cent douze premières pages de Tracy aussi facilement qu'un roman », écrit-il dans son *Journal* à la date du 1er janvier 1805. Et chaque fois qu'il découvre une nouvelle idée, le nom de Tracy revient sous sa plume. « Je n'aurais rien fait pour mon bonheur particulier, tant que je ne serais pas accoutumé à souffrir d'être mal dans une âme, comme dit Pascal. Creuser cette grande pensée, *fruit de Tracy* ». (3).

---

(1) Je cite d'après l'édition de 1817. — Où Monselet avait-il donc pris que Beyle avait horreur des points d'exclamations?

(2) Voir sur Lord Byron, Monti, etc., la lettre que Beyle adresse à Madame L. S. Belloc, l'auteur de *Lord Byron*, (*Correspondance inédite*, p. 273 et suiv., vol. 1 ; et dans *Racine et Shakespeare* (édition Michel Lévy): *Lord Byron en Italie*, 1816, p. 261-285).

(3) *Journal de Stendhal*, p. 113.

Beyle avait fait envoyer à M. de Tracy un exemplaire de son *Histoire de la peinture en Italie* — le jeune écrivain était, en 1817, de passage à Paris. Il eut le bonheur de recevoir la visite de l'auteur de l'*Idéologie*.

« Il passa une heure avec moi. Je l'admirais tant que probablement je fis *fiasco*, par excès d'amour. »

Je trouve, dans une notice de Mignet, un trait de caractère de M. de Tracy qui montre que, sans nul doute, les appréhensions de Beyle, — à cette époque, du moins — étaient peu fondées.

« Les sentiments de M. de Tracy étaient droits et hauts comme son âme. Il cachait un cœur passionné sous des dehors calmes. Il y avait en lui un désir vrai du bien, un besoin d'être utile qui passait fort avant la satisfaction d'être applaudi... Il se plaisait avec les jeunes gens, et ceux qui donnaient des espérances par leurs talents rencontraient le solide appui de ses conseils et de son attachement (1). »

Aussi, à son retour d'Italie, Beyle trouva-t-il un accueil aimable dans le salon de la rue d'Anjou. Stendhal nous fait pénétrer dans cette société brillante.

Le doyen du salon était le général Lafayette, allié des Tracy.

« Une haute taille, dit Beyle, et au haut de ce grand corps une figure imperturbable, froide, insignifiante comme un vieux tableau de famille, cette tête couverte d'une perruque à cheveux courts mal faite. Cet homme vêtu de quelque habit gris et entrant, en boitant un peu et s'appuyant sur un bâton, dans le salon de madame de Tracy, était le général Lafayette en 1821. »

Et, brusquement, le portrait devient anecdotique et tourne au vaudeville.

« M. de Lafayette, dans cet âge tendre de soixante-quinze ans, a le même défaut que moi; il se passionne pour une jeune Portugaise de dix-huit ans qui arrive dans le salon de madame de Tracy, il se figure qu'elle le distingue, il ne songe qu'à elle, et ce qu'il y a de plaisant,

---

(1) Mignet: *Portraits et notices historiques et littéraires*, vol. i, p. 374 et 376.

c'est que souvent il a raison de se le figurer. Sa gloire européenne, l'élégance foncière de ses discours, malgré leur apparente simplicité, ses yeux gris qui s'animent dès qu'ils se trouvent à un pied d'une jolie poitrine, tout concourt à lui faire passer gaîment ses dernières années. »

Tout en parlant du général, Beyle nous fait voir, comme en profil, la maîtresse de la maison, « cette femme adorable, dit-il, et de moi aimée comme une mère, non, mais comme une ex-jolie femme. »

Elle se scandalise parfois du ton ironique de Stendhal, mais elle sait le défendre.

« Il était convenu qu'elle avait un faible pour moi. Il y a une *étincelle en lui*, dit-elle un jour à une dame qui se plaignait de la simplicité sévère et franche avec laquelle je lui disais que tous ces ultra-libéraux étaient bien respectables pour leur haute vertu, sans doute, mais du reste incapables de comprendre que deux et deux font quatre. »

A côté de Destutt de Tracy, de la comtesse de Tracy, du général Lafayette, on aperçoit toute une réunion, qui est l'élément jeune de ce grave cénacle, « à droite en entrant, dans le grand salon », sur un « beau divan bleu. » C'est là que sont assises « quinze jeunes filles de douze à dix-huit ans et leurs prétendants : M. Charles de Rémusat et M. François de Corcelles. »

Victor Jacquemont fait aussi partie de cette société. « Victor me semble un homme de la plus grande distinction..... Il devint mon ami, et, ce matin (1832), j'ai reçu une lettre qu'il m'écrit de Kachemyr, dans l'Inde. »

Beyle, au moment où il écrivait ces lignes, en juin 1832, allait perdre cet ami, et la lettre dont il parle est la dernière qu'il reçut de Victor Jacquemont.

Il ajoute à ce croquis un trait qui, à ses yeux, devait évidemment diminuer un peu son admiration.

« Son cœur n'avait qu'un défaut — une envie basse et subalterne pour Napoléon. »

Et ce petit travers n'est pas une invention de Beyle — il se trompe quelquefois, mais jamais quand il s'agit d'*impressions* — car je lis dans la troisième partie du *Journal* de Jacquemont : « Les louanges que j'entends chanter, pendant l'élégant dîner du magistrat, M. Taylor, à Bonaparte, *dieu de la liberté*, me donnent des accès de jacobinisme et d'ultracisme. »

Les relations de Beyle et de Jacquemont n'en furent pas moins excellentes et les lettres que le voyageur adresse à son ami prouvent que la sympathie était réciproque.

Beyle nomme encore quelques autres personnes qu'on trouvait à ces soirées du dimanche. Georges Washington Lafayette « vrai citoyen des Etat-Unis d'Amérique, parfaitement pur de tout idée aristocratique, » et Victor de Tracy, fils du comte, alors major d'infanterie. «"Nous l'appelions barre de fer — c'est la définition de son caractère. Brave, plusieurs fois blessé en Espagne sous Napoléon, il a le malheur de voir en toutes choses le mal. »

De la femme de Victor de Tracy, cette charmante Sarah Newton, Beyle ne dit que quelques mots : « Jeune et brillante, un modèle de la beauté délicate anglaise, un peu trop maigre. » Et on regrette de n'avoir pas l'explication de ces épithètes. On connait cette femme d'esprit et de talent, par un article des *Causeries du lundi* (1), sur ses *Essais*, œuvre posthume, publiée en 1852. Sarah Newton est l'amie de madame de Coigny, qui lui donnait pour emblème une *hermine*, avec ces mots : *Douce, blanche et fine*, et l'auteur du *Voyage à Compiègne* d'où se détache cette jolie phrase blâmée par Cuvillier-Fleury (2) et défendue par Sainte-Beuve : « Nous sommes descendues vers un moulin dont j'aimerais à être la meunière ; *l'eau est si claire qu'elle a l'air d'être doublée de satin vert*, tant elle réfléchit avec netteté les arbres qui entourent le moulin. »

Beyle parle dans une de ses lettres (3) du malheur qu'il eût de déplaire toujours aux personnes auxquelles il voulait trop plaire, pensant sans doute à cette période de sa vie. Fort bien accueilli au début, il sentit que peu à peu la bienveillance de M. de Tracy lui échappait. « J'a

---

(1) Vol. XIII.
(2) *Dernières études historiques et littéraires*, vol. II.
(3) *Correspondance inédite*, vol. II, p. 149.

vécu, dit-il, dix ans dans ce salon, reçu poliment, estimé, mais tous les jours moins *lié*, excepté avec mes amis. C'est là un des défauts de mon caractère qui fait que je ne m'en prends pas aux hommes de mon peu d'avancement. »

Il y avait peut-être plusieurs raisons à cette froideur de Destutt de Tracy, surnommé, nous dit Mignet, *Têtu* de Tracy. Le philosophe était évidemment un peu effrayé de certaines théories stendhaliennes, et l'homme du monde, des bruits malveillants qui couraient sur le compte de Beyle. Mais nous aurons peut-être la solution de ce petit problème, si nous suivons le causeur dans d'autres milieux, et particulièrement chez madame Cabanis et chez la Pasta.

III

Beyle avait vu, dans le salon de la rue d'Anjou, madame Cabanis. M. de Tracy avait été fort intimement lié avec Cabanis, c'était, nous dit Mignet « une amitié fondée sur une forte tendresse, une estime sans bornes et de communes opinions. » Lorsque Cabanis mourut, en 1808, c'est, par une attention délicate, à M. de Tracy que l'Académie française songea pour le remplacer, voulant que celui des deux amis qui survivait vînt succéder à l'autre et prononçât son éloge.

M. de Tracy mena Beyle chez madame Cabanis, rue des Vieilles-Tuileries, « au diable. » C'était un salon bourgeois où Stendhal ne se sentait pas à l'aise. La plupart des gens qu'il y rencontre ne l'intéressent pas.

C'est là qu'il voit un sculpteur, un instant célèbre sous la Restauration — M. Dupaty, auteur du Louis XIII de la place Royale, et mari de la fille de madame Cabanis, cette fille « haute de six pieds et malgré cela fort aimable. »

« M. Dupaty me faisait grand accueil, dit Beyle, comme écrivain sur l'Italie, et auteur d'une Histoire de la Peinture. Il était plus difficile d'être plus *convenable*, et plus vide de chaleur, d'imprévu, d'élan, etc., que ce brave homme. Le dernier des métiers, pour ces Parisiens si soignés, si proprets, si *convenables*, c'est la sculpture. »

Là aussi il fit la connaissance de Fauriel, la seule personne de ce salon qui ait trouvé grâce devant lui et dont il admire la sincérité littéraire. « C'est, dit-il, avec Mérimée et moi, le seul exemple à moi connu de non charlatanisme parmi les gens qui se mêlent d'écrire. Aussi M. Fauriel n'a-t-il aucune réputation. »

Dans ce salon — sorte de terrain neutre — Stendhal se montrait plus hardi qu'à la rue d'Anjou.

C'est aux Vieilles-Tuileries qu'un soir il effaroucha M. de Tracy — voici en quelle circonstance.

Beyle avait pour interlocuteurs le calme idéologue et M. Thurot, l'helléniste dont il fait, en quelques lignes, une caricature assez drôle : « Honnête homme, mais bien bourgeois, bien étroit dans ses idées, bien méticuleux dans toute sa petite politique de ménage. Le but unique de M. Thurot, professeur de grec, était d'être membre de de l'Académie des Inscriptions. Par une contradiction effroyable, cet homme qui ne se mouchait pas sans songer à ménager quelque vanité qui pouvait influer, à mille lieues de distance, sur sa nomination à l'Académie, était *ultra-libéral*, »

M. de Tracy et M. Thurot demandèrent à Beyle quelle était sa politique et voici la réponse qu'il leur fit : « Dès que je serais au pouvoir, je réimprimerais les livres des émigrés déclarant que Napoléon a usurpé un pouvoir qu'il n'avait pas en les rayant. Les trois quarts sont morts, — je les exilerais dans les départements des Pyrénées et deux ou trois voisins. Je ferais cerner ces quatre ou cinq départements par deux ou trois petites armées qui, pour l'effet moral, bivouaqueraient au moins six mois de l'année. Tout émigré qui sortirait de là serait impitoyablement fusillé. — Leurs biens rendus par Napoléon, vendus en morceaux non supérieurs à deux arpents. — Les émigrés jouiraient de pensions de mille, deux mille et trois mille francs par an. Ils pourraient choisir un séjour dans les pays étrangers. »

Les figures de MM. Thurot et de Tracy s'allongeaient pendant l'explication de ce plan. Tant d'audace était un crime impardonnable.

Nous arrivons au second grief de M. de Tracy.

Un jour, une dame, que Stendhal appelle Céline, lui dit : « M..., l'espion, a dit chez M. de Tracy. — Ah! voilà « M. Beyle qui a un habit neuf, on voit bien que Madame « Pasta vient d'avoir un bénéfice ».

« Cette bêtise plut. M. de Tracy ne me pardonnait pas ma liaison publique (autant qu'innocente) avec cette actrice célèbre ».

IV

Madame Sarah-Bernhardt a fait un jour un joli et triste conte (1), dont la morale est que seuls des gens de talent les acteurs mouraient tout entiers. Qui donc aujourd'hui parle de la Pasta? Et pourtant son succès fut immense — le Tout-Paris de la Restauration alla l'entendre; et ce fut l'unique actrice que l'on osât jamais comparer à Talma.

Le grand tragédien la reconnut presque pour rivale. « Talma n'a pas balancé à dire une chose vraie, sans pour cela qu'il compromît la valeur de son mérite. Il répétait souvent, en parlant de madame Pasta, qu'elle faisait naturellement ce que, lui, n'était parvenu à faire qu'à force de travail et à la fin de sa carrière (2). »

Beyle aussi essaye une comparaison entre la cantatrice et Talma; ce morceau résume admirablement toutes les impressions du dilettante qu'on trouve éparses dans la *Vie de Rossini* (3) et dans les *Mélanges d'art et de littérature*, œuvre posthume publiée en 1867 par R. Colomb.

(1) *Album de Murcie.*
(2) *Souvenirs inédits de Delécluze*, (*Revue Rétrospective*, dixième semestre, 1889) — p. 265.
(3) Le Chapitre 35 est entièrement consacré à la Pasta.

« Ma grande affaire, comme celle de tous mes amis en 1821, était l'*Opera Buffa*. Madame Pasta y jouait *Tancrède, Othello, Roméo et Juliette*, d'une façon qui non seulement n'a jamais été égalée, mais qui n'avait certainement jamais été prévue par les compositeurs de ces opéras.

« Talma, que la postérité élèvera peut-être si haut, avait l'âme tragique, mais il était si bête qu'il tombait dans les affectations les plus ridicules... Le succès de Talma commença par la hardiesse, il eut le courage d'innover, le seul des courages qui soit étonnant en France...

« Il n'y avait de parfait dans Talma que sa *tête* et son *regard vague*.

« Je trouvai le tragique qui me convenait dans Kean (1) et je l'adorai. Il remplit mes yeux et mon cœur. Je vois encore là devant moi Richard III et Othello.

« Mais le tragique dans une femme, où pour moi il est le plus touchant, je ne l'ai trouvé que chez madame Pasta, et là, il était pur, parfait, sans mélange. Chez elle, elle était silencieuse et impassible. En rentrant, elle passait deux heures sur son canapé à pleurer et à avoir des accès de nerfs.

« Toutefois, ce talent tragique, était mêlé avec le talent de chanter. L'oreille achevait l'émotion commencée par les yeux (2). »

Une dizaine d'années plus tard, George Sand, voyageant en compagnie d'Alfred de Musset, entendit la Pasta à Venise — et ses impressions notées dans l'*Histoire de ma vie*, montrent que Beyle n'exagère rien. Stendhal ne nous donne pas de portrait physique de la Pasta. George Sand, moins psychologue, la décrit avec quelque détail, aussi le passage suivant sera-t-il bien à sa place ici:

« La Pasta était encore belle et jeune sur la scène. Petite, grasse et trop courte de jambes, comme le sont beaucoup d'Italiennes, dont le buste magnifique semble avoir

---

(1) Beyle avait entendu Kean à Londres, en 1821.
(2) On dirait que Beyle avait devant lui la médaille frappée en 1829, à l'effigie de la Pasta et sur laquelle on lit : « *Sublime nel canto, unica nell'azione.* »

été fait aux dépens du reste, elle trouvait le moyen de paraître grande et d'une allure dégagée, tant il y avait de noblesse dans ses attitudes et de science dans sa pantomime. Je fus bien désappointée de la rencontrer le lendemain, debout sur sa gondole, et habillée avec là trop stricte économie, qui était devenue sa préoccupation constante. Cette belle tête de camée que j'avais vue de près aux funérailles de Louis XVIII, si fine et si veloutée, n'était plus que l'ombre d'elle-même. Sous son vieux chapeau et son vieux manteau, on eût pris la Pasta pour une ouvreuse de loges. Pourtant elle fit un mouvement pour indiquer à son gondolier l'endroit où elle voulait aborder, et dans ce geste, la grande reine, sinon la divinité, reparut (1). »

L'amour de Beyle pour l'Italie et pour la musique — et aussi l'espoir de rencontrer des Milanais qui lui parleraient de Métilde — *le conduisirent* tout naturellement chez la Pasta. De plus, Stendhal était là dans l'atmosphère qui lui convenait pour écrire la *Vie de Rossini*, qui parut en 1824.

Beyle habitait alors l'hôtel des Lillois, rue de Richelieu, n° 63 — dans cette même maison demeurait la célèbre cantatrice. Le soir, en sortant de quelque réunion mondaine ou du théâtre, vers minuit, il entrait chez la Pasta, où se donnait rendez-vous une nombreuse société — J.-J. Ampère, Fauriel, entre autres, et tous les Italiens plus ou moins exilés de passage à Paris.

Beyle, silencieux, rêveur, dans ce salon, songeait moins à la femme qu'à l'artiste — non qu'il le voulût peut-être, mais il avait vu et compris que tel devait être son rôle. Il s'explique très sincèrement sur sa prétendue liaison avec la Giuditta.

Comme le comte de Tracy, la Pasta fut une de ces personnes auxquelles Stendhal eut le malheur de vouloir trop plaire. Il en prit son parti et se consola de ce que « la chose se fût bornée à la plus stricte et plus dévouée amitié, » de part et d'autre.

(1) *Histoire de ma vie,* cinquième partie, chapitre III.

Mais Beyle n'en resta pas moins, aux yeux de la société de la rue d'Anjou, l'amant de la cantatrice.

L'opinion qu'on avait de Stendhal était toujours extrême — il a eu de vrais amis et de vrais ennemis ; les amis étaient ceux qui le connaissaient — les ennemis ceux qui le connaissaient mal. Sainte-Beuve, qui ne peut être accusé de tendresse pour Beyle, nous donne là-dessus un précieux témoignage. « Que cet homme, qui passait pour méchant auprès de ceux qui le connaissaient peu, était aimé de ses amis ! Que je sais de lui des traits délicats et d'une âme toute libérale ! (1) » Et les mêmes amis, les mêmes ennemis existent, encore aujourd'hui, qu'on peut diviser en catégories analogues.

Beyle raconte, dans la *Vie de Henri Brulard*, que chez certaines personnes, il ne pouvait plus dire qu'il avait vu passer un cabriolet jaune dans la rue sans avoir le malheur d'offenser mortellement les hypocrites et même les niais. Il eut à subir de réels affronts : madame de Lamartine, à Florence, évita de le recevoir (2). Cette réputation, exagérée à plaisir, lui valut le surnom de Méphistophélès, que lui donnèrent quelques-uns de ses amis. « Au fond, dit-il, je surprenais ou scandalisais toutes mes connaissances; j'étais un monstre ou un dieu. »

Et ces jugements sur l'homme ressemblaient fort aux jugements qu'on portait sur le littérateur.

Ainsi, pour bien des gens, Beyle n'était qu'un ignorant. Il n'avait pas, il est vrai, une science très sûre, mais au moins il avait beaucoup d'esprit et incontestablement beaucoup d'idées personnelles, quoique discutables parfois. Il n'apprenait jamais aux autres que ce qu'il avait senti ou éprouvé lui-même — est-ce là pourtant un mérite médiocre ? Au sujet de cette réputation d'ignorance il raconte une jolie anecdote : « Un des étonnements du comte Daru était que je pusse écrire une page qui fît plaisir à quelqu'un. Un jour, il acheta de Delaunay, qui me l'a dit, un petit ouvrage de moi qui, à cause de l'épui-

---

(1) *Nouveaux Lundis*, vol. III, article sur Delécluze.
(2) Le fait m'a été rapporté par M Emile Chasles, fils de Philarète Chasles.

sement de l'édition, se vendait quarante francs. Son étonnement fut à mourir de rire, dit le libraire.
— « Comment ! quarante francs !
— « Oui, M. le comte, et par grâce ; et vous ferez plaisir au marchand en ne le prenant pas à ce prix.
— « Est-il possible ! disait l'Académicien en levant les yeux au ciel : Cet enfant, ignorant comme une carpe !
« Il était parfaitement de bonne foi. Les gens des antipodes, regardant la lune lorsqu'elle n'a qu'un petit croissant pour nous, se disent : Quelle admirable clarté ! la lune est presque pleine ! M. le comte Daru, membre de l'Académie francaise, associé de l'Académie des sciences, etc., etc., et moi nous regardions le cœur de l'homme, la nature, etc., de côtés opposés. »

Et par ce petit récit, ne pouvons-nous pas, en même temps, nous faire une idée de la conversation de Beyle ? N'est-ce pas là un charmant spécimen de sa façon ingénieuse d'expliquer les choses, ce qui pour lui est presque toujours s'expliquer soi-même.

C'est dans cet égoïsme psychologique qu'il excelle, et nous ne lui en ferons pas un reproche.

Un de ses amis nous dit, dans une notice peu connue : « Jamais il ne sut ce que c'était que l'esprit préparé. Il inventait en causant tout ce qu'il disait... il trouvait à chaque instant de ces traits imprévus qui ne peuvent être le résultat de l'étude (1). »

L'anecdote sur le comte Daru ne répond-elle pas à ce joli signalement que nous donne Arnould Frémy ?

Beyle n'avait pas porte ouverte seulement chez M. de Tracy — Mme Cabanis ou la Pasta, il était encore reçu chez M. Cuvier, chez Mme Ancelot, chez le baron Gérard, chez Mme de Castellane, où il rencontre Thiers qu'il trouve trop effronté, bavard, Mignet, sans esprit, Béranger qu'il admire pour son caractère, Aubernon et Beugnot. Mais il sera plus intéressant de parler des dimanches de Delécluze, le critique d'art des *Débats*, où Stendhal se montre sous un jour nouveau.

---

(1) Arnould Frémy : *Souvenirs anecdotiques sur Stendhal* (*Revue de Paris*, 11 septembre 1855).

Chez Etienne Delécluze, Beyle devait rencontrer la société qui lui convenait. Dans le salon de la rue d'Anjou, il était glacé par la froideur de M. de Tracy, chez Mme Cabanis, gêné par le ton bourgeois; et enfin, chez la Pasta il se laissait aller au « bonheur du silence » ; — il lui suffisait d'écouter les autres et d'entendre bourdonner à ses oreilles ces syllabes milanaises qui l'attendrissaient.

Aux réunions de Delécluze, il trouva enfin la liberté d'allure et le franc parler dont il avait besoin pour être tout à fait lui-même.

Ces réceptions du dimanche, composées d'hommes exclusivement, étaient fort suivies et très brillantes. Nous le savons non seulement par Beyle, mais par Delécluze qui, dans ses *Souvenirs de soixante années*, nomme tous des amis — et la seule liste de ces personnes prouve combien il dut se dépenser d'esprit dans le modeste appartement du journaliste.

On y voyait J.-J. Ampère, le *critique en voyage*, comme il s'est intitulé dans quelques-uns de ses livres où il initiait les français aux littératures étrangères ; Albert Stapfer, l'élève de Guizot; Sautelet, cet intelligent libraire-éditeur, qui eut une fin tragique à laquelle Mérimée fait allusion dans sa brochure sur Stendhal ; Paul-Louis Courier, dont les conseils encouragèrent Beyle à publier *Racine et Shakespeare ;* le baron de Mareste l'homme du monde de ce cénacle de gens de lettres, où il avait un rôle charmant : écouter et comprendre ; Adrien de Jussieu, le silencieux botaniste qui était la *galerie* et disait en prenant congé du maître de la maison: « Ils ont été bien amusants aujourd'hui » ou « ça n'a pas été aussi amusant que dimanche dernier. » Et enfin, *the last and not the least,* Prosper Mérimée, que Beyle avait rencontré, en 1821, chez Joseph Lingay, le professeur de rhétorique du futur auteur de *Colomba*. La première impression de Stendhal ne fut pas très favorable. « Pauvre jeune homme en redingote grise et si laid avec son nez retroussé » dit-il de Mérimée. Et il ajoute : « ce jeune homme avait quelque chose d'effronté et d'extrêmement déplaisant, ses yeux petits et sans expression avaient un air toujours le même et cet air était méchant. Telle fut la première vue du meilleur de mes amis actuels. Je ne suis pas trop sûr de son cœur, mais je suis sûr de ses talents. »

« Je ne sais, dit Stendhal, qui me mena chez M. de L'Etang — (c'est le pseudonyme transparent qu'il donne à Delécluze). — Il s'était fait donner un exemplaire de l'*Histoire de la Peinture en Italie*, sous prétexte d'un compte-rendu dans le *Lycée* — un de ces journaux éphémères qu'avait créé à Paris le succès de l'*Edinburgh Review*.

« Il désira me connaître, on me mena donc chez M. de L'Etang, un dimanche à deux heures C'est à cette heure incommode qu'il recevait. Il tenait donc académie au sixième étage d'une maison qui lui appartenait à lui et à ses sœurs, rue Gaillon. » Beyle se trompe, il ne faut jamais trop se fier à lui quand il s'agit de « descriptions matérielles, » — la maison de Delécluze était rue de Chabanais, au coin de la rue Neuve-des-Petits-Champs et l'appartement au quatrième. Mais continuons :

« De ses petites fenêtres, on ne voyait qu'une forêt de cheminées en plâtre noirâtre. C'est pour moi une des vues les plus laides, mais les quatre petites chambres qu'habitait M. de L'Etang étaient ornées de gravures et d'objets d'art curieux et agréables. Il y avait un superbe portrait du cardinal de Richelieu que je regardais souvent. A côté était la grosse figure lourde, pesante, niaise de Racine. C'était avant d'être aussi gras que ce grand poète avait éprouvé les sentiments dont le souvenir est indispensable pour faire *Andromaque* ou *Phèdre*. »

Nous retrouvons ici le ton sarcastique de *Racine et Shakespeare*, cette brochure que Stendhal allait publier ; c'est chez Delécluze que Beyle « la trompette à la fois et le général d'avant-garde de la nouvelle révolution littéraire (1) » discuta les théories condensées dans ces quelques pages aggressives, l'un des premiers documents à consulter pour l'histoire du romantisme.

Passons maintenant à Delécluze lui-même et à son enrage. « Je trouvai chez M. de L'Etang, devant un petit mauvais feu, car ce fut, ce me semble, en février 1822 qu'on m'y mena — huit ou dix personnes qui parlaient de tout. Je fus frappé de leur bon sens, de leur esprit, et surtout du tact fin du maître de la maison qui, sans qu'il y parût, dirigeait la discussion de façon à ce qu'on ne parlât jamais trois à la fois ou que l'on n'arrivât pas à de tristes moments de silence. »

Beyle, en somme, a été assez malmené par Delécluze dans ses *Souvenirs de soixante années*, au point que Sainte-Beuve, prend la défense de Stendhal (2). Il trouve Delécluze souverainement injuste pour Beyle.

« Sa sévérité étrange, ajoute-t-il, pour un si ancien ami et un si piquant esprit appelle la nôtre à son égard et la justifierait, s'il en était besoin — ». Et en note, ce post-scriptum qui se cache pour être mieux vu : « Je sais quelqu'un qui a dit :

« Delécluze est parfois un béotien émoustillé, mais il y a toujours le béotien. »

Stendhal ne pouvait pas ne pas voir le béotien qu'il y avait en Delécluze — mais ce n'est qu'après avoir dit tout le bien possible de son nouvel ami qu'il laisse entrevoir ce côté ridicule du personnage : « M. de L'Etang, dit-il, est un caractère dans le genre du bon vicaire de Wakefield. Il faudrait pour en donner une idée toutes les demi-teintes de Goldsmith ou d'Addison.

« Il a toutes les petitesses d'un bourgeois. S'il achète pour trente-six francs une douzaine de mouchoirs chez le marchand du coin, deux heures après, il croit que ses mouchoirs sont une rareté, et que pour aucun prix on ne pourrait en trouver de semblables à Paris. »

Peut-on noter un travers avec plus d'imprévu et plu d'esprit ? Il serait trop cruel pour Delécluze de re-

(1) Sainte-Beuve, *Nouveaux Lundis*, III, p. 109.
(2) Sur les *Souvenirs de soixante années* de Delécluze, voir *Nouveaux Lundis*, vol. 3.

transcrire ici quelques uns de ses jugements sur Stendhal.

Et Beyle se résume en une page exquise, dans laquelle oubliant le béotien, il ne voit plus que le plaisir qu'il a éprouvé dans « l'Académie » de la rue de Chabanais.

« Je ne saurais exprimer trop d'estime pour cette société. Je n'ai jamais rien rencontré, je ne dirai pas de supérieur, mais même de comparable. Je fus frappé le premier jour et vingt fois peut-être pendant les trois ou quatre ans qu'elle a duré, je me suis surpris à faire ce même acte d'admiration.

« Une telle société n'est possible que dans la patrie de Voltaire, de Molière, de Courier.....

« La discussion y était franche sur tout et avec tous. On était poli chez M. de L'Etang, mais à cause de lui. Il était souvent nécessaire qu'il protégeât la retraite des imprudents qui, cherchant une idée nouvelle, avaient avancé une absurdité trop marquante. »

C'est chez Delécluze que Beyle lança pour la première fois ces mots brillants qui firent sa réputation d'homme d'esprit et qu'on retrouve dans sa correspondance et ailleurs :

Le principe du romantisme « est d'administrer au public la drogue juste qui lui fera plaisir dans un lieu et à un moment donnés. » Définition que Baudelaire a prise pour lui et à son compte.

Et la contre-partie : « Le classicisme présente aux peuples la littérature qui donnait le plus grand plaisir possible à leurs arrière-grands pères. »

« L'Alexandrin un cache-sottise. »

C'est là aussi qu'il scandalisa bien des gens par des théories païennes dans lesquelles il entre beaucoup plus d'enfantillage et d'impertinence que de conviction profonde; ici Beyle est la dupe de ses préjugés; à cet égard il a tenu à se montrer irréconciliable devant ses contemporains.

Dans ses œuvres et même ses œuvres (comme la V[i]
de *Henri Brulard* ou les *Souvenirs d'Egotism*[e]
écrites librement, puisqu'elles ne devaient être publié[es]
selon son désir, qu'après sa mort, à le bien lire, il n'e[st]
pas l'homme que nous laissent entrevoir George Sand (1)
et Mérimée.

Mérimée si fin, si perspicace, semble avoir été dupé
son tour, et avoir cherché à prendre trop au sérieux ce[r]
taines boutades de son ami.

VI

C'était pour Beyle un apprentissage, que cette vie d[e]
Paris, dans ces mondes très différents. Il se révéla cau[-]
seur plein d'idées nouvelles et de formules inédites, che[z]
les uns; chez les autres — contre-partie naturelle — i[l]
fut jugé homme dangereux et révolutionnaire en moral[e]
autant qu'en politique.

Pour lui la question n'était pas là. Il laissait dire, et s[e]
contentait d'observer, préoccupé constamment de trou[-]
ver « la théorie du cœur humain » et de « peindre ce cœu[r]
par la littérature. »

Il s'essayait sur ce public restreint, ne se donnant pa[s]
tout entier; il conservait toute son indépendance.

Jamais il ne voulut *cultiver* un *salon*, cela contra[-]
riait trop ses habitudes Il faisait des apparitions et n'é[-]
tait jamais assidu. Il ne songeait pas à s'assurer un[e]
situation, comme on l'a dit, il n'était déjà plus ambitieux qu[e]
littérairement. Aussi sacrifia-t-il tout à cette passion dom[i]-
nante. En ne se mêlant pas trop aux coteries, il su[t]
garder toute son originalité pour le jour où, enfin, maîtr[e]
de lui-même, il se résume en une œuvre — une œuvr[e]
capitale qui ne pouvait être pensée et conçue qu'aprè[s]
une longue expérience.

C'est en 1830 qu'il écrira *le Rouge et le Noir*, avan[t]

(1) *Histoire de ma Vie*, 5e partie, ch. 3.

de s'exiler à Civita-Vecchia, avant d'aller occuper son poste modeste de consul de France dans cette triste ville italienne.

Stendhal dira, en 1835, après avoir réfléchi à la situation qu'il aurait pu obtenir, s'il avait su profiter de ses relations : « Je regrette peu l'occasion perdue. Au lieu de dix, j'aurais vingt mille, au lieu de chevalier, je serais officier de la Légion d'honneur, mais j'aurais pensé trois ou quatre heures par jour à ces platitudes d'ambition qu'on décore du nom de politique ; j'aurais fait beaucoup de bassesses.....

« La seule chose que je regrette, c'est le séjour de Paris. »

Et il se reprend bien vite : « Mais je serais las de Paris, en 1836, comme je suis las de ma solitude, parmi les sauvages de Civita-Vecchia (1). »

Ainsi, il a le bonheur de garder un plus agréable souvenir de ses années passées dans les cercles littéraires de Paris, car il ne croyait pas qu'il n'est pire misère que de se rappeler les temps heureux dans les jours de douleur ; comme Alfred de Musset, il reniait cette pensée du poète florentin.

CASIMIR STRYIENSKI.

Jersey, septembre 1892.

(1) *Vie de Henri Brulard.*

SOUVENIRS D'ÉGOTISME

CHAPITRE PREMIER [1]

Mero (2), 20 juin 1832.

Pour employer mes loisirs dans cette terre étrangère, j'ai envie d'écrire un petit mémoire de ce qui m'est arrivé pendant mon dernier voyage à Paris, du 21 juin 1821 au ...novembre 1830 ; c'est un espace de neuf ans et demi. Je me gronde moi-même depuis deux mois, depuis que j'ai digéré la nouveJleté de ma position pour entreprendre un travail quelconque. Sans travail, le vaisseau de la vie humaine n'a point de lest.

J'avoue que le courage d'écrire me manquerait si je n'avais pas l'idée qu'un jour ces feuilles paraîtront

---

[1] En note, sur la première page du manuscrit : « A n'imprimer que dix ans au moins après mon départ, par délicatesse pour les personnes nommées. Cependant les deux tiers sont mortes dès aujourd'hui. »

[2] Anagramme de Rome.

imprimées et seront lues par quelque âme que j'aime, par un être tel que Madame Roland ou M. Gros, le géomètre (1). Mais les yeux qui liront ceci s'ouvrent à peine à la lumière, je suppose que mes futurs lecteurs ont dix ou douze ans.

Ai-je tiré tout le parti possible, pour mon bonheur, des positions où le hasard m'a placé pendant les neuf ans que je viens de passer à Paris? Quel homme suis-je ? Ai-je du bon sens? Ai-je du bon sens avec profondeur ?

Ai-je un esprit remarquable ? En vérité, je n'en sais rien. Encore par ce qui m'arrive au jour le jour, je pense rarement à ces questions fondamentales, et alors mes jugements varient comme mon humeur. Mes jugements ne sont que des aperçus.

Voyons si, en faisant mon examen de conscience, la plume à la main, j'arriverai à quelque chose de *positif* et qui reste *longtemps vrai* pour moi. Que penserai-je de ce que je me sens disposé à écrire en le relisant vers 1835, si je vis ? Sera-ce comme pour mes ouvrages imprimés? J'ai un profond sentiment de tristesse quand, faute d'autre livre, je les relis.

Je sens, depuis un mois que j'y pense, une répugnance réelle à écrire uniquement pour parler de moi, du nombre de mes chemises, de mes accidents d'amour-propre. D'un autre côté, je me trouve loin de la France (2), j'ai lu tous les livres qui ont pénétré dans ce pays. Toute la disposition de mon cœur était

---

(1) Le professeur de mathématiques de Beyle. Voir *Vie de Henri Brulard*.

(2) Il était alors consul de France dans les États romains et résidant à Civita-Vecchia. (Note de Beyle.)

d'écrire un livre d'imagination sur une intrigue d'amour arrivée à Dresde, en août 1813, dans une maison voisine de la mienne, mais les petits devoirs de ma place m'interrompent assez souvent, ou, pour mieux dire, je ne puis jamais, en prenant mon papier, être sûr de passer une heure sans être interrompu. Cette petite contrariété éteint net l'imagination chez moi. Quand je reprends ma fiction, je suis dégoûté de ce que je pensais. A quoi un homme sage répondra qu'il faut se vaincre soi-même. Je répliquerai : il est trop tard, j'ai 4. ans; après tant d'aventures, il est temps de songer à achever la vie le moins mal possible.

Ma principale objection n'était pas la vanité qu'il y a à écrire sa vie. Un livre sur un tel sujet est comme tous les autres ; on l'oublie bien vite, s'il est ennuyeux. Je craignais de déflorer les moments heureux que j'ai rencontrés, en les décrivant, en les anatomisant. Or, c'est ce que je ne ferai point, je sauterai le bonheur.

Le génie poétique est mort, mais le génie du soupçon est venu au monde. Je suis profondément convaincu que le seul antidote qui puisse faire oublier au lecteur les éternels *Je* que l'auteur va écrire, c'est une parfaite sincérité.

Aurai-je le courage de raconter les choses humiliantes sans les sauver par des préfaces infinies? Je l'espère.

Malgré les malheurs de mon ambition, je ne me crois point persécuté par eux, je les regarde comme des machines poussées, en France, par la *Vanité* et ailleurs par toutes les passions, la vanité y comprise.

Je ne me connais point moi-même, et c'est ce qui,

quelquefois, la nuit, quand j'y pense, me désole. Ai-je su tirer un bon parti des hasards au milieu desquels m'a jeté et la toute-puissance de Napoléon (que toujours j'adorai) en 1810, et la chute que nous fîmes dans la boue en 1814, et notre effort pour en sortir en 1830 ? Je crains bien que non, j'ai agi par humeur, au hasard. Si quelqu'un m'avait demandé conseil sur ma propre position, j'en aurais souvent donné un d'une grande portée ; des amis, rivaux d'esprit, m'ont fait compliment là-dessus.

En 1814, M. le comte Beugnot, ministre de la police, m'offrit la direction de l'approvisionnement de Paris. Je ne sollicitais rien, j'étais en admirable position pour accepter, je répondis de façon à ne pas encourager M. Beugnot, homme qui a de la vanité comme deux Français ; il dut être fort choqué.

L'homme qui eut cette place s'en est retiré au bout de quatre ou cinq ans, las de gagner de l'argent, et, dit-on, sans voler. L'extrême mépris que j'avais pour les Bourbons — c'était pour moi, alors, une boue fétide — me fit quitter Paris peu de jours après n'avoir pas accepté l'obligeante proposition de M. Beugnot. Le cœur navré par le triomphe de tout ce que je méprisais et ne pouvais haïr, n'était rafraîchi que par un peu d'amour que je commençais à éprouver pour madame la comtesse Dulong, que je voyais tous les jours chez M. Beugnot et qui, dix ans plus tard, a eu une grande part dans ma vie. Alors elle me distinguait, non pas comme aimable, mais comme singulier. Elle me voyait l'ami d'une femme fort laide et d'un grand caractère, madame la comtesse Beugnot. Je me suis toujours repenti de ne pas l'avoir aimée.

Quel plaisir de parler avec intimité à un être de cette portée !

Cette préface est bien longue, je le sens depuis trois pages ; mais je dois commencer par un sujet si triste et si difficile que la sagesse me saisit déjà, j'ai presque envie de quitter la plume. Mais, au premier moment de solitude, j'aurais des remords.

Je quittai Milan pour Paris, le .. juin 1821, avec une somme de 3,500 francs, je crois, regardant comme unique bonheur de me brûler la cervelle quand cette somme serait finie. Je quittais, après trois ans d'intimité, une femme que j'adorais, qui m'aimait et qui ne s'est jamais donnée à moi.

J'en suis encore, après tant d'années d'intervalle, à deviner les motifs de sa conduite. Elle était hautement déshonorée, elle n'avait cependant jamais eu qu'un amant ; mais les femmes de la bonne compagnie de Milan se vengeaient de sa supériorité. La pauvre Métilde ne sut jamais ni manœuvrer contre cet ennemi, ni le mépriser. Peut-être un jour, quand je serai bien vieux, bien glacé, aurai-je le courage de parler des années 1818, 1819, 1820, 1821.

En 1821, j'avais beaucoup de peine à résister à la tentation de me brûler la cervelle. Je dessinais un pistolet à la marge d'un mauvais drame d'amour que je barbouillais alors (logé casa Acerbi). Il me semble que ce fut la curiosité politique qui m'empêcha d'en finir ; peut-être, sans que je m'en doute, fut-ce aussi la peur de me faire mal. Enfin je pris congé de Métilde.

— Quand reviendrez-vous, me dit-elle ?

— Jamais, j'espère (1).

Il y eut là une dernière heure de tergiversations et

(1) Voir ce volume, p. 275.

de vaines paroles ; une seule eût pu changer ma vie future, hélas ! pas pour bien longtemps. Cette âme angélique, cachée dans un si beau corps, a quitté la vie en 1825.

Enfin, je partis dans l'état qu'on peut imaginer. J'allais de Milan à Como, craignant à chaque instant et croyant même que je rebrousserais chemin.

Cette ville où je croyais ne pouvoir demeurer sans mourir, je ne pus la quitter sans me sentir arracher l'âme ; il me semblait que j'y laissais la vie, que dis-je, qu'était-ce que la vie auprès d'elle ? J'expirais à chaque pas que je faisais pour m'en éloigner. Je ne respirais qu'en soupirant (Shelley) (1).

Bientôt je fus comme stupide, faisant la conversation avec les postillons et répondant sérieusement aux réflexions de ces gens-là sur le prix du vin. Je pesais avec eux les raisons qui devaient le faire augmenter d'un sou ; ce qu'il y avait de plus affreux, c'était de regarder en moi-même. Je passai à Airolo, à Bellinzona, à Lugano (le son de ces noms me fait frémir même encore aujourd'hui — 20 juin 1832).

J'arrivai au Saint-Gothard, alors abominable (exactement comme les montagnes du Cumberland dans le nord de l'Angleterre, en y ajoutant des précipices). Je voulus passer le Saint-Gothard à cheval, espérant un peu que je ferais une chute qui m'écorcherait à fond, et que cela me distrairait.

Quoique ancien officier de cavalerie, et quoique j'aie passé ma vie à tomber de cheval, j'ai horreur des chutes sur des pierres roulantes, et cédant sous le poids du cheval (2).

(1) C'est sans doute la première fois qu'un Français écrivait le nom du grand poète anglais.
(2) Voir *Vie de Henri Brulard*, ch. XXXII.

Le courrier avec lequel j'étais finit par m'arrêter et par me dire que peu lui importait de ma vie, mais que je diminuerais son profit, et que personne ne voudrait plus venir avec lui quand on saurait qu'un de ses voyageurs avait roulé dans le précipice.

— Hé quoi! n'avez-vous pas deviné que j'ai la V.....? lui dis-je, je ne puis pas marcher.

J'arrivai avec ce courrier maudissant son sort jusqu'à Altorf. J'ouvrais des yeux stupides sur tout. Je suis un grand admirateur de Guillaume Tell, quoique les écrivains ministériels de tous les pays prétendent qu'il n'a jamais existé. A Altorf, je crois, une mauvaise statue de Tell, avec un jupon de pierre, me toucha, précisément parce qu'elle était mauvaise.

Voilà donc, me disais-je avec une douce mélancolie succédant pour la première fois à un désespoir sec, voilà donc ce que deviennent les plus belles choses aux yeux des hommes grossiers. Telle était Métilde au milieu du salon de madame Traversi.

La vue de cette statue m'adoucit un peu. Je m'informai du lieu où était la chapelle de Tell.

— Vous la verrez demain.

Le lendemain, je m'embarquai en bien mauvaise compagnie : des officiers suisses faisant partie de la garde de Louis XVIII, qui se rendaient à Paris (1).

La France, et surtout les environs de Paris, m'ont toujours déplu, ce qui prouve que je suis un mauvais Français et un méchant, disait plus tard, Mlle Sophie ...... belle-fille de M. Cuvier.

(1) En note : « Ici quatre pages de descriptions de Altorf à Gersau, Lucerne, Bâle, Belfort, Langres, Paris ; — occupé de moral, la description physique m'ennuie. Il y a deux ans que je n'ai écrit douze pages comme ceci. »

Mon cœur se serra tout à fait en allant de Bâle à Belfort et quittant les hautes, si ce n'est les belles montagnes suisses pour l'affreuse et plate misère de la Champagne.

Que les femmes sont laides à....... (1), village où je les vis en bas bleus et avec des sabots. Mais, plus tard, je me dis : quelle politesse, quelle affabilité, quel sentiment de justice dans leur conversation villageoise !

Langres était situé comme Volterre (2), ville qu'alors j'adorais, — elle avait été le théâtre d'un de mes exploits les plus hardis dans ma guerre contre Métilde.

Je pensai à Diderot, — fils, comme on sait, d'un coutelier de Langres. — Je songeai à *Jacques le Fataliste*, le seul de ses ouvrages que j'estime, mais je l'estime beaucoup plus que le *Voyage d'Anacharsis*, le *Traité des Etudes*, et cent autres bouquins estimés des pédants.

Le pire des malheurs, m'écriai-je, serait que ces hommes si secs, mes amis, au milieu desquels je vais vivre, devinassent ma passion, et pour une femme que je n'ai pas eue !

Je me dis cela en juin 1821, et je vois en juin 1832, pour la première fois, en écrivant ceci, que cette peur, mille fois répétée, a été, dans le fait, le principe dirigeant de ma vie pendant dix ans. C'est par là que je suis venu *à avoir de l'esprit,* chose qu

---

(1) En blanc dans le manuscrit.
(2) Voir sur Volterre les premières pages des *Sensatio d'Italie* de Paul Bourget.

était le *bloc*, la butte de mes mépris à Milan, en 1818, quand j'aimais Métilde.

J'entrai dans Paris, que je trouvai pire que laid, insultant pour ma douleur, avec une seule idée : *n'être pas deviné*.

Je me logeais à Paris, rue Richelieu, Hôtel de Bruxelles, n° 47, tenu par un M. Petit, ancien valet de chambre de M. de Damas (1).

La politesse, la grâce, l'à-propos de ce M. Petit; son absence de tout sentiment, son horreur pour tout mouvement de l'âme qui avait de la profondeur, son souvenir vif pour des jouissances de vanité qui avaient trente ans de date, son honneur parfait en matière d'argent, en faisaient, à mes yeux, le modèle parfait de l'ancien Français. Je lui confiai bien vite les 3000 francs qui me restaient ; il me remit, malgré moi, un bout de reçu que je me hâtai de perdre, ce qui le contraria beaucoup lorsque, quelques mois après, ou quelques semaines, je repris mon argent pour aller en Angleterre où me poussa le mortel dégoût que j'éprouvais à Paris.

J'ai bien peu de souvenirs de ces temps passionnés, les objets glissaient sur moi inaperçus, ou méprisés, quand ils étaient entrevus. Ma pensée était sur la place Belgiojoso, à Milan. Je vais me recueillir pour tâcher de penser aux maisons où j'allais.

(1) Voir *Lamiel*, chapitre XV.

CHAPITRE II

Voici le portrait d'un homme de mérite avec q
j'ai passé toutes mes matinées pendant huit ans.
y avait estime, mais non amitié. J'étais descendu
l'hôtel de Bruxelles, parce que là logeait le Piémo
tais le plus sec, le plus dur, le plus ressemblant à
la Rancune (du *Roman Comique*) que j'aie jam:
rencontré. M. le baron de Lussinge (1) a été le co
pagnon de ma vie de 1821 à 1831; né vers 1785
avait trente-six ans en 1821. Il ne commença à se
tacher de moi et à être impoli dans le discours
lorsque la réputation d'esprit me vint, après l'affr
malheur du 15 septembre 1826.

M. de Lussinge, petit, râblé, trapu, n'y voyan'
à trois pas, toujours mal mis par avarice et
ployant nos promenades à faire des budgets d
pense personnelle pour un garçon vivant s
Paris, avait une rare sagacité. Dans mes illi
romanesques et brillantes, je voyais comme t
tandis que ce n'était que quinze, le génie, la

(1) Probablement le baron de Mareste. Voir Beyle,
pondance et *Lettres inédites*, et Sainte-Beuve, *N
Lundis*, vol. III (article sur Etienne Delécluze).

la gloire, le bonheur de tel homme qui passait, lui ne les voyant que comme six ou sept.

Voilà ce qui a fait le fond de nos conversations pendant huit ans ; nous nous cherchions d'un bout de Paris à l'autre.

Lussinge, âgé alors de trente-six ou trente-sept ans, avait le cœur et la tête d'un homme de cinquante-cinq ans. Il n'était profondément ému que des événements à lui personnels ; alors il devenait fou, comme au moment de son mariage. A cela près, le but constant de son ironie, c'était l'émotion. Lussinge n'avait qu'une religion : l'estime pour la haute naissance. Il est, en effet, d'une famille du Bugey, qui y tenait un rang élevé en 1500 ; elle a suivi à Turin les ducs de Savoie, devenus rois de Sardaigne.

Lussinge avait été élevé à Turin à la même académie qu'Alfiéri ; il y avait pris cette profonde méchanceté piémontaise, au monde sans pareille, qui n'est cependant que la méfiance du sort et des hommes. J'en retrouve plusieurs traits à Emor (1) ; mais, pardessus le marché ici, il y a des passions et, le théâtre étant plus vaste, moins de petitesses bourgeoises. Je n'en ai pas moins aimé Lussinge jusqu'à ce qu'il soit devenu riche, ensuite avare, peureux et enfin désagréable dans ses propos et presque malhonnête en janvier 1830.

Il avait une mère avare mais surtout folle, et qui pouvait donner tout son bien aux prêtres. Il songea à se marier ; ce serait une occasion pour sa mère de se lier par des actes qui l'empêcheraient de donner

---

(1) Anagramme de Rome.

son bien à son confesseur. Les intrigues,
ches, pendant qu'il allait à la chasse d'u
m'amusèrent beaucoup. Lussinge fut sur
demander une fille charmante qui eût do
bonheur et l'éternité à notre amitié : je v
de la fille du général Gilly, — depuis mada
femme d'un avoué, je crois. Mais le gé
été condamné à mort après 1815, cela eût
la noble baronne, mère de Lussinge. Par
bonheur, il évita d'épouser une coquet
madame Varambon. Enfin, il épousa une
faite, grande et assez belle, si elle eût c
Cette sotte se confessait directement à Mg
len, archevêque de Paris, dans le salon d
allait se confesser. Le hasard m'avait donn
données sur les amours de cet archevêque
être avait alors madame de Podinas, da
neur de madame la duchesse de Berry, et,
avant, maîtresse du fameux duc de Raguse
indiscrètement pour moi — c'est là, si
trompe, un de mes nombreux défauts — je
madame de Lussinge sur l'archevêque.

C'était chez madame la comtesse d'Ave
— Ma cousine, imposez le silence à
s'écria-t-elle, furieuse.

Depuis ce moment, elle a été mon enne
que avec des retours de coquetterie bie
Mais me voilà embarqué dans un épisode
je continue, car j'ai vu Lussinge deux fo
pendant huit ans, et plus tard il faudra
cette grande et florissante baronne, qui
cinq pieds six pouces.

(1) D'Argout.

Avec sa dot, ses appointements de chef de bureau au ministère de la Police, les donations de sa mère, Lussinge réunit vingt-deux ou vingt-trois mille livres de rente, vers 1828. De ce moment, un seul sentiment le domina, la peur de perdre. Méprisant les Bourbons, non pas autant que moi, qui ai de la vertu politique, mais les méprisant comme maladroits, il arriva à ne pouvoir plus supporter sans un vif accès d'humeur l'énoncé de leurs maladresses.

Il voyait vivement et à l'improviste un danger pour sa propriété — chaque jour il y en avait quelque nouvelle (maladresse), comme on peut le voir dans les journaux de 1826 à 1830. Lussinge allait au spectacle le soir et jamais dans le monde ; il était un peu humilié de sa place. Tous les matins, nous nous réunissions au café, je lui racontais ce que j'avais appris la veille ; ordinairement, nous plaisantions sur nos différences de partis. Le 3 janvier 1830, je crois, il me nia je ne sais quel fait antibourbonien — que j'avais appris chez M. Cuvier, alors conseiller d'État, fort ministériel.

Cette sottise fut suivie d'un fort long silence ; nous traversâmes le Louvre sans parler. Je n'avais alors que le strict nécessaire, lui, comme on sait, vingt-deux mille francs. Je croyais m'apercevoir, depuis un an, qu'il voulait prendre à mon égard un ton de supériorité. Dans nos discussions politiques, il me disait :

— Vous, vous n'avez pas de fortune.

Enfin, je me déterminai au pénible sacrifice de changer de café sans le lui dire. Il y avait neuf ans que j'allais tous les jours à dix heures et demie au café de Rouen, tenu par M. Pique, bon bourgeois, et

Madame Pique, alors jolie, dont Maisonnette (1), de nos amis communs, obtenait, je crois, des rend vous à cinq cents francs l'un. Je me retirai au (Lemblin, le fameux café libéral également situé Palais-Royal. Je ne voyais plus Lussinge que tous quinze jours; depuis, notre intimité devenue un soin pour tous les deux, je crois, a voulu souven renouer, mais jamais elle n'en a eu la force. Plusie fois après, la musique ou la peinture, où il était i truit, était pour nous des terrains neutres, mais to l'impolitesse de ses façons revenait avec âpreté que nous parlions politique et qu'il avait peur p ses 22,000 francs, il n'y avait pas moyen de continu Son bon sens n'empêchait de m'égarer trop loin d mes illusions poétiques, ma gaîté — car je devins ou plutôt j'acquis l'art de le paraître — le distray de son humeur sombre et de la terrible *peur perdre.*

Quand je suis entré dans une petite place en 18: je crois qu'il a trouvé les appointements trop con dérables. Mais enfin, de 1821 à 1828, j'ai vu Lussir deux fois par jour, et à l'exception de l'amour et (projets littéraires auxquels il ne comprenait ri nous avons longuement bavardé sur chacune de actions, aux Tuileries et sur le quai du Louvre conduisait à son bureau. De onze heures à midi n étions ensemble, et très souvent il parvenait à me traire complètement de mes chagrins qu'il ignor

Voilà enfin ce long épisode fini, mais il s'agis: du premier personnage de ces mémoires, de celu qui, plus tard, j'inoculai d'une manière si plaisa

---

(1) Joseph Lingay, dont il sera question plus loin.

mon amour si frénétique pour madame Azur (1) dont il est depuis depuis deux ans l'amant fidèle et, ce qui est plus comique, il l'a rendue fidèle. C'est une des Françaises les moins *poupées* que j'aie rencontrée.

Mais n'anticipons point ; rien n'est plus difficile dans cette grave histoire que de garder respect à l'ordre chronologique.

Nous en sommes donc au mois d'août 1821, moi logeant avec Lussinge à l'hôtel de Bruxelles, le suivant à cinq heures à la table d'hôte excellente et bien tenue par le plus joli des Français, M. Petit, et par sa femme, femme de chambre à grande façon, mais toujours piquée. Là, Lussinge qui a toujours craint, je le vois en 1832, de me présenter à ses amis, ne put pas s'empêcher de me faire connaître : 1° un aimable garçon, beau et sans nul esprit, M. Barot (2), banquier de Lunéville, alors occupé à gagner une fortune de 80,000 fr. de rente; 2° un officier à la demi-solde, décoré à Waterloo, absolument privé d'esprit, encore plus d'imagination s'il est possible, sot, mais d'un ton parfait, et ayant eu tant de femmes qu'il était devenu sincère sur leur compte.

La conversation de M. Poitevin, le spectacle de son bon sens absolument pur de toute exagération causée par l'imagination, ses idées sur les femmes, ses conseils sur la toilette m'ont été fort utiles. Je crois que ce pauvre Poitevin avait 1200 fr. de rente et une place de 1500 fr. Avec cela, c'était l'un des jeunes gens les mieux mis à Paris. Il est vrai qu'il ne sortait jamais

---

(1) Alberte de Rubempré.
(2) Lolo (Note de R. Colomb) Voir page 287 une lettre de Beyle où il est question de M. *Lolot*.

sans une préparation de deux heures et demie. Enfin il avait eu pendant deux mois, je crois, comme pa[s]sade, la marquise des R..., à laquelle plus tard j'[ai] eu tant d'obligations, que je me suis promis dix fo[is] d'avoir, ce que je n'ai jamais tenté, en quoi j'ai eu tor[t.] Elle me pardonnait ma laideur et je lui devais bie[n] d'être son amant. Je verrai à acquitter cette dette mon premier voyage à Paris; elle sera peut-être d'au[tant] plus sensible à mon attention que la jeuness[e] nous a quittés tous deux. Au reste, je me vante peu[t-]être, elle est fort sage depuis dix ans, mais par force selon moi.

Enfin, abandonné par madame D., sur laquelle j[e] devais tant compter, je dois la plus vive reconnais[-]sance à la marquise.

Ce n'est qu'en réfléchissant pour être en ét[at] d'écrire ceci que je débrouille à mes yeux ce qui s[e] passait dans mon cœur en 1821. J'ai toujours véc[u] et je vis encore au jour le jour et sans songer nulle[-]ment à ce que je ferai demain. Le progrès du temp[s] n'est marqué pour moi que par les dimanches, o[ù] ordinairement je m'ennuie et je prends tout mal. J[e] n'ai jamais pu deviner pourquoi. En 1821, à Pari[s] les dimanches étaient réellement horribles pour mo[i.] Perdu sous les grands marronniers des Tuileries, [si] majestueux à cette époque de l'année, je pensais [à] Métilde, qui passait plus particulièrement ces jour[-]nées-là chez l'opulente Madame Traversi, cette fu[-]neste amie qui me haïssait, jalousait sa cousine et lu[i] avait persuadé, par elle et par ses amis, qu'elle s[e] déshonorerait parfaitement si elle me prenait pou[r] amant.

Plongé dans une sombre rêverie tout le temps qu[e]

je n'étais pas avec mes trois amis, Lussinge, Barot et Poitevin, je n'acceptais leur société que par distraction. Le plaisir d'être distrait un instant de ma douleur ou la répugnance à en être distrait dictaient toutes mes démarches. Quand l'un de ces messieurs me soupçonnait d'être triste, je parlais beaucoup, et il m'arrivait de dire les plus grandes sottises, et de ces choses qu'il ne faut surtout jamais dire en France, parce qu'elles piquent la vanité de l'interlocuteur. M. Poitevin me faisait porter la peine de ces mots-là au centuple.

J'ai toujours parlé infiniment trop au hasard et sans prudence, alors ne parlant que pour soulager un instant une douleur poignante, songeant surtout à éviter le reproche d'avoir laissé une affection à Milan et d'être triste pour cela, ce qui aurait amené sur ma maîtresse prétendue des plaisanteries que je n'aurais pas supportées, je devais réellement, à ces trois êtres parfaitement purs d'imagination, paraître fou. J'ai su, quelques années plus tard, qu'on m'avait cru un homme extrêmement affecté. Je vois, en écrivant ceci, que si le hasard, ou un peu de prudence, m'avait fait chercher la société des femmes, malgré mon âge, ma laideur, etc., j'y aurais trouvé des succès et peut-être des consolations. Je n'ai eu une maîtresse que par hasard, en 1824, trois ans après. Alors seulement le souvenir de Métilde ne fut plus déchirant. Elle devint pour moi comme un fantôme tendre, profondément triste, et qui, par son apparition, me disposait souverainement aux idées tendres, bonnes, justes, indulgentes.

Ce fut pour moi une rude corvée, en 1821, que de retourner pour la première fois dans les maisons où l'on avait eu des bontés pour moi quand j'étais à la cour de Napoléon (1). Je différais, je renvoyais sans cesse. Enfin, comme il m'avait bien fallu serrer la main des amis que je rencontrais dans la rue, on sut ma présence à Paris ; on se plaignait de la négligence.

Le comte d'Argout, mon camarade quand nous étions auditeurs au Conseil d'Etat, très brave, travailleur impitoyable, mais sans nul esprit, était pair de France en 1821 ; il me donna un billet pour la salle des pairs, où l'on instruisait le procès d'une quantité de pauvres sots imprudents et sans logique. On appelait, je crois, leur affaire, la conspiration du 19 ou 29 août. Ce fut bien par hasard que leur tête ne tomba pas. Là, je vis pour la première fois M. Odilon Barot, petit homme à barbe bleue. Il défendait, comme avocat, un de ces pauvres niais qui se mêlent de conspirer, n'ayant que les deux tiers ou les trois quarts du courage qu'il faut pour cette action saugrenue. La logique de M. Odilon Barot me frappa. Je me tenais d'ordinaire derrière le fauteuil du chancelier M. d'Ambray, à un pas ou deux. Il me sembla qu'il conduisait tous ces débats avec assez d'honnêteté pour un noble (2).

C'était le ton et les manières de M. Petit, le maître de l'hôtel de Bruxelles, mais avec cette différence que M. d'Ambray avait les manières moins nobles. Le lendemain, je fis l'éloge de son honnêteté chez Mme la comtesse Doligny (3). Là se trouvait la maî-

---

(1) *Thère (là)* détail de ces sociétés. (Note de Beyle).
(2) Ici description de la Chambre des Pairs (Note de Beyle).
— La description est restée en blanc.
(3) Comtesse Beugnot. Beyle lui dédia son premier ouvrage : *Vie de Haydn, de Mozart et de Métastase*, (1814).

tresse de M. d'Ambray, une grosse femme de trente-six ans, très fraîche; elle avait l'aisance et la tournure de Mlle Contat dans ses dernières années. (Ce fut une actrice inimitable; je l'avais beaucoup suivie en 1803, je crois) (1).

J'eus tort de ne pas me lier avec cette maîtresse de M. d'Ambray; ma folie avait été pour moi une distinction à ses yeux. Elle me crut d'ailleurs l'amant ou un des amants de Mme Doligny. Là j'aurais trouvé le remède à mes maux, mais j'étais aveugle.

Je rencontrai un jour, en sortant de la Chambre des pairs, mon cousin, Monsieur le baron Martial Daru. Il tenait à son titre; d'ailleurs le meilleur homme du monde, mon bienfaiteur, le maître qui m'avait appris, à Milan, en 1800, et à Brunswick, en 1807, le peu que je sais dans l'art de me conduire avec les femmes.

Il en a eu vingt-deux en sa vie, et des plus jolies, toujours ce qu'il y avait de mieux dans le lieu où il se trouvait. J'ai brûlé les portraits, cheveux, lettres, etc.

— Comment! vous êtes à Paris, et depuis quand?
— Depuis trois jours.
— Venez demain, mon frère sera bien aise de vous voir...

Quelle fut ma réponse à l'accueil le plus aimable, le plus amical? Je ne suis allé voir ces excellents parents que six ou huit ans plus tard. Et la vergogne de n'avoir pas paru chez mes bienfaiteurs a fait que je n'y suis pas allé dix fois jusqu'à leur mort prématurée. Vers 1829, mourut l'aimable Martial Daru.

(1) Voir *Journal*, p. 129.

Quelques mois après, je restai immobile dans mon café de Rouen, alors au coin de la rue du Rempart, en trouvant dans mon journal l'annonce de la mort de M. le comte Daru. Je sautai dans un cabriolet, la larme à l'œil, et courus au numéro 81 de la rue de Grenelle. Je trouvai un laquais qui pleurait, et je pleurai à chaudes larmes. Je me trouvais bien ingrat; je mis le comble à mon ingratitude en partant le soir même pour l'Italie, je crois; j'avançai mon départ; je serais mort de douleur en entrant dans sa maison. Là aussi il y avait eu un peu de la folie qui me rendait si baroque en 1821.

CHAPITRE III

21 juin 1832.

L'amour me donna, en 1821, une vertu bien comique : la chasteté.

Malgré mes efforts, en août 1821, MM. Lussinge, Barot et Poitevin, me trouvant soucieux, arrangèrent une délicieuse partie de filles. Barot, à ce que j'ai reconnu depuis, est un des premiers talents de Paris pour ce genre de plaisir assez difficile. Une femme n'est femme pour lui qu'une fois : c'est la première. Il dépense trente mille francs de ses quatre-vingt-mille, et, de ces trente-mille, au moins vingt mille en filles.

Barot arrangea donc une soirée avec Mme Petit, une de ses anciennes maîtresses à laquelle, je crois, il venait de prêter de l'argent pour prendre un établissement (*to raise a brothel*), rue du Cadran, au coin de la rue Montmartre, au quatrième.

Nous devions avoir Alexandrine — six mois après entretenue par les Anglais les plus riches — alors débutante depuis deux mois. Nous trouvâmes, vers les huit heures du soir, un salon charmant, quoique au quatrième étage, du vin de Champagne frappé de glace, du punch chaud... Enfin parut Alexandrine conduite par une femme de chambre chargée de la surveiller; chargée par qui? je l'ai oublié. Mais il fallait que ce fût une grande autorité que cette femme, car je vis sur le compte de la partie qu'on lui avait donné vingt francs. Alexandrine parut et surpassa toutes les attentes. C'était une fille élancée, de dix-sept à dix-huit ans, déjà formée, avec des yeux noirs que, depuis, j'ai retrouvés dans le portrait de la duchesse d'Urbin, par le Titien, à la galerie de Florence (1). A la couleur des cheveux près, Titien a fait son portrait. Elle était donc formée, timide, assez gaie, décente. Les yeux de mes collègues devinrent comme égarés à cette vue. Lussinge lui offre un verre de champagne qu'elle refuse et disparaît avec elle. Mme Petit nous présente deux autres filles pas mal, nous lui disons qu'elle-même est plus jolie. Elle avait un pied admirable, Poitevin l'enleva. Après un intervalle effroyable, Lussinge revient tout pâle.

— A vous, Belle (*sic*). Honneur à l'arrivant! s'écria-t-on.

Je trouve Alexandrine sur un lit, un peu fatiguée, presque dans le costume et précisément dans la position de la duchesse d'Urbin, du Titien.

— Causons seulement pendant dix minutes, me dit-elle avec esprit. Je suis un peu fatiguée, bavardons. Bientôt, je retrouverai le feu de ma jeunesse.

Elle était adorable, je n'ai peut-être rien vu d'aussi

---

(1) A la *Tribuna*.

joli. Il n'y avait point trop de libertinage, excepté dans les yeux qui, peu à peu, redevinrent pleins de folie, et, si l'on veut, de passion.

Je la manquai parfaitement, *fiasco* complet. J'eus recours à un dédommagement, elle s'y prêta. Ne sachant trop que faire, je voulus revenir à ce jeu de main qu'elle refusa. Elle parut étonnée, je lui dis quelques mots assez jolis pour ma position, et je sortis.

A peine Barot m'eut-il succédé que nous entendîmes des éclats de rire qui traversaient trois pièces pour arriver jusqu'à nous. Tout à coup, Mme Petit donna congé aux autres filles et Barot nous amena Alexandrine dans le simple appareil

D'une beauté qu'on vient d'arracher au sommeil.

—Mon admiration pour Belle, dit-il en éclatant de rire, va faire que je l'imiterai ; — je viens me fortifier avec du champagne.

L'éclat de rire dura dix minutes ; Poitevin se roulait sur le tapis. L'étonnement exagéré d'Alexandrine était impayable, c'était pour la première fois que la pauvre fille était manquée.

Ces messieurs voulaient me persuader que je mourrais de honte et que c'était là le moment le plus malheureux de ma vie. J'étais étonné et rien de plus. Je ne sais pourquoi l'idée de Metilde m'avait saisi en entrant dans cette chambre dont Alexandrine faisait un si joli ornement.

Enfin, pendant dix années, je ne suis pas allé trois fois chez les filles. Et la première après la charmante Alexandrine, ce fut en octobre ou en novembre 1827, étant pour lors au désespoir.

J'ai rencontré dix fois Alexandrine dans le brillant équipage qu'elle eut un mois après, et toujours j'ai eu un regard. Enfin, au bout de cinq à six ans, elle a pris une figure grossière, comme ses camarades.

De ce moment, je passais pour Babillan (1) auprès des trois compagnons de vie que le hasard m'avait donnés. Cette belle réputation se répandit dans le monde, et, peu ou beaucoup, m'a duré jusqu'à ce que Mme Azur ait rendu compte de mes faits et gestes. Cette soirée augmenta beaucoup ma liaison avec Barot, que j'aime encore et qui m'aime. C'est peut-être le seul Français dans le château duquel je vais passer quinze jours avec plaisir. C'est le cœur le plus franc, le caractère le plus net, l'homme le moins spituel et le moins instruit que je connaisse. Mais dans ces deux talents: celui de gagner de l'argent, sans jamais jouer à la Bourse, et celui de lier connaissance avec une femme qu'il voit à la promenade ou au spectacle, il est sans égal, dans le dernier surtout.

C'est que c'est une nécessité. Toute femme qui a eu des bontés pour lui devient comme un homme.

Un soir, Métilde me parlait de Mme Bignami, son amie. Elle me conta d'elle-même une histoire d'amour fort connue, puis ajouta: « Jugez de son sort; chaque soir, son amant, se sortant de chez elle, allait chez une fille. »

Or, quand j'eus quitté Milan, je compris que cette phrase morale n'appartenait nullement à l'histoire de Mme Bignami, mais était un avertissement moral à mon usage.

En effet, chaque soirée, après avoir accompagné

---

(1) Voir *Armance*.

Métilde chez sa cousine, Mme Traversi, à laquelle j'avais refusé gauchement d'être présenté, j'allais finir la soirée chez la charmante et divine comtesse Kassera. Et par une autre sottise, cousine germaine de celle que fis avec Alexandrine, je refusai une fois d'être l'amant de cette jeune femme, la plus aimable peut-être que j'aie connue, tout cela pour mériter, aux yeux de Dieu, que Métilde m'aimât. Je refusai, avec le même esprit et pour le même motif, la célèbre Vigano qui, un jour, comme toute sa cour, descendait l'escalier, — et parmi les courtisans était cet homme d'esprit, le comte de Saurin, — laissa passer tout le monde pour me dire :

— Belle, on dit que vous êtes amoureux de moi?

— On se trompe, répondis-je d'un grand sang-froid, sans même lui baiser la main.

Cette action indigne, chez cette femme qui n'avait que de la tête, m'a valu une haine implacable. Elle ne me saluait plus quand, dans une de ces rues étroites de Milan, nous nous rencontrions tête-à-tête.

Voilà trois grandes sottises — jamais je ne me pardonnerai la comtesse Kassera (aujourd'hui, c'est la femme la plus sage et la plus réputée du pays).

CHAPITRE IV

Voici une autre société, contraste avec celle du chapitre précédent.

En 1817, l'homme que j'ai le plus admiré à cause de ses écrits, le seul qui ait fait révolution chez moi, M. le comte de Tracy, vint me voir à l'hôtel d'Italie, place Favart. Jamais je n'ai été aussi surpris. J'adorais depuis douze ans l'Idéologie de cet homme qui sera célèbre un jour. On avait mis à sa porte un exemplaire de l'*Histoire de la Peinture en Italie*.

Il passa une heure avec moi. Je l'admirais tant que probablement je fis *fiasco* par excès d'amour. Jamais je n'ai moins songé à avoir de l'esprit ou à être agréable. En ce temps-là, j'approchais de cette vaste intelligence, je la contemplais, étonné; je lui demandais des lumières. D'ailleurs, je ne savais pas encore avoir de l'esprit.

Cette improvisation d'un esprit tranquille ne m'est venue qu'en 1827.

M. Destutt de Tracy, pair de France, membre de l'Académie, était un petit vieillard remarquablement bien fait et à tournure élégante et singulière. Sous prétexte qu'il est aveugle, il porte habituellement une visière verte. Je l'avais vu recevoir à l'Académie par M. de Ségur, qui lui dit des sottises au nom du despotisme impérial—c'était en 1811 (1), je crois. Quoique attaché à la cour, je fus profondément dégoûté. Nous allons tomber dans la barbarie militaire, nous allons devenir des général Grosse, me disais-je (2).

M. de Tracy, se tenant devant sa cheminée tantôt sur un pied, tantôt sur l'autre, avait une manière de parler qui était l'antipode de ses écrits. Sa conversation était toute en aperçus fins et élégants; il avait horreur d'un mot énergique comme d'un jurement, et il écrit comme un maire de campagne. La simplicité énergique qu'il me semble que j'avais dans ce temps-là ne dut guère lui convenir. J'avais d'énormes favoris noirs dont Mme Doligny ne me fit honte qu'un an plus tard. Cette tête de boucher italien ne parut pas trop convenir à l'ancien colonel du règne de Louis XVI.

M. de Tracy n'a jamais voulu permettre qu'on fît son portrait. Je trouve qu'il ressemble au pape Corsini Clément tel qu'on le voit à Sainte-Marie-Majeure, dans la chapelle à gauche en entrant.

(1) M. de Tracy fut reçu à l'Académie en 1808 — il remplaçait Cabanis.
(2) Ce général, que je voyais chez madame la comtesse Daru, était un des sabreurs les plus stupides de la garde impériale— c'est beaucoup dire. Il avait l'accent provençal et brûlait surtout de sabrer les Français ennemis de l'homme qui lui donnait la pâture. Ce caractère est devenu ma bête noire, tellement que le soir de la bataille de la Moskowa, voyant à quelques pas les tentes de deux ou trois généraux de la garde, il m'échappa de dire : « Ce sont des insolents de (mot illisible)! » propos qui faillit me perdre. (Note de Beyle).

Ses manières sont parfaites, quand il n'est pas dominé par une abominable humeur noire. Je n'ai deviné ce caractère qu'en 1822. C'est un vieux don Juan — il prend de l'humeur de tout ; par exemple, dans son salon, M. de La Fayette était un peu plus grand homme que lui (même en 1821). Ensuite, ces Français n'ont pas apprécié l'*Idéologie* et la *Logique*. M. de Tracy n'a été appelé à l'Académie par ces petits rhéteurs musqués que comme auteur d'une bonne grammaire et encore durement injuriée par ce plat Ségur, père d'un fils encore plus plat (M. Philippe, qui a écrit nos malheurs de Russie pour avoir un cordon de Louis XVIII). Cet infâme Philippe de Ségur me servira d'exemple pour le caractère que j'abhorre le plus à Paris : le ministériel fidèle à l'honneur en tout, excepté les démarches décisives dans une vie (1).

Dernièrement, ce Philippe a joué envers le ministre Casimir Périer (voir les *Débats*, mai 1832) le rôle qui lui avait valu la faveur de ce Napoléon qu'il déserta si lâchement, et ensuite la faveur de Louis XVIII, qui se complaisait dans ce genre de gens bas. Il comprenait parfaitement leur bassesse, la rappelait par des mots fins au moment où ils faisaient quelque chose de noble. Peut-être l'ami de Favras qui attendit la nouvelle de sa pendaison pour dire à un de ses gentilshommes : « *Faites-nous servir* », se sentait-il ce caractère. Il était bien homme à s'avouer qu'il était un infâme et à rire de son infamie.

Je sens bien que le terme infâme est mal appliqué, mais cette bassesse à la Philippe Ségur a été ma bête

---

(1) Où M. Rod a-t-il pris que le comte de Ségur eut d'agréables relations avec Beyle? Voir *Stendhal*, p. 41.

noire. J'estime et j'aime cent fois mieux un simple galérien, un simple assassin qui a eu un moment de faiblesse et qui, d'ailleurs, mourait de..... (1) habituellement. En 1828 ou 26, le bon Philippe était occupé à faire un enfant à une veuve millionnaire qu'il avait séduite et qui a dû l'épouser (Madame G..f...e, veuve du pair de France). J'avais dîné quelquefois avec le général Philippe de Ségur à la table de service de l'empereur. Alors, le Philippe ne parlait que de ses treize blessures, car l'animal est brave.

Il serait un héros en Russie, dans ces pays à demi-civilisés. En France, on commence à comprendre sa bassesse. Mesdames Garnett (rue Duphot, n° 12) voulaient me mener chez son frère, leur voisin, n° 14, je crois, ce à quoi je me suis toujours refusé à cause de l'historien de la campagne de Russie.

M. le comte de Ségur, grand maître des cérémonies à Saint-Cloud en 1811, quand j'y étais, mourait de chagrin de n'être pas duc. A ses yeux c'était pis qu'un malheur, c'était une *inconvenance*

Toutes ses idées étaient *vaines*, mais il en avait beaucoup et sur tout. Il voyait chez tout le monde partout de la grossièreté, mais avec quelle grâce n'exprimait-il pas ses sentiments ?

J'aimais chez ce pauvre homme l'amour passionné que sa femme avait pour lui. Du reste, quand je lui parlais, il me semblait avoir affaire à un Lilliputien.

Je rencontrais M. de Ségur, grand maître des cérémonies de 1810 à 1814, chez les ministres de Napoléon. Je ne l'ai plus vu depuis la chute de ce grand

---

(1) En blanc dans le manuscrit.

homme, dont il fut une des faiblesses et un des malheurs.

Même les Dangeau de la cour de l'Empereur, et il y en avait beaucoup, par exemple mon ami le baron Martial Daru, même ces gens-là ne purent s'empêcher de rire du cérémonial inventé par M. le comte de Ségur pour le mariage de Napoléon avec Marie-Louise d'Autriche, et surtout pour la première entrevue. Quelque infatué que Napoléon fût de son nouvel uniforme de roi, il n'y put pas tenir, il s'en moqua avec Duroc, qui me le dit. Je crois que rien ne fut exécuté de ce labyrinthe de petitesses. Si j'avais ici mes papiers de Paris je joindrais ce programme aux présentes balivernes sur ma vie. C'est admirable à parcourir, on croit lire une mystification.

Je soupire en 1832 en me disant : « Voilà cependant jusqu'où la petite vanité parisienne avait fait toucher un Italien : Napoléon ! »

Où en étais-je ?... Mon Dieu, comme ceci est mal écrit !

M. de Ségur était surtout sublime au Conseil d'État. Ce Conseil était respectable ; ce n'était pas, en 1810, un assemblage de cuistres (1832), de Cousin, de Jacqueminot, de .... (1), et d'autres plus obscurs encore.

Napoléon avait réuni, dans son Conseil, les cinquante Français les moins bêtes. Il y avait des sections. Quelquefois la section de la guerre (où j'étais apprenti sous l'admirable Gouvion de Saint-Cyr) avait affaire à la section de l'Intérieur que M. de Ségur présidait quelquefois, je ne sais comment, je

---

(1) En blanc dans le manuscrit.

crois durant l'absence de la maladie du vigoureux Regnault (comte de Saint-Jean-d'Angély).

Dans les affaires difficiles, par exemples, celle de la levée des gardes d'honneur en Piémont, dont je fus un des petits rapporteurs, l'élégant, le parfait M. de Ségur, ne trouvant aucune idée, avançait son fauteuil; mais c'était par un mouvement incroyable de comique, en le saisissant entre les cuisses écartées.

Après avoir ri de son impuissance, je me disais : « Mais n'est-ce point moi qui ai tort ? C'est là le célèbre ambassadeur auprès de la Grande-Catherine, qui vola sa plume à l'ambassadeur d'Angleterre (1). C'est l'historien de Guillaume II ou III (2) (je ne me rappelle plus lequel, l'amant de la Lichtenau pour laquelle Benjamin Constant se battait). »

J'étais sujet à *trop respecter* dans ma jeunesse. Quand mon imagination s'emparait d'un homme, je restais stupide devant lui : *j'adorais ses défauts.*

Mais le ridicule de M. de Ségur guidant Napoléon se trouva, à ce qu'il paraît, trop fort pour ma *gallibility*.

Du reste, au comte de Ségur, grand maître des cérémonies (en cela bien différent de Philippe), on eût pu demander tous les procédés délicats et même dans le genre femme s'avançant jusques à l'héroisme. Il avait aussi des mots délicats et charmants, mais il ne fallait pas qu'ils s'élevassent au dessus de la taille lilliputienne de ses idées.

J'ai eu le plus grand tort de ne pas cultiver cet ai-

---

(1) M. de Ségur eut beaucoup de succès à la cour de Russie — succès diplomatiques et succès littéraires.
(2) Il s'agit de Fréderic-Guillaume II.

mable vieillard de 1821 à 1830 ; je crois qu'il s'est éteint en même temps que sa respectable femme. Mais j'étais fou, mon horreur pour le *vil* allait jusqu'à la passion au lieu de m'en amuser, comme je fais aujourd'hui des actions de la cour de..... (1).

M. le comte de Ségur m'avait fait faire des compliments en 1817, à mon retour d'Angleterre, sur *Rome, Naples et Florence*, brochure que j'avais fait mettre à sa porte.

Au fond du cœur, sous le rapport moral, j'ai toujours méprisé Paris. Pour lui plaire, il fallait être, comme M, de Ségur, le grand maître.

Sous le rapport physique, Paris ne m'a jamais plu. Même vers 1803, je l'avais en horreur comme n'ayant pas de montagnes autour de lui. Les montagnes de mon pays (le Dauphiné), témoins des mouvements passionnés de mon cœur, pendant les seize premières années de ma vie, m'ont donné là-dessus un *bias* (pli, terme anglais) dont jamais je ne pus revenir.

Je n'ai commencé à estimer Paris que le 28 juillet 1830. Encore le jour des Ordonnances, à onze heures du soir, je me moquais du courage des Parisiens et de la résistance qu'on attendait d'eux, chez le comte Réal. Je crois que cet homme si gai et son héroïque fille, madame la baronne Lacuée, ne me l'ont pas encore pardonné.

Aujourd'hui, j'estime Paris. J'avoue que pour le courage il doit être placé au premier rang, comme pour la cuisine, comme pour *l'esprit*. Mais il ne m'en séduit pas davantage pour cela. Il me semble

---

(1) Rome, sans doute.

qu'il y a toujours de la *comédie* dans sa vertu. Les jeunes gens nés à Paris de pères provinciaux et à la mâle énergie, qui est celle de faire leur fortune, me semblent des êtres *étiolés*, attentifs seulement à l'apparence extérieure de leurs habits, au bon goût de leur *chapeau gris*, à la bonne tournure de leur cravate, comme MM. Féburier, Viollet-le-Duc, etc. Je ne conçois pas un homme sans un peu de *mâle énergie*, de constance et de profondeur dans les idées, etc. Toutes choses aussi rares à Paris que le tour grossier ou même *dur*.

Mais il faut finir ici ce chapitre. Pour tâcher de ne pas mentir et de ne pas cacher mes fautes, je me suis imposé d'écrire ces souvenirs à vingt pages par séance comme une lettre. Après mon départ, on imprimera sur le manuscrit original. Peut-être ainsi parviendrai-je à la *véracité*, mais aussi il faudra que je supplie le lecteur (peut-être né ce matin dans la maison voisine) de me pardonner mes terribles digressions.

CHAPITRE V

23 juin 1832. — Mero.

Je m'aperçois en 1832 — en général, ma philosophie est du jour où j'écris, j'en étais bien loin en 1821 — je vois donc que j'ai été un mezzo-termine entre la grossièreté énergique du général Grosse, du comte Regnault de St-Jean-d'Angély et les grâces un peu lilliputiennes, un peu étroites de M. le comte de Ségur, de M. Petit, le maître de l'hôtel de Bruxelles, etc.

Par la bassesse seule j'ai été étranger aux extrêmes que je me donne.

Faute de savoir faire, faute d'industrie, comme me disait, à propos de mes livres et de l'Institut, M. Delécluze, des *Débats*, j'ai manqué cinq ou six occasions de la plus grande fortune politique, financière ou littéraire. Par hasard, tout cela est venu successivement frapper à ma porte. Une rêverie tendre en 1821 et plus tard philosophique et mélancolique (toute vanité à part, exactement pareille à celle de Jacques de *As you like it*) est devenue un si grand plaisir pour moi, que quand un ami m'aborde, je donnerais un boulet pour qu'il ne m'adressât pas la parole. La vue seule de quelqu'un que je connais me contrarie. Quand je vois un tel être de loin, et qu'il faut que je pense à le saluer, cela me contrarie cinquante pas à l'avance. J'adore, au contraire, rencontrer des amis le soir en société, le samedi chez M. Cuvier, le dimanche chez M. de Tracy, le mardi chez madame Ancelot, le mercredi chez le baron Gérard, etc...

Un homme doué d'un peu de tact s'aperçoit facilement qu'il me contrarie en me parlant dans la rue. Voilà un homme qui est un peu sensible à mon mérite, se dit la vanité de cet homme, et elle a tort.

De là mon bonheur à me promener fièrement dans une ville étrangère, où je suis arrivé depuis une heure et où je suis sûr de n'être connu de personne. Depuis quelques années ce bonheur commence à me manquer. Sans le mal de mer j'irais voyager en Amérique. Me croirait-on ? Je porterais un masque, je changerais de nom avec délices. Les mille et une nuits que j'adore occupent plus du quart de ma tête. Souvent je pense à l'anneau d'Angélique ; mon souverain plaisir serait de me changer en un long Allemand blond et de me promener ainsi dans Paris.

Je viens de voir, en feuilletant, que j'en étais à M. de Tracy.

M. de Tracy, fils d'une veuve, est né vers 1765 (1) avec trois cent mille francs de rente. Son hôtel était rue de Tracy, près la rue Saint-Martin.

Il fit le négociant sans le savoir, comme une foule de gens riches de 1780. M. de Tracy fit sa rue et y

---

(1) Antoine-Louis-Claude **Destutt**, comte de Tracy, naquit en 1754 et mourut en 1836.

perdit 2 ou 300,000 fr. et ainsi de suite. De façon que je crois bien qu'aujourd'hui cet homme (si aimable quand, vers 1790, il était l'amant de Mme de Praslin), ce profond raisonneur a changé ses trois cent mille livres de rente en trente au plus.

Sa mère, femme d'un rare bon sens, était tout à fait de la cour ; aussi, à vingt-deux ans, ce fils fut colonel et colonel d'un régiment où il trouva parmi les capitaines un Tracy, son cousin, apparemment aussi noble que lui, et auquel il ne vint jamais dans l'idée d'être choqué de voir cette poupée de vingt-deux ans venir commander le régiment où il servait.

Cette poupée qui, me disait plus tard Mme de Tracy, avait des mouvements si admirables, cachait cependant un fond de bon sens. Cette mère, femme rare, ayant appris qu'il y avait un philosophe à Strasbourg (et remarquez, c'était en 1780, peut-être, non pas un philosophe comme Voltaire, Diderot, Raynal) ayant appris, dis-je, qu'il y avait à Strasbourg un philosophe qui analysait les pensées de l'homme, images ou signes de tout ce qu'il a vu, de tout ce qu'il a senti, comprit que la science de remuer ces images, si son fils l'apprenait, lui donnerait une bonne tête.

Figurez-vous quelle tête il devait avoir en 1785 : un fort joli jeune homme, fort noble, tout à fait de la cour, avec trois cent mille livres de rente.

Mme la marquise de Tracy fit placer son fils dans l'artillerie, ce qui, deux ans de suite, le conduisit à Strasbourg. Si jamais j'y passe, je demanderai quel était l'Allemand philosophe célèbre là, vers 1780.

Deux ans après, M. de Tracy était à Rethel, je crois, avec son régiment qui, ce me semble, était de dragons, chose à vérifier sur l'almanach Royal du temps (1).

M. de Tracy ne m'a jamais parlé de ces citrons ; j'ai su leur histoire par un autre misanthrope, un M. Jacquemont, ancien moine, et, qui plus est, homme du plus grand mérite. Mais M. de Tracy m'a dit beaucoup d'anecdotes sur la première France réformante, M. de Lafayette y commandait en chef (2).

Une haute taille et, en haut de ce grand corps, une figure imperturbable, froide, insignifiante comme un vieux tableau de famille, cette tête couverte d'une perruque à cheveux courts, mal faite ; cet homme vêtu de quelque habit gris mal fait, et entrant, en boîtant un peu et s'appuyant sur son bâton, dans le salon de Mme de Tracy qui l'appelait : *mon cher Monsieur*, avec un son de voix enchanteur, était le général de Lafayette en 1821, et tel nous l'a montré le Gascon Scheffer dans son portrait fort ressemblant.

Ce *cher Monsieur* de Mme de Tracy, et dit de ce ton, faisait, je crois, le malheur de M. de Tracy. Ce n'est pas que M. de Lafayette eût été bien avec sa femme, ou qu'il se souciât, à son âge, de ce genre de malheur, c'est tout simplement que l'admiration sincère et jamais jouée ou exagérée de Mme de Tracy pour M. de Lafayette constituait trop évidemment celui-ci le premier personnage du salon.

Quelque neuf que je fusse en 1821 (j'avais toujours vécu dans les illusions de l'enthousiasme et des passions) je distinguai cela tout seul.

Je sentis aussi, sans que personne m'en avertit, que M. de Lafayette était tout simplement un héros

(1) Ici un blanc, et, en marge, cette simple note : les citrons.
(2) Ici une demi-page blanche. Puis vient *ex abrupto* le portrait de M. de La Fayette.

de Plutarque. Il vivait au jour le jour, sans trop d'esprit, faisant, comme Epaminondas, la grande action qui se présentait.

En attendant, malgré son âge (né en 1757, comme son camarade du jeu de Paume, Charles X), uniquement occupé de serrer par derrière le jupon de quelque jolie fille (*vulgo* prendre le c..) et cela souvent et sans trop se gêner.

En attendant les grandes actions qui ne se présentent pas tous les jours et l'occasion de serrer les jupons des jeunes femmes qui ne se trouve guère qu'à minuit et demi, quand elles sortent, M. de Lafayette expliquait sans trop d'inélégance le lieu commun de la garde nationale. Ce gouvernement est bon, et c'est celui, le seul, qui garantit au citoyen la sûreté sur la grande route, l'égalité devant le juge, et un juge assez éclairé, une monnaie au juste titre, des routes passables, une juste protection à l'étranger. Ainsi arrangée, la chose n'est pas trop compliquée.

Il faut avouer qu'il y a loin d'un tel homme à M. de Ségur, le grand maître ; aussi la France, et Paris surtout, sera-t-il exécrable chez la postérité pour n'avoir pas reconnu le grand homme.

Pour moi, accoutumé à Napoléon et à Lord Byron, j'ajouterai à Lord Brougham, à Monti, à Canova, à Rossini, je reconnus sur-le-champ la grandeur de M. de Lafayette et j'en suis resté là. Je l'ai vu dans les journées de Juillet avec la chemise trouée ; il a accueilli tous les intrigants, tous les sots, tout ce qui a voulu faire de l'emphase. Il m'a moins bien accueilli, moi, il a demandé ma dépouille (pour un grossier secrétaire, M. Levasseur). Il ne m'est pas plus venu dans l'idée de me fâcher ou de moins le vénérer qu'il me vient dans l'idée de blasphémer contre le soleil lorsqu'il se couvre d'un nuage.

M. de Lafayette, dans cet âge tendre de soixante-quinze ans, a le même défaut que moi : il se passionne pour une jeune Portugaise de dix-huit ans qui arrive dans le salon de Mme de Tracy, où elle est l'aînée de ses petites-filles, Mlles Georges Lafayette, de Lasteyrie, de Maubourg ; il se figure qu'elle le distingue, il ne songe qu'à elle, et ce qu'il y a de plaisant, c'est que souvent il a raison de se figurer. Sa gloire européenne, l'élégance foncière de ses discours, malgré leur apparente simplicité, ses yeux qui s'animent dès qu'ils se trouvent à un pied d'une jolie poitrine, tout concourt à lui faire passer gaiement ses dernières années, au grand scandale des femmes de trente-cinq ans, Mme la marquise de M...n..r (C...-s..l), Mme de P.rr.t et autres qui viennent dans ce salon.

Tout cela ne conçoit pas que l'on soit aimable autrement qu'avec les petits mots fins de M. de Ségur ou les réflexions scintillantes de M. Benjamin Constant.

M. de Lafayette est extrêmement poli et même affectueux pour tout le monde, mais *poli comme un roi*. C'est ce que je disais à Mme de Tracy, qui se fâcha autant que la grâce incarnée peut se fâcher, mais elle comprit peut-être dès ce jour que la simplicité énergique de mes discours n'était pas la bêtise de Dunoyer, par exemple. C'était un brave libéral, aujourd'hui préfet moral de Moulins, le mieux intentionné, le plus héroïque peut-être et le plus bête des écrivains libéraux. Qu'on m'en croie, moi qui suis de leur parti, c'est beaucoup dire. L'admiration gobe-mouche de M. Dunoyer, du rédacteur, du censeur et celle de deux ou trois autres de même force environnait sans cesse le fauteuil du général qui, dès qu'il le pouvait, à leur grand scandale, les plantait là pour aller admirer de fort près, et avec des yeux qui s'enflammaient, les jolies épaules de quelque jeune femme qui venait d'entrer. Ces pauvres hommes *vertueux* (tous vendus depuis comme des.....(1) au ministre Périer, 1832) faisaient des mines plaisantes dans leur abandon et je m'en moquais, ce qui scandalisait ma nouvelle amie (2). Mais il était convenu qu'elle avait un faible pour moi.

« Il y a une *étincelle en lui* », dit-elle un jour à une dame, de celles faites pour admirer les petits mots lilliputiens à la Ségur, et qui se plaignait à elle de la simplicité sévère et franche avec laquelle je lui disais que tous ces ultra-libéraux étaient bien respectables par leur haute vertu sans doute, mais du reste incapables de comprendre que deux et deux font quatre. La lourdeur, la lenteur, la vertu, s'alarmant de la moindre vérité dite aux Américains, d'un Dunoyer, d'un...... d'un...... (3) est vraiment au delà de toute croyance, c'est comme l'absence d'idées autres que communes d'un Ludovic Vitet, d'un Mortimer Ternaux, nouvelle génération qui vint renouveler le salon Tracy vers 1828. Au milieu de tout cela M. de La Fayette était et est encore un *chef de parti*.

Il aura pris cette habitude en 1789. L'essentiel est de ne mécontenter personne et de se rappeler tous

---

(1) En blanc dans le manuscrit.
(2) Mme de Tracy.
(3) En blanc dans le manuscrit.

les noms, ce en quoi il est admirable. L'intérêt d'un chef de parti éloigne chez M. de La Fayette toute *idée littéraire*, dont d'ailleurs, je le crois assez incapable. C'est, je pense, par ce mécanisme qu'il ne sentait pas la lourdeur, tout l'ennui de M. Dunoyer et consorts.

J'ai oublié de peindre ce salon. Sir Walter Scott, et ses imitateurs, eussent commencé par là, mais moi, j'abhorre la description matérielle. L'ennui de les faire m'empêche de faire des romans (1).

La porte d'entrée A donne accès à un salon de forme longue auquel se trouve une grande porte toujours ouverte à deux battants. On arrive à un salon carré assez grand avec une belle lampe en forme de lustre, et sur la cheminée une abominable petite pendule. A droite, en entrant dans ce grand salon, il y a un beau divan bleu sur lequel sont assises quinze jeunes filles de douze à dix-huit ans et leurs prétendants : M. Charles de Rémusat, qui a beaucoup d'esprit et encore plus d'affectation,— c'est une copie du fameux acteur Fleury ; M. François de Corcelles qui a toute la franchise et la rudesse républicaines.

Probablement il s'est vendu en 1831 ; en 1820, il publiait déjà une brochure qui avait le malheur d'être louée par M. l'avocat Dupin (fripon avéré et de moi connu comme tel dès 1827).

En 1821, MM. de Rémusat et de Corcelles étaient fort distingués et, depuis, ont épousé des petites-filles de M. de La Fayette. A côté d'eux paraissait un Gascon froid, M. S......., peintre. C'est, ce me sem-

(1) Ici un plan d'une partie de l'appartement du comte de Tracy — n° 38, rue d'Anjou-St-Honoré.

ble, le menteur le plus effronté et la figure la plus ignoble que je connaisse.

On m'assura dans le temps qu'il avait fait la cour à la céleste Virginie, l'aînée des petites-filles de M. de La Fayette, et qui depuis a épousé le fils de E. Augustin Périer, le plus important et le plus empesé de mes compatriotes. Mlle Virginie, je crois, était la favorite de madame de Tracy.

A côté de l'élégant M. de Rémusat, se voyaient deux figures de jésuites au regard faux et oblique. Ces gens-là étaient frères et avaient le privilège de parler des heures entières à M. le comte de Tracy. Je les adorai avec toute la vivacité de mon âge en 1821 (j'avais vingt et un ans à peine pour la duperie du cœur). Les ayant bientôt devinés, mon enthousiasme pour M. de Tracy souffrit un notable déchet.

L'aîné de ces frères a publié une histoire sentimentaliste de la conquête de l'Angleterre par Guillaume. C'est M. X... de l'Académie des Inscriptions. Il a eu le mérite de rendre leur véritable orthographe aux Clovis, Chilpéric et autres fantômes des premiers temps de notre histoire. Il a publié un livre moins sentimental sur l'organisation des communes en France en douze volumes. Son frère, bien plus jésuite (pour le cœur et la conduite) quoique ultra libéral comme l'autre, devint préfet de Vesoul en 1830 et probablement s'est vendu à ses appointements, comme son patron M. G....t

Un contraste parfait avec ces deux frères jésuites, avec le comte Dunoyer, avec Rémusat, c'était le jeune Victor Jacquemont, qui depuis a voyagé dans l'Inde. Victor était alors fort maigre, il a près de six pieds de haut, et, dans ce temps-là, il n'avait pas la moindre logique, et en conséquence, était misanthrope, sous prétexte qu'il avait beaucoup d'esprit. M. Jacquemont ne voulait pas se donner la peine de raisonner. Ce vrai Français regardait à la lettre l'invitation à raisonner comme une insolence. Le voyage était réellement la seule porte que la vanité laissât ouverte à la vérité. Du reste, je me trompe peut-être, Victor me semble un homme de la plus grande distinction, comme un connaisseur (pardonnez-moi ce mot) voit un beau cheval dans un poulain de quatre mois qui a encore les jambes engorgées.

Il devint mon ami, et ce matin (1832) j'ai reçu une lettre qu'il m'écrit de Kachemyr, dans l'Inde.

Son cœur n'avait qu'un défaut, une envie basse et subalterne pour Napoléon (1).

Cette envie était du reste l'unique passion que j'ai jamais vue chez M. le comte de Tracy. C'était avec des plaisirs indicibles que le vieux métaphysicien et le grand Victor contaient l'anecdote de la chasse aux lapins offerte par M. de Tayllerand à Napoléon, alors premier consul depuis six semaines, et songeant (2) déjà à trancher du Louis XIV.

Victor avait le défaut de beaucoup aimer Mme de Lavenelle, femme d'un espion qui a 40,000 francs de rente et qui avait charge de rendre compte aux Tuileries des actions et propos du général Lafayette. Le

---

(1) « Les louanges que j'entends chanter, pendant l'élégant dîner du magistrat, M. Taylor, à Bonaparte, *dieu de la Liberté*, me donnent des accès de jacobinisme et d'ultracisme. » V. Jacquemont, *Journal*, 3ᵉ partie.

(2) Ici une page en blanc et cette note :
Les lapins de tonneau et les cochons au bois de Boulogne.

comique, c'est que le général, Benjamin Constant et M. Brignon prenaient ce monsieur de Lavenelle pour confident de toutes leurs idées libérales.

Comme on le voit d'avance, cet espion, terroriste en 93, ne parlait jamais que de marcher au château pour massacrer les Bourbons. Sa femme était si libertine, si amoureuse de l'homme physique, qu'elle acheva de me dégoûter des propos *libres* en français. J'adore ce genre de conversation en italien ; dès ma première jeunesse, sous-lieutenant au 6e de dragons, il m'a fait horreur dans la bouche de Mme Henriette, la femme du capitaine.

Cette Mme de Lavenelle est sèche comme un parchemin et d'ailleurs sans nul esprit, et surtout sans *passion*, sans possibilité d'être émue autrement que par les belles cuisses d'une compagnie de grenadiers défilant dans le jardin des Tuileries en culottes de casimir blanc.

Telle n'était pas Mme Bariguey d'Hilliers, du même genre, que bientôt je connus chez Mme Beugnot. Telles n'étaient pas, à Milan, Mme Ruga et Mme Areci. En un mot, j'ai en horreur les propos libertins français, le mélange de l'esprit à l'émotion crispe mon mon âme, comme le liège que coupe un couteau offense mon oreille.

La description morale de ce salon est peut-être bien un peu longue, il n'y a plus que deux ou trois figures.

La charmante Louise Letort, fille du général Letort, des dragons de la garde, que j'avais beaucoup connu à Vienne en 1809. Mlle Louise, devenue depuis si belle et qui, jusqu'ici, a si peu d'affectation dans le caractère et en même temps tant d'élévation, est née la veille ou le lendemain de Waterloo. Sa mère, la charmante Sarah Newton, épousa M. Victor de Tracy, fils du pair de France, alors major d'infanterie.

Nous l'appelions barre de fer, c'est la définition de son caractère.

Brave, plusieurs fois blessé en Espagne sous Napoléon, il a eu le malheur de voir en toutes choses le mal.

Il y a huit jours (juin 1832) que le roi Louis-Philippe a dissous le régiment d'artillerie de la garde nationale, dont M. Victor de Tracy était colonel. Député, il parle souvent et a le malheur d'être trop poli à la tribune. On dirait qu'il n'ose pas parler net. Comme son père, il a été petitement jaloux de Napoléon. Actuellement que le héros est bien mort, il revient un peu, mais le héros vivait encore quand je débutai dans le salon de la rue d'Anjou. J'y ai vu la joie causée par sa mort. Ses regards voulaient dire : Nous avions bien dit qu'un bourgeois devenu roi ne pouvait pas faire une bonne fin.

J'ai vécu dix ans dans ce salon, reçu poliment, estimé, mais tous les jours moins *lié*, excepté avec mes amis. C'est là un des défauts de mon caractère. C'est ce défaut qui fait que je ne m'en prends pas aux hommes de mon peu d'avancement. Cela, bien convenu, malgré ce que ce général Duroc m'a dit deux ou trois fois de mes talents pour le militaire. Je suis content dans une position inférieure, admirablement content surtout quand je suis à deux cents lieues de mon chef, comme aujourd'hui.

J'espère donc que, si l'ennui n'empêche pas qu'on lise ce livre, on n'y trouvera pas de la rancune contre les hommes. On ne prend leur faveur qu'avec un certain hameçon. Quand je veux m'en servir, je pêche une estime où deux, mais bientôt l'hameçon fatigue ma main. Cependant en 1814, au moment où Napoléon m'envoya dans la 7e division, Mme la Comtesse Daru, femme du ministre, me dit : « Sans cette maudite invasion, vous alliez être préfet de grande ville.» J'eus quelque lieu de croire qu'il s'agissait de Toulouse.

J'oubliais un drôle de caractère de femme, je négligeai de lui plaire, elle se fit mon ennemie. Mme de Montcortin, grande et bien faite, fort timide, paresseuse, tout à fait dominée par l'habitude, avait deux amants : l'un pour la ville, l'autre pour la campagne, aussi disgracieux l'un que l'autre. Cet arrangement a duré je ne sais combien d'années. Je crois que c'était le peintre Scheffer qui était l'amant de la campagne; l'amant de ville était M. le colonel, aujourd'hui général Carbonnel, qui s'était fait garde du corps du général Lafayette.

Un jour les huit ou dix nièces de Mme de Montcortin lui demandèrent ce que c'était que l'amour, elle répondit : — C'est une vilaine chose sale, dont on accuse quelque fois les femmes de chambre, et, quand elles en sont convaincues, on les chasse.

J'aurais dû faire le galant auprès de Mme Montcortin, cela n'était pas dangereux—jamais je n'aurais réussi, car elle s'en tenait à ses deux hommes et avait une peur effroyable de devenir grosse. Mais je la regardais comme une *chose* et non pas comme un être. Elle se vengea en répétant trois ou quatre fois par semaine que j'étais un être léger, presque fou. Elle faisait le thé, et il est très vrai que, fort souvent, je ne lui parlais qu'au moment où elle m'offrait le thé.

La quantité des personnes auxquelles il fallait demander de leurs nouvelles en entrant dans ce salon me décourageait tout à fait.

Entre les quinze ou vingt petites-filles de M. de Lafayette ou leurs amies, presque toutes blondes au teint éclatant et à la figure commune (il est vrai que j'arrivais d'Italie) qui étaient rangées en bataille sur le divan bleu, il fallait saluer :

Mme la comtesse de Tracy, 63 ans; M. le comte de Tracy, 60 ans; le général Lafayette, et son fils Georges Washington Lafayette (1).

Mme de Tracy, mon amie, M. Victor de Tracy, né vers 1785 — (Madame Sarah de Tracy, sa femme, jeune et brillante, un modèle de la beauté délicate anglaise, un peu trop maigre) et deux filles, mesdames Georges de Lafayette et de Laubépin. Il fallait saluer aussi M. de Laubépin, auteur, avec un moine qu'il nourrit, du *Mémorial*. Toujours présent, il dit huit ou dix mots par soirée.

Je pris longtemps Mme Georges de Lafayette pour une religieuse que madame de Tracy avait retirée chez elle par charité. Avec cette tournure, elle a des idées arrêtées avec aspérité comme si elle était janséniste. Or, elle avait quatre ou cinq filles au moins; Mme de Maubourg, fille de M. Lafayette, en avait cinq ou six. Il m'a fallu dix ans pour les distinguer les unes des autres; toutes ces figures blondes disaient des choses *parfaitement convenables*, mais, pour moi, à dormir debout, accoutumé que j'étais

---

(1) Vrai citoyen des Etats-Unis d'Amérique, parfaitement pur de toute idée nobiliaire. (Note de Beyle.)

aux yeux parlants et au caractère décidé des belles Milanaises, et plus anciennement à l'adorable simplicité des bonnes Allemandes — j'ai été intendant à Sagan (Silésie) et à Brunswick.

M. de Tracy avait été l'ami intime du célèbre Cabanis, le père du matérialisme, dont le livre : *Rapport du physique et du moral*, avait été ma bible à seize ans. Madame Cabanis et sa fille, haute de six pieds et malgré cela fort aimable, paraissaient dans ce salon. M. de Tracy me mena chez elle, rue des Vieilles-Tuileries, au diable ; j'en fus chassé par la chaleur. Dans ce temps-là, j'avais toute la délicatesse *italienne*. Une chambre fermée et dedans dix personnes assises suffisaient pour me donner un malaise affreux, et presque me faire tomber. Qu'on juge de la chambre bien fermée avec un feu d'enfer.

Je n'insistais pas assez sur ce défaut physique ; le feu me chassa de chez madame Cabanis, M. de Tracy ne me l'a jamais pardonné. J'aurais pu dire un mot à à Mme la comtesse de Tracy, mais en ce temps-là, j'étais *gauche à plaisir* et même un peu en ce temps-ci.

Mlle Cabanis, malgré ses six pieds, voulait se marier ; elle épousa un petit danseur avec une perruque bien soignée, monsieur Dupaty (1), prétendu sculpteur, auteur du Louis XIII de la place Royale, à cheval sur une espèce de mulet.

Ce mulet est un cheval arabe que je voyais beaucoup chez M. Dupaty. Ce pauvre cheval se morfon-

(2) Louis-Marie-Charles-Henri-Mercier Dupaty, 1771-1825. Beyle semble avoir deviné juste. Aujourd'hui, Dupaty est plus qu'oublié.

dait dans un coin de l'atelier. M. Dupaty me faisait grand accueil comme écrivain sur l'Italie et auteur d'une histoire de la Peinture. Il était difficile d'être plus *convenable*, et plus vide de chaleur, d'imprévu, d'élan, etc., que ce brave homme. Le dernier des métiers pour ces Parisiens si soignés, si propres, si *convenables*, c'est la sculpture.

M. Dupaty, si poli, était de plus très brave ; il aurait dû rester militaire.

Je connus chez Mme Cabanis un honnête homme, mais bien bourgeois, bien étroit dans ses idées, bien méticuleux dans toute sa petite politique de ménage.

Le but unique de M. Thurot, professeur de grec, était d'être membre de l'Académie des Inscriptions. Par une contradiction effroyable, cet homme, qui ne se mouchait pas sans songer à ménager quelque vanité qui pouvait influer à mille lieues de distance sur sa nomination à l'Académie, était *ultra libéral*.

Cela nous lia d'abord, mais bientôt sa femme, bourgeoise à laquelle je ne parlais jamais que par force, me trouva imprudent.

Un jour, M. de Tracy et M. Thurot me demandèrent ma politique, je me les aliénai tous deux par ma réponse :

« Dès que je serais au pouvoir, je réimprimerais les livres des émigrés déclarant que Napoléon a usurpé un pouvoir qu'il n'avait pas en les rayant. Les trois quarts sont morts, je les exilerais dans les départements des Pyrénées et deux ou trois voisins. Je ferai cerner ces quatre ou cinq départements par deux ou trois petites armées, qui, pour l'effet moral, bivouaqueraient, du moins six mois de l'année. Tout émigré qui sortirait de là serait impitoyablement fusillé.

« Leurs biens rendus par Napoléon, vendus en morceaux, non supérieurs à deux arpents. Les émigrés jouiraient de pensions de mille, deux mille et trois mille francs par an. Ils pourraient choisir un séjour dans les pays étrangers. »

Les figures de MM. Thurot et de Tracy s'allongèrent pendant l'explication de ce plan, je semblais atroce à ces petites âmes étiolées par la politesse de Paris. Une jeune femme présente admira mes idées, et surtout l'excès d'imprudence avec lequel je me livrais, elle vit en moi le *Huron* (roman de Voltaire).

L'extrême bienveillance de cette jeune femme m'a consolé de bien des irréussites. Je n'ai jamais été son amant tout à fait. Elle était extrêmement coquette, extrêmement occupée de parure, parlant toujours de beaux hommes, liée avec tout ce qu'il y avait de brillant dans les loges de l'Opera Buffa.

J'arrange un peu pour qu'elle ne soit point reconnue. Si j'eusse eu la prudence de lui faire comprendre que je l'aimais, elle en eût probablement été bien aise. Le fait est que je ne l'aimais pas assez pour oublier que je ne suis pas beau. Elle l'avait oublié. A l'un de mes départs de Paris, elle me dit au milieu de son salon : « J'ai un mot à vous dire, » et, dans un passage qui conduisait à une antichambre où, heureusement il n'y avait personne, elle me donna un baiser sur la bouche, je le lui rendis avec ardeur. Je partis le lendemain et tout finit là.

Mais, avant d'en venir là, nous nous *parlâmes* plusieurs années, comme on dit en Champagne. Elle me racontait fidèlement, à ma demande, tout le mal qu'on disait de moi.

Elle avait un ton charmant, elle avait l'air ni d'approuver, ni de désapprouver. Avoir ici un ministre de la Police est ce que je trouve de plus charmant dans les amours, d'ailleurs si froides, de Paris.

On n'a pas idée des propos atroces que l'on apprend. Un jour elle dit :

— M....., l'espion a dit chez M. de Tracy : « Ah! voilà M. Beyle qui a un habit neuf, on voit que Mme Pasta vient d'avoir un bénéfice. »

Cette bêtise plut : M. de Tracy ne me pardonnait pas cette liaison publique (autant qu'innocente) avec cette actrice célèbre.

Le piquant que la chose, c'est que Céline qui me rapportait le propos de l'espion, était peut-être elle-même jalouse de mon assiduité chez Mme Pasta.

A quelque heure que mes soirées se terminassent, j'allais chez Mme Pasta (rue Richelieu, vis-à-vis de la Bibliothèque, Hôtel des Lillois, n° 63). Je logeais à cent pas de là, au n° 47. Ennuyé de la colère du portier, fort contrarié de m'ouvrir souvent à trois heures du matin, je finis par loger dans le même hôtel que Mme Pasta.

Quinze jours après, je me trouvai diminué de 70 0/0 dans le salon de Mme de Tracy. J'eus le plus grand tort de ne pas consulter mon amie Mme de Tracy. Ma conduite, à cette époque, n'est qu'une suite de caprices. Marquis, colonel, avec quarante mille francs de rente, je serais parvenu à me perdre.

J'aimais passionnément la musique, mais uniquement la musique de Cimarosa et de Mozart. Le salon de Mme Pasta était le rendez-vous de tous les Milanais qui venaient à Paris. Par eux quelquefois, par hasard, j'entendais prononcer le nom de Métilde.

Métilde, à Milan, apprit que je passais ma vie

chez une actrice. Cette idée finit peut-être de la guérir.

J'étais parfaitement aveugle à tout cela. Pendant tout un été, j'ai joué au pharaon jusqu'au jour, chez Mme Pasta, silencieux, ravi d'entendre parler milanais, et respirant l'idée de Métilde dans tous les sens. Je montais dans ma charmante chambre, au troisième, et je corrigeais, les larmes aux yeux, les épreuves de l'*Amour*. C'est un livre écrit au crayon à Milan, dans mes intervalles lucides. Y travailler à Paris me faisait mal, je n'ai jamais voulu l'arranger.

Les hommes de lettres disent : « Dans les pays étrangers, on peut avoir des pensées ingénieuses, on ne sait *faire un livre* qu'en France. » Oui, si le seul but d'un livre est de *faire comprendre une idée* ; non s'il espère en même temps faire sentir, donner quelque nuance d'émotion.

La règle française n'est bonne que pour un livre d'histoire, par exemple l'*Histoire de la Régence*, de M. Lemontey, dont j'admire le style vraiment académique. La préface de M. Lemontey (avare, que j'ai beaucoup connu chez M. le comte Beugnot), peut passer pour un modèle de ce style académique.

Je plairais presque sûrement aux sots, si je prenais la peine d'arranger quelques morceaux du présent bavardage. Mais peut-être, écrivant ceci comme une lettre, à *mon insu*, je fais *ressemblant*.

Or, avant tout, je veux être vrai. Quel miracle ce serait dans ce siècle de comédie, dans une société dont les trois quarts des acteurs sont des charlatans aussi effrontés que M. Magendie ou M. le comte Regnault de St-Jean-d'Angély, ou M. le baron Gérard !

Un des caractères du siècle de la Révolution (1789-1832), c'est qu'il n'y ait point de grand succès sans un certain degré d'impudeur et même de charlatanisme décidé. M. de Lafayette, seul, est au-dessus du charlatanisme qu'il ne faut point confondre ici avec l'accueil obligeant, *arme nécessaire* d'un chef de parti.

J'avais connu chez Mme Cabanis un homme qui, certes, n'est pas charlatan, M. Fauriel (l'ancien amant de Mme Condorcet). C'est, avec M. Mérimée et moi, le seul exemple à moi connu de non-charlatanisme parmi les gens qui se mêlent d'écrire.

Aussi M. Fauriel n'a-t-il aucune réputation. Un jour, le libraire Bossanges me fit offrir cinquante exemplaires d'un de ses ouvrages si je voulais, non seulement faire un bel article d'annonce, mais encore le faire insérer dans je ne sais quel journal où alors (pour quinze jours) j'étais en faveur. Je fus scandalisé et prétendis faire l'article pour un seul exemplaire. Bientôt le dégoût de faire ma cour à des faquins sales me fit cesser de voir ces journalistes et j'ai eu à me reprocher de ne pas avoir fait l'article.

Mais ceci se passait en 1826 ou 27. Revenons à 1821. M. Fauriel, traité avec mépris par Mme Condorcet, à sa mort (ce ne fut qu'une femme à plaisir physique), allait beaucoup chez une petite pie-grièche à demi-bossue, Mlle Clarke.

C'était une Anglaise qui avait de l'esprit, on ne saurait le nier, mais un esprit comme les cornes du chamois: sec, dur et tordu. M. Fauriel, qui alors goûtait beaucoup mon mérite, me mena bien vite chez mademoiselle Clarke, j'y retrouvai mon ami A. T.

qui, là, faisait la pluie et le beau temps. Je fus frappé de la figure de Mme Belloc (1) (femme du peintre) qui ressemblait étonnamment à Lord Byron, qu'alors j'aimais beaucoup. Un homme fin, qui me prenait pour un Machiavel, parce que j'arrivais d'Italie, me dit : « Ne voyez-vous pas que vous perdez votre temps avec Mme Belloc ? Elle fait l'amour avec Mlle M... (petit monstre affreux avec de beaux yeux.)

Je fus étourdi, et de mon machiavélisme, et de mon prétendu amour pour Mme Belloc, et encore plus de l'amour de cette dame. Peut-être en est-il quelque chose.

Au bout d'un an ou deux, Mlle Clarke me fit une querelle d'Allemand à la suite de laquelle je cessai de la voir, et monsieur Fauriel, dont bien me fâche, prit son parti. MM. Fauriel et Victor Jacquemont s'élevèrent à une immense hauteur, au-dessus de toutes mes connaissances de ces premiers mois de mon retour à Paris. Mme la comtesse de Tracy était au moins à la même hauteur. Au fond, je surprenais ou scandalisais toutes mes connaissances.

J'étais un monstre ou un Dieu. Encore aujourd'hui, toute la société de mademoiselle Clarke croit fermement que je suis un monstre — un monstre d'immoralité surtout. Le lecteur sait à quoi s'en tenir : je n'étais allé qu'une fois chez les filles, et l'on se souvient peut-être de mes succès auprès de cette fille d'une céleste beauté, Alexandrine.

---

(1) Mme Belloc s'occupait de littérature et publia de 1818 à 1836 un grand nombre de traductions de livres anglais. (Voir la lettre que Beyle écrivit à Mme Belloc au sujet de Byron, *Corresp.*, vol. 1, p. 273.)

CHAPITRE VI

24 juin 1832, St-Jean.

Voici ma vie à cette époque :
Levé à dix heures je me trouvais à dix heures et demie au café de Rouen, où je rencontrais le baron de Lussinge et mon cousin Colomb (1) (homme intègre, juste, raisonnable, mon ami d'enfance.) Le mal, c'est que ces deux êtres ne comprenaient absolument rien à la théorie du cœur humain ou à la peinture de ce cœur par la littérature et la musique. Le raisonnement à perte de vue sur cette matière, les conséquences à tirer de chaque anecdote nouvelle et bien prouvée, forment de bien loin la conversation la plus intéressante pour moi. Par la suite il s'est trouvé que Mérimée, que j'estime tant, n'avait pas non plus le goût de ce genre de conversation.

Mon ami d'enfance, l'excellent Crozet (ingénieur en chef du département de l'Isère), excelle dans ce

(1) L'exécuteur testamentaire de Beyle.

genre ; mais sa femme (1) me l'a enlevé depuis nombre d'années, jalouse de notre amitié. Quel dommage ! Quel être supérieur que M. Crozet, s'il eût habité Paris. Le mariage et surtout la province vieillissent étonnamment un homme, l'esprit devient paresseux, et le mouvement du cerveau, à force d'être rare, devient pénible et bientôt impossible.

Après avoir savouré, au café de Rouen, notre excellente tasse de café et deux brioches, j'accompagnais Lussinge à son bureau. Nous prenions par les Tuileries et par les quais, nous arrêtant à chaque marchand d'estampes. Quand je quittais Lussinge le moment affreux de la journée commençait pour moi. J'allais, par la grande chaleur de cette année, chercher l'ombre et un peu de fraîcheur sous les grands marronniers des Tuileries. Puisque je ne puis l'oublier, ne ferais-je pas mieux de me tuer ? me disais-je. Tout m'était à charge.

J'avais encore, en 1821, les restes de cette passion pour la peinture d'Italie qui m'avait fait écrire sur ce sujet en 1816 et 17. J'allais au musée (2) avec un billet que Lussinge m'avait procuré. La vue de ces chefs-d'œuvre ne faisait que me rappeler plus vivement Brera (3) et Métilde. Quand je rencontrais le nom français correspondant dans un livre, je changeais de couleur.

J'ai bien peu de souvenir de ces jours, qui tous se ressemblaient. Tout ce qui plaît à Paris me faisait

---

(1) C'est Mme Praxède Crozet qui a donné à la bibliothèque de Grenoble la plus grande partie des manuscrits de Stendhal, environ une trentaine de volumes.
(2) Le Louvre.
(3) L'un des musées de Milan.

horreur. Libéral moi-même, je trouvais les libéraux outrageusement niais. Enfin, je vois que j'ai conservé un souvenir triste et offensant pour moi de tout ce je voyais alors.

Le gros Louis XVIII, avec ses yeux de bœuf, traîné lentement par six gros chevaux, que je rencontrais sans cesse, me faisait particulièrement horreur.

J'achetai quelques pièces de Shakespeare, édition anglaise, à 30 sols la pièce, je les lisais aux Tuileries et souvent je baissais le livre pour songer à Métilde.

L'intérieur de ma chambre solitaire était affreux pour moi.

Enfin, cinq heures arrivaient, je volais à la table d'hôte de l'hôtel de Bruxelles. Là, je retrouvais Lussinge, fatigué, ennuyé, le brave Barot, l'élégant Poitevin, cinq ou six originaux de table d'hôte, espèce qui cotoie le chevalier d'industrie d'un côté et le conspirateur subalterne de l'autre.

Après le dîner, le café était encore un bon moment pour moi, tout au contraire de la promenade au boulevard de Gand, fort à la mode et rempli de poussière. Etre dans ce lieu-là, rendez-vous des élégants subalternes, des officiers de la garde, des filles de la première classe et des bourgeoises élégantes leurs rivales, était un supplice pour moi.

Là, je rencontrais un de mes amis d'enfance, le comte de Barral, bon et excellent garçon qui, petit-fils d'un avare célèbre, commençait à trente ans à ressentir des atteintes de cette triste passion.

En 1810, ce me semble, M. de Barral ayant perdu tout ce qu'il avait au jeu, je lui prêtai quelque argent et le forçai à partir pour Naples. Son père, fort galant homme, lui faisait une pension de 6,000 francs.

Au bout de quelques années, Barral, de retour de Naples, me trouva vivant avec une actrice charmante, qui, chaque soir, à onze heures et demie, venait s'établir dans mon lit. Je rentrais à une heure, et nous soupions avec une perdrix froide et du vin de Champagne. Cette liaison a duré deux ou trois ans. Mlle Bayreter avait une amie, fille du célèbre Rose, le marchand de culottes de peau. Molé, le célèbre acteur, avait séduit les trois sœurs, filles charmantes. L'une d'elles est aujourd'hui Mme la marquise de D... Annette, de chute en chute, vivait alors avec un homme de la Bourse. Je la vantai tant à Barral qu'il en devint amoureux. Je persuadai à la jolie Annette de quitter ce vilain agioteur. Barral n'avait pas exactement cinq francs le 2 du mois. Le 1er, en revenant de chez son banquier avec cinq cents francs, il allait dégager sa montre, qui était en gage et jouer les quatre cents francs qui lui restaient. Je pris de la peine. Je donnai deux dîners aux parties belligérantes, chez Véry, aux Tuileries, et enfin je persuadais à Annette de se faire l'économe du comte et de vivre sagement avec lui des cinq cents francs donnés par le père. Aujourd'hui (1832), il y a dix ans que ce ménage dure. Malheureusement, Barral est devenu riche : il a 20,000 francs de rente au moins, et avec la richesse est venue une avarice atroce. En 1817, j'avais été très amoureux d'Annette pendant quinze jours; après quoi, je lui avait trouvé les idées *étroites et parisiennes*.

C'est pour moi le plus grand remède à l'amour. Le soir, au milieu de la poussière du boulevard de Gand, je trouvais cet ami d'enfance et cette bonne Annette. Je ne savais que leur dire. Je périssais d'ennui et de tristesse; les filles ne m'égayaient point.

Enfin, vers les dix heures et demie, j'allai chez Mme Pasta pour le pharaon, et j'avais le chagrin d'arriver le premier et d'être réduit à la conversation toute de cuisine de la Rachel, mère de la Giuditta. Mais elle me parlait milanais; quelquefois je trouvais avec elle quelque nigaud nouvellement arrivé de Milan, auquel elle avait donné à dîner.

Je demandais timidement à ces niais des nouvelles de toutes les jolies femmes de Milan. Je serais mort plutôt que de nommer Métilde; mais quelquefois, d'eux-mêmes, ils m'en parlaient. Ces soirées faisaient époque dans ma vie. Enfin le pharaon commençait. Là, plongé dans une rêverie profonde, je perdais ou gagnais trente francs en quatre heures. J'avais tellement abandonné tout souci de mon honneur que, quand je perdais plus que je n'avais dans ma poche, je disais à qui gagnait : Voulez-vous que je monte chez moi? On répondait : *Non, si figuri?* Et je ne payais que le lendemain. Cette bêtise, souvent répétée, me donna la réputation d'un pauvre. Je m'en aperçus, dans la suite, aux lamentations que faisait l'excellent Pasta, le mari de la Judith, quand il me voyait perdre trente ou trente-cinq francs. Même après avoir ouvert les yeux sur ce détail, je ne changeai pas de conduite.

CHAPITRE VII

Quelquefois j'écrivais une date sur un livre que j'achetais et l'indication du sentiment qui me dominait. Peut-être trouverai-je quelques dates dans mes livres. Je ne sais trop comment j'eus l'idée d'aller en Angleterre. J'écrivis à M..., mon banquier, de me donner une lettre de crédit de mille francs sur Londres ; il me répondit qu'il n'avait plus à moi que cent vingt-six francs. J'avais de l'argent je ne sais où, à Grenoble peut-être, je le fis venir et je partis.

Ma première idée de Londres me vint ainsi en 1821. Un jour, vers 1816, je crois, à Milan, je parlais de suicide avec le célèbre Brougham (aujourd'hui lord Brougham, chancelier d'Angleterre, et qui bientôt sera mort à force de travail).

— Quoi de plus désagréable, me dit M. Brougham, que l'idée que tous les journaux vont annoncer que vous vous êtes brûlé la cervelle, et ensuite entrer dans votre vie privée pour chercher les motifs ?... Cela est à dégoûter de se tuer.

— Quoi de plus simple, répondis-je, que de prendre l'habitude d'aller se promener sur mer, avec les bateaux pêcheurs ? Un jour de gros temps, on tombe à la mer par accident.

Cette idée de me promener en mer me séduisit. Le seul écrivain lisible pour moi était Shakespeare, je me faisais une fête de le voir jouer. Je n'avais rien vu de Shakespeare en 1817, à mon premier voyage en Angleterre.

Je n'ai aimé avec passion en ma vie que Cimarosa, Mozart et Shakespeare. A Milan, en 1820, j'avais envie de mettre cela sur ma tombe.

Je pensais chaque jour à cette inscription, croyant bien que je n'aurais de tranquillité que dans la tombe. Je voulais une tablette de marbre de la forme d'une carte à jouer (1) :

ERRICO BEYLE

MILANESE

Visse, scrisse, amo

Quest' anima

Adorava

Cimaroza, Mozart è Shakespeare

M. de anni....

il ..... 18.

---

(1) Colomb a interverti l'ordre de la troisième ligne. — La pierre tombale du cimetière Montmartre porte : *scrisse, amo, visse,* ce qui est un contre-sens.

N'ajouter aucun signe sale, aucun ornement plat, faire graver cette inscription en caractères majuscules. Je hais Grenoble, je suis arrivé à Milan en mai 1800, j'aime cette ville. Là j'ai trouvé les plus grands plaisirs et les plus grandes peines, là surtout ce qui fait la patrie, j'ai trouvé les premiers plaisirs. Là je désire passer ma vieillesse et mourir.

Que de fois, balancé sur une barque solitaire par les ondes du lac de Côme, je me disais avec délices :

Hic captabis frigus opacum!

Si je laisse de quoi faire cette tablette, je prie qu'on la place dans le cimetière d'Andilly, près Montmorency, exposée au levant. Mais surtout je désire n'avoir pas d'autre monument, rien de parisien, rien de *vaudevillique*, j'abhorre ce genre. Je l'abhorrais bien plus en 1821. L'esprit français que je trouvais dans les théâtres de Paris allait presque jusqu'à me faire m'écrier tout haut : Canaille!... Canaille!... Canaille (1)! Je sortais après le premier acte. Quand la musique française était jointe à l'esprit français, l'*horreur* allait jusqu'à me faire faire des grimaces et me donner en spectacle. Mme de Longueville me donna un jour sa loge au théâtre Feydeau. Par bonheur, je n'y menai personne. Je m'enfuis au bout d'un quart d'heure, faisant des grimaces ridicules et faisant vœu de ne pas rentrer à Feydeau de deux ans : j'ai tenu ce serment.

Tout ce qui ressemble aux romans de Mme de Genlis, à la poésie de MM. Legouvé, Jouy, Campenon, Treneuil, m'inspirait la même horreur.

---

(1) C'est le cri de Julien Sorel.

Rien de plus plat à écrire en 1832, tout le monde pense ainsi. En 1821, Lussinge se moquait de mon insupportable orgueil quand je lui montrais ma haine; il en concluait que sans doute M. de Jouy ou M. Campenon avait fait une sanglante critique de quelques-uns de mes écrits. Un critique qui s'est moqué de moi m'inspire un tout autre sentiment. Je rejuge, à chaque fois que je relis sa critique, qui a raison de lui ou de moi.

Ce fut, ce me semble, en septembre 1821, que je partis pour Londres. Je n'avais que du dégoût pour Paris. J'étais aveugle, j'aurais dû demander des conseils à madame la comtesse de Tracy. Cette femme adorable et de moi aimée comme une mère, non, mais comme une ex-jolie femme, mais sans aucune idée d'amour terrestre, avait alors soixante-trois ans. J'avais repoussé son amitié par mon peu de confiance. J'aurais dû être l'ami, non l'amant de Céline. Je ne sais si j'aurais réussi alors comme amant, mais je vois clairement aujourd'hui que j'étais sur le bord de l'intime amitié. J'aurais dû ne pas repousser le renouvellement de connaissance avec Mme la comtesse Berthois (1).

J'étais au désespoir, ou pour mieux dire profondément dégoûté de la vie de Paris, de moi surtout. Je me trouvais tous les défauts, j'aurais voulu être un autre. J'allais à Londres chercher un remède au spleen et je l'y trouvais assez. Il fallait mettre entre moi et la vue du dôme de Milan, les pièces de Shakespeare et l'acteur Kean.

Assez souvent je trouvais, dans la société, des gens

---

(1) Comtesse Bertrand. — Voir *Vie de Henri Brulard.*

qui venaient me faire compliment sur un de mes ouvrages ; j'en avais fait bien peu alors. Et le compliment fait et répondu, nous ne savions que nous dire.

Les complimenteurs parisiens, s'attendant à quelque réponse de vaudeville, devaient me trouver bien gauche et peut-être bien orgueilleux. Je suis accoutumé à paraître le contraire de ce que je suis. Je regarde, et j'ai toujours regardé mes ouvrages comme des billets à la loterie. Je n'estime que d'être réimprimé en 1900. Pétrarque comptait sur son poème latin de l'*Africa* et ne songeait guère à ses sonnets.

Parmi les complimenteurs, deux me flattèrent : l'un, de cinquante ans, grand et fort bel homme, ressemblait étonnamment à *Jupiter Mansuetus*. En 1821, j'étais encore fou du sentiment qui m'avait fait écrire, quatre ans auparavant, le commencement du second volume de l'*Histoire de la Peinture*. Ce complimenteur si bel homme parlait avec l'afféterie des lettres de Voltaire ; il avait été condamné à mort à Naples en 1800 ou 1799. Il s'appelait *di Fiori* (1) et se trouve aujourd'hui le plus cher de mes amis. Nous avons été dix ans sans nous comprendre ; alors je ne savais comment répondre à son petit tortillage à la Voltaire.

Le second complimenteur avait des cheveux anglais blonds superbes, bouclés. Il pouvait avoir environ trente ans et s'appelait *Edouard Edwards*, ancien mauvais sujet sur le pavé de Londres et commissaire des guerres, je crois, dans l'armée d'occupation commandée par le duc de Wellington. Dans la suite, quand j'appris qu'il avait été mauvais sujet sur le pavé de Londres, travaillant pour les journaux, visant à

---

(1) Voir *Correspondance*, passim.

faire quelque calembour célèbre, je m'étonnai bien qu'il ne fut pas chevalier d'industrie. Le pauvre Édouard Edwards avait une autre qualité : il était naturellement et parfaitement brave. Tellement naturellement que lui, qui se vantait de tout avec une vanité plus que française, s'il est possible, et sans la retenue française, ne parlait jamais de sa bravoure.

Je trouvai M. Édouard dans la diligence de Calais. Se trouvant avec un auteur français, il se crut obligé de parler et fit mon bonheur. J'avais compté sur le paysage pour m'amuser. Il n'y a rien de si plat — pour moi du moins — que la route par Abbeville, Montreuil-sur-Mer, etc. Ces longues routes blanches se dessinant au loin sur un terrain platement ondulé auraient [été] mon malheur sans le bavardage d'Edwards.

Cependant les murs de Montreuil et la faïence du déjeuner me rappelèrent tout à fait l'Angleterre.

Nous voyagions avec un nommé *Smidt*, ancien secrétaire du plus petitement intrigant des hommes, M. le conseiller d'État Fréville, que j'avais connu chez Mme Nardon (1), rue des Ménars, 4. — Ce pauvre Smidt, d'abord assez honnête, avait fini par être espion politique. M. Decazes l'envoyait dans les congrès, aux eaux d'Aix-la-Chapelle. Toujours intrigant et à la fin, je crois, volant, changeant de facteur tous les six mois, un jour Smidt me rencontra et me dit que, comme mariage de *convenance* et non d'inclination, il allait épouser la fille du maréchal Oudinot, duc de Reggio, qui, à la vérité, a un régiment de filles, et

---

(1) Voir *Journal*, p. 315, 320, 331.

demandait l'aumône à Louis XVIII tous les six mois.

— Epousez ce soir, mon cher ami, lui dis-je tout surpris.

Mais j'appris, quinze jours après, que M. le duc Decazes, apprenant malheureusement la fortune de ce pauvre Smidt, s'était cru obligé d'écrire un mot au beau-père. Mais Smidt était assez bon diable et assez bon compagnon.

A Calais, je fis une grosse sottise. Je parlai à table d'hôte comme un homme qui n'a pas parlé depuis un an. Je fus très gai. Je m'enivrai presque de bière anglaise. Un demi-manant, capitaine anglais au petit cabotage, fit quelques objections à mes contes, je lui répondis gaiement et en bon enfant. La nuit, j'eus une indigestion horrible, la première de ma vie. Quelques jours après *Edwards* me dit, avec mesure, chose très rare chez lui, qu'à Calais j'aurais dû répondre vertement et non gaiement au capitaine anglais.

Cette faute terrible, je l'ai commise une autre fois en 1813, à Dresde, envers M.... depuis fou. Je ne manque point de bravoure, une telle chose ne m'arriverait plus aujourd'hui. Mais, dans ma jeunesse, quand j'improvisais, j'étais fou. Toute mon attention était à la beauté des images que j'essayais de rendre. L'avertissement de M. Edwards fut pour moi comme le chant du coq pour Saint-Pierre. Pendant deux jours nous cherchâmes le capitaine anglais dans toutes les infâmes tavernes que ces sortes de gens fréquentent près de la Tour, ce me semble.

Le second jour, je crois, Edwards me dit avec mesure, politesse et même élégance : « Chaque nation, voyez-vous, met de certaines façons à se battre ;

notre manière à nous, Anglais, est baroque, etc. »

Enfin le résultat de toute cette philosophie était de me prier de le laisser parler au capitaine qui, il y avait dix à parier contre cent, malgré l'éloignement national pour les Français, n'avait nullement eu l'intention de m'offenser, etc. Mais enfin, si l'on se battait, Edwards me suppliait de permettre qu'il se battît à ma place. — Est-ce que vous vous f....z de moi ? lui dis-je.

Il y eut des paroles dures, mais enfin il me convainquit qu'il n'y avait de sa part qu'excès de zèle et nous nous remîmes à chercher le capitaine. Deux ou trois fois, je sentis tous les poils de mes bras se hérisser sur moi, croyant reconnaitre le capitaine. J'ai pensé depuis que la chose m'eût été difficile sans Edwards, — j'étais ivre de gaieté, de bavardage et de bière à Calais. Ce fut la première infidélité au souvenir de Milan.

Londres me toucha beaucoup à cause des promenades le long de la Tamise vers *Little Chelsea*. Il y avait là de petites maisons garnies de rosiers qui furent pour moi la véritable élégie. Ce fut la première fois que ce genre fade me toucha.

Je comprends aujourd'hui que mon âme était toujours bien malade. J'avais une horreur presque hydrophobique à l'aspect de tout être grossier. La conversation d'un gros marchand de province grossier m'hébétait et me rendait malheureux pour tout le reste de la journée, par exemple, le riche banquier Charles Durand de Grenoble, qui me parlait avec amitié. Cette disposition d'enfance, qui m'a donné tant de moments noirs de quinze à vingt-cinq ans, revenait avec force. J'étais si malheureux que j'aimais les figures connues. Toute figure nouvelle, qui dans l'état de santé m'amuse, alors m'importunait.

Le hasard me conduisit à Tavistock Hotel, Covent-Garden. C'est l'hôtel des gens aisés qui, de la province, viennent à Londres. Ma chambre, toujours ouverte dans ce pays de vol avec impunité, avait huit pieds de large et dix de long. Mais, en revanche, on allait déjeuner dans un salon qui pouvait avoir cent pieds de long, trente de large et vingt de haut. Là, on mangeait tout ce qu'on voulait et tant qu'on voulait pour deux shillings. On nous faisait des beefsteaks à l'infini, ou l'on plaçait devant vous un morceau de bœuf rôti de quarante livres avec un couteau bien tranchant.

Ensuite venait le thé pour cuire toutes ces viandes. Ce salon s'ouvrait en arcades sur la place de Covent Garden. Je trouvais là tous les matins une trentaine de bons Anglais marchant avec gravité, et beaucoup avec l'air malheureux. Il n'y avait ni affectation, ni fatuité françaises et bruyantes. Cela me convint, j'étais moins malheureux dans ce salon. Le déjeuner me faisait toujours passer non pas une heure ou deux comme une diversion, mais une bonne heure.

J'appris à lire machinalement les journaux anglais, qui au fond ne m'intéressaient point. Plus tard, en 1826, j'ai été bien malheureux sur cette même place de Covent-Garden au Ouakum Hôtel, ou quelque nom aussi disgracieux, à l'angle opposé à Tavistock. De 1826 à 1832, je n'ai pas eu de malheurs.

On ne donnait point encore Shakespeare le jour de mon arrivée à Londres ; j'allai à Haymarket qui, ce me semble, était ouvert. Malgré l'air malheureux de la salle, je m'y amusai assez.

She stoops to conquer, comédie de Goldsmith, m'amusa infiniment à cause du jeu des joues de l'acteur qui faisait le mari de miss Richland, qui s'abaissait pour conquérir : c'est un peu le sujet des *Fausses Confidences* de Marivaux. Une jeune fille à marier se déguise en femme de chambre; [ce] beau stratagème m'amusa fort.

Le jour, j'errais dans les environs de Londres, j'allais souvent à Richmond.

Cette fameuse terrasse offre le même mouvement de terrain que Saint-Germain-en-Laye. Mais la vue plonge de moins haut peut-être, sur des prés d'une charmante verdure parsemée de grands arbres vénérables par leur antiquité. On n'aperçoit, au contraire, du haut de la terrasse de Saint-Germain, que du sec et du rocailleux. Rien n'est égal à cette fraîcheur du vert en Angleterre et à la beauté de ces arbres : les couper serait un crime et un déshonneur, tandis qu'au plus petit besoin d'argent, le propriétaire français vend les cinq ou six grands chênes qui sont dans son domaine. La vue de Richmond, celle de Windsor, me rappelaient ma chère Lombardie, les monts de Brianza, Derio, Como, la Cadenabbia, le sanctuaire de Varèse, beaux pays où se sont passés mes beaux jours.

J'étais si fou dans ces moments de bonheur que je n'ai presque aucun souvenir distinct; tout au plus quelque date pour marquer, sur un livre nouvellement acheté, l'endroit où je l'avais lu. La moindre remarque marginale fait que si je relis jamais ce livre, je reprends le fil de nos idées et *vais en avant*. Si je ne trouve aucun souvenir en relisant un livre, le travail est à recommencer.

Un soir, assis sur le pont qui est au bas de la terrasse de Richmond, je lisais les *Mémoires de Mme Hutchinson* ; c'est l'une de mes passions.

— Mr. Bell ! dit un homme en s'arrêtant droit devant moi.

C'était M. B... —que j'avais vu en Italie, chez lady Jersey, à Milan. M. B..., homme très fin, de quelque cinquante ans, sans être précisément de la bonne compagnie, y était admis ; — en Angleterre, les classes sont marquées, comme aux Indes, au pays des parias ; voyez la *Chaumière Indienne*.

— Avez-vous vu lady Jersey?

— Non ; je la connaissais trop peu à Milan ; et l'on dit que vous autres, voyageurs anglais, êtes un peu sujets à perdre la mémoire en repassant la Manche.

— Quelle idée ! Allez-y.

— Etre reçu froidement, n'être pas reconnu me ferait beaucoup plus de peine que ne pourrait me faire plaisir la réception la plus empressée.

— Vous n'avez pas vu MM. Hobhouse, Brougham?

Même réponse.

M. B... qui avait toute l'activité d'un diplomate, me demanda beaucoup de nouvelles de France. Les jeunes gens de la petite bourgeoisie, bien élevés et ne sachant où se placer, trouvant partout devant eux les protégés de la Congrégation, renverseront la Congrégation et, par occasion, les Bourbons. (Ceci ayant l'air d'une prédiction, je laisse au lecteur bénévole toute liberté de n'y pas croire.)

J'ai placé cette phrase pour ajouter que mon extrême dégoût de tout ce dont je parlais me donna apparemment cet air malheureux sans lequel on n'est pas considéré en Angleterre.

Quand M. B... comprit que je connaissais M. de La Fayette, M. de Tracy :

— Eh! me dit-il avec l'air du plus profond étonnement, *vous n'avez pas donné plus d'ampleur à votre voyage!* Il dépendait de vous de dîner deux fois la semaine chez lord Holland, chez lady A...

— Je n'ai même dit à Paris que je venais à Londres. Je n'ai qu'un objet : voir jouer les pièces de Shakespeare.

Quand M. B... m'eut bien compris, il crut que j'étais devenu fou. La première fois que j'allai au bal d'Almack, mon banquier, voyant mon billet d'admission, il me dit avec un soupir :

— Il y a vingt-deux ans, monsieur, que je travaille pour aller à ce bal, où vous serez dans une heure!

La société, étant divisée par bandes comme un bambou, la grande affaire d'un homme est de monter dans la classe supérieure à la sienne, et tout l'effort de cette classe est de l'empêcher de monter.

Je n'ai trouvé ces mœurs en France qu'une fois : c'est quand les généraux de l'ancienne armée de Napoléon, qui s'étaient vendus à Louis XVIII, essayaient à force de bassesses de se faire admettre dans le salon de Mme de Talaru et autres du faubourg Saint-Germain. Les humiliations que ces êtres vils empochaient chaque jour rempliraient cinquante pages.

Le pauvre Amédée de Pastoret, s'il écrivait jamais ses souvenirs, en aurait de belles à raconter.

Hé bien! je ne crois pas que les jeunes gens qui firent leur droit en 1832 aient eu, eux, à supporter de telles humiliations. Ils feront une bassesse, une scélératesse, si l'on veut, commise en un jour, mais se

faire assassiner ainsi, à coups d'épingles, par le mé
pris, c'est ce qui est hors nature pour qui n'est pas né
dans les salons de 1780, ressuscités de 1804 à 1830.

Cette bassesse, qui supporte tout de la femme d'un
cordon bleu (Mme de Talaru), ne paraîtra plus que
parmi les jeunes gens nés à Paris. Et Louis-Philippe
prend trop peu de consistance pour que de tels salons
se reforment de longtemps à Paris.

Probablement le Reform-Bill va faire cesser, en
Angleterre, la fabrique de gens tels que M. B.., qui ne
me pardonna jamais de n'avoir pas donné plus d'*ampleur* à mon voyage. Je ne me doutais pas, en 1821,
d'une abjection que j'ai comprise à mon voyage de
1826, — les dîners et les bals de l'aristocratie coûtent un argent fou et le plus mal dépensé du monde.

J'eus une obligation à M. B..., il m'apprit à revenir
de Richmond à Londres par eau, c'est un voyage
délicieux.

Enfin, le.... (1) 1821, on afficha *Othello* par Kean.
Je faillis être écrasé avant d'atteindre mon billet de
parterre. Les moments d'attente de la queue me rappelèrent vivement les beaux jours de ma jeunesse
quand nous nous faisions écraser en 1800 pour voir
la première de *Pinto* (germinal an *VIII*).

Le malheureux qui veut un billet à Covent Garden
est engagé dans des passages tortueux, larges de trois
pieds, et garnis de planches que le frottement des habits des patients a rendues parfaitement lisses.

La tête remplie d'idées littéraires, ce n'est qu'engagé dans ces affreux passages et quand la colère m'eût
donné une force supérieure à celle de mes voisins que

---

(1). En blanc dans le manuscrit.

je me dis : Tout plaisir est impossible ce soir pour moi. Quelle sottise de ne pas acheter d'avance un billet de loge !

Heureusement, à peine dans le parterre, les gens avec qui j'avais fait le coup d'épaule me regardèrent d'un air bon et ouvert. Nous nous dîmes quelques mots bienveillants sur les peines passées ; n'étant plus en colère, je fus tout à mon admiration pour Kean, que je ne connaissais que par les hyperboles de mon compagnon de voyage Edouard Edwards. Il paraît que Kean est un héros d'estaminet, un crâne de mauvais ton.

Je l'excusais facilement : s'il fût né riche ou dans une famille de bon ton, il ne serait pas Kean, mais quelque fat bien froid. La politesse des hautes classes de France, et probablement d'Angleterre, *proscrit toute énergie*, et l'use, si elle existait par hasard. Parfaitement poli et parfaitement pur de toute énergie, tel est l'être que je m'attendais à voir, quand on annonçait, chez M. de Tracy, M. de Syon ou tout autre jeune homme du faubourg Saint-Germain. Et encore je n'étais pas bien placé en 1821 pour juger de toute l'insignifiance de ces êtres étiolés. M. de Syon, qui vient chez le général Lafayette, qui est allé en Amérique à sa suite, je crois, doit être un monstre d'énergie dans le salon de Mme de la Trémoille.

Grand Dieu ! Comment est-il possible d'être aussi insignifiant ! comment peindre de telles gens ! Questions que je me faisais pendant l'hiver de 1830, en étudiant ces jeunes gens. Alors leur grande affaire était la peur que leurs cheveux arrangés de façon à former un bourrelet d'un coté du front à l'autre ne vinssent à tomber.

For me : (Je suis un peu découragé par le manque absolu de dates. L'imagination se perd à courir après les dates au lieu de se figurer les objets).

Mon plaisir en voyant Kean, fut mêlé de beaucoup d'étonnement. Les Anglais, peuple *fâché*, ont des gestes fort différents des nôtres pour exprimer les mêmes mouvements de l'âme.

Le baron de Lussinge et l'excellent Barot vinrent me rejoindre à Londres ; peut-être Lussinge y était venu avec moi.

J'ai un talent malheureux pour communiquer mes goûts ; souvent, en parlant de mes maîtresses à mes amis, je les ai rendus amoureux, ou, ce qui est bien pis, j'ai rendu ma maîtresse amoureuse de l'ami, que j'aimais réellement. C'est ce qui m'est arrivé pour Mme Azur et Mérimée. J'en fus au désespoir pendant quatre jours. Le désespoir diminuant, j'allai prier Mérimée d'épargner ma douleur pendant quinze jours. — Quinze mois, me répondit-il, je n'ai aucun goût pour elle. J'ai vu ses bas plissés sur sa jambe en *garande* (français de Grenoble).

Barot qui fait les choses avec règle et raison, comme un négociant, nous engagea à prendre un valet de place. C'était un petit fat anglais. Je les méprise plus que les autres ; la mode chez eux n'est pas un plaisir, mais un devoir sérieux, auquel il ne faut pas manquer.

J'avais du bon sens pour tout ce qui n'avait pas rapport à certains souvenirs, je sentis sur-le-champ le ridicule des quarante-huit heures de travail de l'ouvrier anglais. Le pauvre Italien, tout déguenillé, est bien plus près du bonheur. Il a le temps de faire l'amour, il se livre quatre-vingts ou cent fois par an à une religion d'autant plus amusante qu'elle lui fait peur, etc.

Mes compagnons se moquèrent rudement de moi. Mon paradoxe devint vérité à vue d'œil, et sera bien commun en 1840. Mes compagnons me trouvaient fou tout à fait quand j'ajoutais : Le travail exorbitant et accablant de l'ouvrier anglais nous venge de Waterloo et de quatre coalitions. Nous, nous avons enterré nos morts, et nos survivants sont plus heureux que les Anglais. Toute leur vie, Barot et Lussinge me croiront une mauvaise tête. Dix ans après, je cherche à leur faire honte : Vous pensez aujourd'hui comme moi, à Londres en 1821. Ils nient, et la réputation de mauvaise tête me reste. Qu'on juge de ce qui m'arrivait quand j'avais le malheur de parler littérature. Mon cousin Colomb m'a cru longtemps réellement envieux, parce que je lui disais que le *Lascaris* de M. Villemain était ennuyeux à dormir debout. Qu'était-ce, grand Dieu ! quand j'abordais les principes généraux !

Un jour que je parlais de travail anglais, le petit fat qui nous servait de valet de place prétendit son honneur national offensé.

— Vous avez raison, lui dis-je, mais nous sommes malheureux : nous n'avons plus de connaissances agréables.

— Monsieur, je ferai votre affaire. Je ferai le marché moi-même...(1). Ne vous adressez pas à d'autres, on vous rançonnerait, etc.

Mes amis riaient. Ainsi, pour me moquer de l'honneur du fat, je me trouvais engagé dans une partie de

(1) En blanc dans le manuscrit.

filles. Rien de plus maussade et repoussant que les détails du marché que notre homme nous fit essuyer le lendemain en nous montrant Londres.

D'abord, nos jeunes filles habitaient un quartier perdu — Westminster Road, — admirablement disposé pour que quatre matelots souteneurs puissent rosser des Français. Quand nous en parlâmes à un ami anglais :

—Gardez-vous bien de ce guet-apens! nous dit-il.

Le fat ajoutait qu'il avait longuement marchandé pour nous faire donner du thé le matin en nous levant. Les filles ne voulaient pas accorder leurs bonnes grâces et leur thé pour vingt et un shillings ; mais enfin elles avaient consenti. Deux ou trois Anglais nous dirent :

— Jamais un Anglais ne donnerait dans un tel piège. Savez-vous qu'on vous mènera à une lieue de Londres?

Il fut bien convenu entre nous que nous n'irions pas. Le soir venu, Barot me regarda. Je le compris.

— Nous sommes forts, lui dis-je, nous avons des armes.

Lussinge n'osa jamais venir. Nous prîmes un fiacre. Barot et moi, nous passâmes le pont de Westminster. Ensuite le fiacre nous engagea dans des rues sans maisons, entre des jardins.

Barot riait.

— Si vous avez été si brillant avec Alexandrine dans une maison charmante, au centre de Paris, que n'allez-vous pas faire ici ?

J'avais un dégoût profond ; sans l'ennui de l'après-dînée à Londres quand il n'y a pas de spectacle, comme c'était le cas ce jour-là, et sans la petite pointe de danger, jamais Westminster Road ne m'aurait vu. Enfin, après avoir été deux ou trois fois sur le point de verser dans de prétendues rues sans pavé, ce me semble, le fiacre, jurant, nous arrêta devant une maison à trois étages qui, tout entière, pouvait avoir vingt-cinq pieds de haut. De la vie, je n'ai vu quelque chose de si petit.

Certainement, sans l'idée du danger, je ne serais pas entré; je m'attendais à voir trois infâmes salopes. Elles étaient trois petites filles, avec de beaux cheveux châtains, un peu timides, très empressées, fort pâles.

Les meubles étaient de la petitesse la plus ridicule. Barot est gros et grand; nous ne trouvions pas à nous asseoir, exactement parlant : les meubles avaient l'air faits pour des poupées.

Nous avions peur de les écraser. Nos petites filles virent notre embarras, le leur s'accrut. Nous ne savions que dire absolument. Heureusement Barot eut l'idée de parler jardin.

— Oh! nous avons un jardin, dirent-elles, avec non pas de l'orgueil, mais enfin un peu de joie d'avoir quelque objet de luxe à montrer. Nous descendîmes au jardin avec des chandelles pour le voir; il avait vingt-cinq pieds de long et dix de large. Barot et moi, partîmes d'un éclat de rire. Là, étaient tous les instruments d'économie domestique de ces pauvres filles, le petit cuvier pour faire la lessive, avec un appareil elliptique pour brasser elles-mêmes leur bière.

Je fus touché et Barot dégoûté. Il me dit en français : payons-les et décampons.

— Elles vont être si humiliées, lui dis-je.

— Bah ! vous les connaissez bien ! elles enverront chercher d'autres pratiques, s'il n'est pas trop tard, ou leurs amants, si les choses se passent comme en France.

Ces vérités ne firent aucune impression sur moi. Leur misère, tous ces petits meubles bien propres et bien vieux m'avaient touché. Nous n'avions pas fini de prendre le thé que j'étais intime avec elles au point de leur confier en mauvais anglais notre crainte d'être assassinés. Cela les déconcerta beaucoup.

— Mais enfin, ajoutai-je, la preuve que nous vous rendons justice, c'est que je vous raconte tout cela.

Nous renvoyâmes le fat. Alors je fus comme avec des amis tendres que je reverrais après un voyage d'un an.

Ce qu'il y a de déplaisant, c'est que pendant mon séjour en Angleterre, j'étais malheureux quand je ne pouvais pas finir mes soirées dans cette maison.

Aucune porte ne fermait, autre sujet de soupçons quand nous allâmes nous coucher. Mais à quoi eussent servi des portes et de bonnes serrures! Partout avec un coup de poing on eût enfoncé les petites séparations en briques. Tout s'entendait dans cette maison. Barot, qui était monté au second dans la chambre au-dessus de la mienne, me cria :

— Si l'on vous assassine, appelez-moi!

Je voulus garder de la lumière; la pudeur de ma nouvelle amie, d'ailleurs si soumise et si bonne, n'y voulut jamais consentir. Elle eut un mouvement de peur bien marqué, quand elle me vit étaler mes pistolets et mon poignard sur la table de nuit placée du côté du lit, apposé à la porte. Elle était charmante, petite, bien faite, pâle.

Personne ne nous assassina. Le lendemain, nous les fîmes quittes de leur thé, nous envoyâmes chercher Lussinge par le valet de place en lui recommandant d'arriver avec des viandes froides, du vin. Il parut bien vite escorté d'un excellent déjeuner, et tout étonné de notre enthousiasme.

Les deux sœurs envoyèrent chercher une de leurs amies. Nous leur laissâmes du vin et des viandes froides dont la beauté avait l'air de surprendre ces pauvres filles.

Elles crurent que nous nous moquions d'elles, quand nous leur dîmes que nous reviendrions. Miss.., mon amie, me dit à part :

— Je ne sortirais pas, si je pouvais espérer que vous reviendrez ce soir. Mais notre maison est trop pauvre pour des gens comme vous.

Je ne pensai, toute la journée, qu'à la soirée bonne, douce, tranquille (*full of snugness*), qui m'attendait. Le spectacle me parut long. Barot et Lussinge voulurent voir toutes les demoiselles effrontées qui remplissaient le foyer de Covent-Garden. Enfin, Barot et moi, nous arrivâmes dans notre petite maison. Quand ces demoiselles virent déballer des bouteilles de claret et de champagne, les pauvres filles ouvrirent de grands yeux. Je croirais assez qu'elles ne s'étaient jamais trouvées vis-à-vis une bouteille non déjà entamée de *real champaign*, champagne véritable.

Heureusement le bouchon du nôtre sauta ; elles furent parfaitement heureuses, mais leurs transports étaient tranquilles et décents. Rien de plus décent que toute leur conduite. — Nous savions déjà cela.

Ce fut la première consolation réelle et intime au malheur qui empoisonnait tous mes moments de solitude. On voit bien que je n'avais que vingt ans, en 1821. Si j'en avais eu trente-huit, comme semblait le prouver mon extrait de baptême, j'aurais pu essayer de trouver cette consolation auprès des femmes honnêtes de Paris qui me marquaient de la sympathie. Je doute cependant quelquefois que j'eusse pu y réussir. Ce qui s'appelle air du grand monde, ce qui fait que Mme de Marmier a l'air différent de Mme Edwards me semble souvent damnable affectation et pour un instant ferme hermétiquement mon cœur. Voilà un de mes grands malheurs, l'éprouvez-vous comme moi? Je suis mortellement choqué des plus petites nuances.

Un peu plus ou un peu moins des façons du grand monde fait que je m'écrie intérieurement : *Bourgeoise!* ou *poupée du boulevard Saint-Germain!* et à l'instant je n'ai plus que du dégoût ou de *l'ironie* au service du prochain.

On peut connaître tout, excepté soi-même : « Je suis bien loin de croire tout connaître, » ajouterait un homme poli du noble faubourg attentif à garder toutes les avenues contre le ridicule. Mes médecins, quand j'ai été malade, m'ont toujours traité avec plaisir comme étant un monstre, pour *l'irritabilité* nerveuse. Une fois, une fenêtre ouverte dans la chambre voisine dont la porte était fermée me faisait froid. La moindre odeur (excepté les mauvaises) affaiblit mon bras et ma jambe gauche, et me donne envie de tomber de ce côté.

— Mais c'est de l'égotisme abominable que tous ces détails !

— Sans doute, et qu'est ce livre, autre chose qu'un abominable égotisme ! A quoi bon étaler de la grâce de pédant comme M. Villemain dans un article d'hier sur l'arrestation de M. de Chateaubriand ?

Si ce livre est ennuyeux, au bout de deux ans il enveloppera le beurre chez l'épicier ; s'il n'ennuie pas, on verra que l'égotisme, *mais sincère*, est une façon de peindre ce cœur humain dans la connaissance duquel nous avons fait des pas de géant depuis 1721, époque des *Lettres persanes* de ce grand homme que j'ai tant étudié : Montesquieu.

Le progrès est quelquefois si étonnant que Montesquieu en paraît grossier (1).

Je me trouvais si bien de mon séjour à Londres depuis que toute la soirée je pouvais être bonhomme, en mauvais anglais, que je laissai repartir pour Paris le baron, appelé par son bureau, et Barot, appelé par ses affaires de Bacarat et de Cardes. Leur société m'était cependant fort agréable. Nous ne parlions pas beaux-arts, ce qui a toujours été ma pierre d'achoppement avec mes amis. Les Anglais, sont, je crois, le peuple du monde le plus obtus, le plus barbare. Cela est au point que je leur pardonne les infamies de Sainte-Hélène.

Ils ne les sentaient pas. Certainement, en le payant, un Italien, un Allemand même, se serait figuré le maître de Napoléon. Ces honnêtes Anglais, sans cesse

---

(1) Je suis heureux en écrivant ceci. Le travail officiel m'a occupé en quelque façon jour et nuit depuis trois jours (juin 1832). Je ne pourrais reprendre à quatre heures — mes lettres aux ministres cachetées — un ouvrage d'imagination. — Je fais ceci aisément sans autre peine et plan que : *me souvenir*. (Note de Beyle.)

côtoyés par l'abîme du danger de mourir de faim s'ils oublient un instant de travailler, chassaient l'idée de Sainte-Hélène, comme ils chassent l'idée de Raphaël comme propre à leur faire *perdre du temps*, et voilà tout.

A nous trois : moi pour la rêverie et la connaissance de Say et de Smith (Adam), le baron de Lussinge pour le mauvais côté à voir en tout, Barot pour le travail (qui change une livre d'acier valant douze francs en trois quarts de livres de ressorts de montres, valant dix mille francs), nous formions un voyageur complet.

Quand je fus seul, l'honnêteté de la famille anglaise qui a dix mille francs de rente se battit dans mon cœur avec la démoralisation complète de l'Anglais, qui, ayant des goûts chers, s'est aperçu que pour les satisfaire, il faut se vendre au gouvernement. Le Philippe de Ségur anglais est pour moi, à la fois, l'être le plus vil et le plus absurbe à écouter.

Je partis sans savoir, à cause du combat de ces deux idées, s'il fallait désirer une *Terreur* qui nettoierait l'étable d'Augias en Angleterre.

La fille pauvre chez laquelle je passais les soirées m'assurait qu'elle mangerait des pommes et ne me coûterait rien si je voulais l'emmener en France.

J'aurais évité bien des moments d'un noir diabolique. Pour mon malheur, l'affectation m'étant tellement antipathique, il m'est plus difficile d'être simple, sincère, bon, en un mot, parfaitement Allemand avec une femme française.

Un jour, on annonça qu'on pendait huit pauvres diables. A mes yeux, quand on pend un voleur ou un assassin en Angleterre, c'est l'aristocratie qui s'immole une victime à sa sûreté, car c'est elle qui l'a forcé à être scélérat, etc. Cette verité, si paradoxale aujourd'hui, sera peut-être un lieu commun quand on lira mes bavardages.

Je passai la nuit à me dire que c'est le devoir du voyageur de voir ces spectacles et l'effet qu'ils produisent sur le peuple qui est resté de son pays (*who has raciness*).

Le lendemain, quand on m'éveilla, à huit heures, il pleuvait à verse. La chose à laquelle je voulais me forcer était si pénible, que je me souviens encore du combat. Je ne vis point ce spectacle atroce.

Un soir, après dîner, Miniorini monta chez lui. Deux heures après, ne le voyant pas venir au café de Foy, où l'un de nous qui avait perdu le café le payait, nous montâmes chez lui. Il avait le scolozisme ; après dîner, la douleur locale avait redoublé ; cet esprit flegmatique et triste s'était mis à considérer toutes les misères, y compris la misère de l'argent. La douleur l'avait accablé. Un autre se serait tué ; quant à lui, il se serait contenté de mourir évanoui, si à grand'peine nous ne l'eussions réveillé.

Ce sort me toucha, peut-être un peu par la réflexion : voilà un être, cependant, plus malheureux que moi. Barot lui prêta cinq cents francs, qui ont été rendus. Le lendemain, Lussinge ou moi le présentâmes à Mme Pasta.

Huit jours après, nous nous aperçûmes qu'il était l'ami préféré. Rien de plus froid, rien de plus raisonnable que ces deux êtres l'un vis-à-vis l'un de l'autre. Je les ai vus tous les jours pendant quatre ou cinq ans, je n'aurais pas été étonné, après tout ce temps, qu'un magicien, me donnant la faculté d'être invisible, me mît à même de voir qu'ils ne faisaient pas l'amour ensemble, mais simplement parlaient musique. Je suis sûr que Mme Pasta, qui pendant huit ou dix ans non seulement a habité Paris, mais y a été à la mode les trois quarts de ce temps, n'a jamais eu d'amants français.

Dans le temps où on lui présenta Miniorini, le beau Lagrange venait chaque soir passer trois heures à nous ennuyer, assis à côté d'elle sur son canapé. C'est le général qui jouait le rôle d'Apollon ou du bel Espagnol délivré aux ballets de la cour impériale. J'ai vu la reine Caroline Murat et la divine princesse

Borghèse danser en costume de sauvages avec lui. C'est un des êtres les plus vides de la bonne compagnie ; assurément, c'est beaucoup dire.

Comme tomber dans une inconvenance de parole est beaucoup plus funeste à un jeune homme qu'il ne lui est avantageux de dire un joli mot, la postérité, probablement moins niaise, ne se fera pas moins d'idée de l'insipidité de la bonne compagnie.

Le chevalier Miniorini avait des manières distinguées, presque élégantes. A cet égard, c'était un contraste parfait avec Lussinge et même Barot, qui n'est qu'un bon et brave garçon de province qui, par hasard, a gagné des millions. Les façons élégantes de Miniorini me lièrent avec lui. Je m'aperçus bientôt que c'était une âme parfaitement froide.

Il avait appris la musique comme un savant de l'Académie des inscriptions apprend ou fait semblant d'apprendre le persan. Il avait *appris* à admirer tel morceau, la première qualité était toujours, dans un son, d'être juste, dans une phrase, d'être correcte.

A mes yeux, la première qualité, de bien loin, est d'être *expressif*.

La première qualité, pour moi, dans tout ce qui est noir sur blanc, est de pouvoir dire avec Boileau :

Et mon vers, bien ou mal, dit toujours quelque chose.

La liaison avec Miniorini et Mme Pasta se renforçant, j'allai loger au troisième étage de l'hôtel des Lillois, dont cette aimable femme occupa successivement le second et le premier étage.

Elle a été, à mes yeux, sans vices, sans défauts, caractère simple, uni, juste, naturel, et avec le plus grand talent tragique que j'aie jamais connu.

Par habitude de jeune homme (on se rappelle que

je n'avais que vingt ans en 1821), j'aurais d'abord voulu qu'elle eût de l'amour pour moi, qui avait tant d'admiration pour elle. Je vois aujourd'hui qu'elle était trop froide, trop raisonnable, pas assez folle, pas assez caressante, pour que notre liaison, si elle eût été d'amour, pût continuer. Ce n'aurait été qu'une passade de ma part; elle, justement indignée, se fût brouillée. Il est donc mieux que la chose se soit bornée à la plus sainte et plus dévouée amitié, de ma part, et de la sienne, à un sentiment de même nature, qui a eu des hauts et des bas.

Miniorini, me craignant un peu, m'affubla de deux ou trois bonnes calomnies, que *j'usai* en n'y faisant pas attention. Au bout de six ou huit mois, je suppose que Mme Pasta se disait : Mais cela n'a pas le sens commun !

Mais il en reste toujours quelque chose; au bout de six ou huit ans, ces calomnies ont fait que notre amitié est devenue fort tranquille. Je n'ai jamais eu un moment de colère contre Miniorini. Après le procédé si royal de François, il pouvait dire alors, comme je ne sais quel héros de Voltaire :

Une pauvreté noble est tout ce qui me reste.

Et je suppose que la *Giuditta*, comme nous l'appelions en italien, lui prêtait quelques petites sommes pour le garantir des pointes les plus dures de cette pauvreté.

Je n'avais pas grand esprit alors, pourtant j'avais des jaloux. M. de Perret, l'espion de la société de M. de Tracy, sut mes liaisons d'amité avec Mme Pasta : ces gens-là savent tout par leurs camarades. Il l'arrangea de la façon la plus odieuse aux yeux des dames de la rue d'Anjou. La femme la plus honnête, à l'esprit de laquelle toute idée de liaison est le plus étrangère, ne pardonna pas l'idée de liaison avec une actrice.

Cela m'était déjà arrivé à Marseille en 1805 ; mais alors, Mme Séraphie T... avait raison de ne plus vouloir me voir chaque soir, quand elle sut ma liaison avec Mlle Louason (cette femme de tant d'esprit, depuis Mme de Barkoff) (1).

Dans la rue d'Anjou, qui au fond était ma société la plus respectable, pas même le vieux M. de Tracy, le philosophe, on ne me pardonna ma liaison avec une actrice.

Je suis vif, passionné, fou, sincère à l'excès en amitié et en amour jusqu'au premier froid. Alors, de la folie de seize ans je passe, en un clin d'œil, au machiavélisme de cinquante et, au bout de huit jours, il n'y a plus rien que *glace fondante*, froid parfait. (Cela vient encore de m'arriver ces jours-ci *with* **Lady Angelica**, 1832, mai.)

J'allais donner tout ce qu'il y a dans mon cœur à la société Tracy, quand je m'aperçus d'une superficie de gelée blanche. De 1821 à 1830, je n'y ai plus été que froid et machiavélique, c'est-à-dire parfaitement prudent. Je vois encore les tiges rompues de plusieurs amitiés qui allaient commencer dans la rue d'Anjou. L'excellente comtesse de Tracy, que je me reproche amèrement de n'avoir pas aimé davantage, ne me marqua pas cette nuance de froid. Cependant je revenais d'Angleterre pour elle, avec une ouver-

---

(1) Voir *Journal de Stendhal* et *Lettres inédites*.

8.

ture de cœur, un besoin d'être ami sincère qui se calma par bon sens pur, en prenant la résolution d'être froid et calculateur avec tout le reste du salon.

En Italie, j'adorais l'opéra. Les plus doux moments de ma vie, sans comparaison, se sont passés dans les salles de spectacle. A force d'être heureux à la *Scala* (salle de Milan), j'étais devenu une espèce de crana... (*sic*).

A dix ans, mon père, qui avait tous les préjugés de la religion et de l'aristocratie, m'empêcha violemment d'étudier la musique. A seize, j'appris successivement à jouer du violon, à chanter et à jouer de la clarinette. De cette dernière façon seule, j'arrivai à produire des sons qui me faisaient plaisir. Mon maître, un beau et bel'Allemand, nommé Hermann, me faisait jouer des cantilènes tendres.

Qui sait ? peut-être connaissait-il Mozart ? c'était en 1797, Mozart venait de mourir.

Mais alors, ce grand nom ne me fut point révélé. Une grande passion pour les mathématiques m'entraîna ; pendant deux ans, je ne pensai qu'à elles. Je partis pour Paris, où j'arrivai le lendemain du 18 Brumaire (10 novembre 99).

Depuis, quand j'ai voulu étudier la musique, j'ai reconnu qu'il était trop tard à ce signe : ma passion diminuait à mesure qu'il me venait un peu de connaissance. Les sons que je produisais me faisaient horreur à la différence de tant d'exécutants du quatrième ordre qui ne doivent leur peu de talent — qui toutefois le soir, à la campagne, fait plaisir — qu'à l'intrépidité avec laquelle le matin ils s'écorchent les oreilles à eux-mêmes — mais ils ne se les écorchent pas, car.... cette métaphysique ne finirait jamais.

Enfin, j'ai adoré la musique et avec le plus grand bonheur pour moi, de 1806 à 1810, en Allemagne.

De 1814 à 1821, en Italie. En Italie je pouvais discuter musique avec le vieux Mayer, avec le jeune Paccini, avec les compositeurs. Les exécutants, le marquis Caraffa, les Vicontini de Milan, trouvaient au contraire que je n'avais pas le sens commun. C'est comme aujourd'hui si je parlais politique à un sous-préfet.

Un des étonnements du comte Daru, véritable homme de lettres de la tête aux pieds, digne de l'hébétement de l'Académie des Inscriptions de 1828, était que je pusse écrire une page qui fît plaisir à quelqu'un. Un jour, il acheta de Delaunay, qui me l'a dit, un petit ouvrage de moi qui, à cause de l'épuisement, se vendait quarante francs. Son étonnement fut à mourir de rire, dit le libraire.

— Comment, quarante francs !

— Oui, monsieur le comte, et par grâce, et vous ferez plaisir au marchand en ne le prenant pas à ce prix.

— Est-il possible ! disait l'Académicien en levant les yeux au ciel ; cet enfant ! ignorant comme une carpe !

Il était parfaitement de bonne foi. Les gens des antipodes, regardant la lune lorsqu'elle n'a qu'un petit croissant pour nous, se disent : Quelle admirable clarté ! la lune est presque pleine ! M. le comte Daru, membre de l'Académie française, associé de l'Académie des sciences, etc., etc., et moi, nous regardions le cœur de l'homme, la nature, etc., de côtés opposés.

Une des admirations de Miniorini, dont la jolie

chambre était voisine de la mienne au second étage de l'hôtel des Lillois, c'est qu'il y eût des êtres qui pussent m'écouter quand je parlais musique. Il ne revint pas de sa surprise quand il sut que c'était moi qui avait fait une brochure sur Haydn. Il approuvait assez le livre — trop métaphysique, disait-il ; mais que j'eusse pu l'écrire, mais que j'en fusse l'auteur, moi, incapable de frapper un accord de septième diminuée sur un piano, voilà ce qui lui faisait ouvrir de grands yeux. Et il les avait fort beaux, quand il y avait, par hasard, un peu d'expression.

Cet étonnement, que je viens de décrire un peu au long, je l'ai trouvé petit ou grand chez tous mes interlocuteurs jusqu'à l'époque (1827) où je me suis mis à avoir de l'esprit.

Je suis comme une femme honnête qui se ferait fille ; j'ai besoin de vaincre à chaque instant cette pudeur d'honnête homme qui a horreur de parler de soi. Ce livre n'est pas fait d'autre chose cependant. Je ne prévoyais d'autre difficulté que d'avoir le courage de dire la vérité, surtout ; c'est la moindre chose.

Les détails me manquent un peu sur ces époques reculées, je deviendrai moins sec et moins verbeux à mesure que je m'approcherai de l'intervalle de 1826 à 1830. Alors, mon malheur me força à avoir de l'esprit ; je me souviens de tout comme d'hier.

Par une malheureuse disposition physique qui m'a fait passer pour mauvais Français, je ne [puis] que très difficilement avoir du plaisir pour de la musique chantée dans une salle française.

Ma grande affaire, comme celle de tous mes amis en 1821, n'en était pas moins *l'opera buffa*.

Mme Pasta y jouait *Tancrède, Othello, Roméo et*

Juliette... d'une façon qui, non seulement n'a jamais été égalée, mais qui n'avait certainement jamais été prévue par les compositeurs de ces opéras.

Talma, que la postérité élèvera peut-être si haut, avait l'âme tragique, mais il était si bête qu'il tombait dans les affectations les plus ridicules. Je soupçonne que, outre l'éclipse totale d'esprit, il avait encore cette sensibilité indispensable pour ensemencer les succès, et que j'ai retrouvée avec tant de peine jusque chez l'admirable et aimable Béranger.

Talma, donc, fut probablement servile, bas, rampant, flatteur et, peut-être, quelque chose de plus envers Mme de Staël qui, continuellement et bêtement occupée de sa laideur (si un tel mot que bête peut s'écrire à propos de cette femme admirable) avait besoin, pour être rassurée, de raisons palpables et sans cesse renaissantes.

Mme de Staël, qui avait admirablement, comme un de ses amants, M. le prince de Talleyrand, *l'art du succès à Paris*, comprit qu'elle aurait à gagner à donner son cachet au succès de Talma, qui commençait à devenir général et à perdre par sa durée le peu respectable caractère de *mode*.

Le succès de Talma commença par de la hardiesse; il eut le courage d'innover, le seul des courages qui soit étonnant en France. Il fut neuf dans le *Brutus* de Voltaire et bientôt après dans cette pauvre ampliation : *Charles IX* de M. de Chénier. Un vieux et très mauvais acteur que j'ai connu, l'ennuyeux et royaliste Naudet, fut si choqué du génie innovateur du jeune Talma, qu'il le provoqua plusieurs fois en duel. Je ne sais si, en vérité, Talma avait pris l'idée et le courage d'innover, je l'ai connu bien au-dessous de cela.

Malgré sa grosse voix factice et l'affectation presque aussi ennuyeuse de ses poignets disloqués, l'être en France qui avait de la disposition à être ému par les beaux sentiments tragiques du troisième acte de l'*Hamlet* de Ducis ou les belles scènes des derniers actes d'*Andromaque* n'avait d'autre ressource que de voir Talma.

Il avait l'âme tragique et à un point étonnant. S'il y eût joint un caractère simple et le courage de demander conseil, il eût pu aller plus loin, par exemple, être aussi sublime que Monvel dans Auguste (*Cinna*). Je parle ici de toutes choses que j'ai vues et bien vues ou du moins fort en détail, ayant été amateur passionné du Théâtre-Français.

Heureusement pour Talma, avant qu'un écrivain, homme d'esprit et parlant souvent au public (M. l'abbé Geoffroy), s'amusât à vouloir détruire sa réputation, il avait été dans les convenances de Mme de Staël de le porter aux nues. Cette femme éloquente se chargea d'apprendre aux sots en quels termes ils devaient parler de Talma.

On peut penser que l'emphase ne fût pas épargnée; le nom de Talma devint européen.

Son abominable affectation devint de plus en plus nuisible aux Français, gent moutonnière.

Je ne suis pas mouton, ce qui fait que je ne suis rien.

La mélancolie vague et donnée par la fatalité, comme dans Œdipe, n'aura jamais d'acteur comparable à Talma. Dans Manlius, il était bien Romain : *Prends, lis,* et: *Connais-tu la main de Rutile* (1)?

_____
(1) Le texte est :

étaient divins. C'est qu'il n'y avait pas moyen de remettre là l'abominable chant du vers alexandrin. Quelle hardiesse il me fallait pour penser cela en 1805 ? Je frémis presque d'écrire de tels blasphèmes aujourd'hui (1832) que les deux idoles sont tombées. Cependant, en 1805, je prédisais 1832, et le succès m'étonne et me rend stupide.

M'en arrivera-t-il autant avec le ti.., (sic). Le chant continu, la grosse voix, le tremblement des poignets, la démarche affectée m'empêchaient d'avoir un plaisir pour cinq minutes de suite en voyant Talma, et, à chaque instant, il fallait choisir, vilaine occupation pour l'imagination — ou plutôt alors la tête tue l'imagination.

Il n'y avait de parfait dans Talma que sa tête et son *regard vague*. Je reviendrai sur ce grand mot à propos des Madones de Raphaël et de mademoiselle Virginie de Lafayette, Mme Adolphe, A. Périer, qui avait cette beauté en un degré suprême et dont sa bonne grand'mère, Mme la comtesse de Tracy, était très fière.

Je trouvai le tragique qui me convenait dans Kean et je l'adorai. Il remplit mes yeux et mon cœur. Je vois encore là, devant moi, Richard et Othello.

Mais le tragique dans une femme, où pour moi il est le plus touchant, je ne l'ai trouvé que chez Mme Pasta et là, il était pur, parfait, sans mélange. Chez elle, elle était silencieuse et impassible. En rentrant,

Manlius. Connais-tu bien la main de Rutile ?
Servilius.   Oui.
Manlius.   Tiens, lis.
    (La Fosse, *Manlius Capitolinus*, IV, 4.)

elle passait des heures entières sur un canapé à pleurer et à avoir des accès de nerfs.

Toutefois, ce talent tragique étant mêlé avec le talent de chanter, l'oreille achevait l'émotion commencée par les yeux, et Mme Pasta restait longtemps, par exemple deux secondes ou trois, dans la même position. Cela a-t-il été une facilitation ou un obstacle de plus à vaincre? J'y ai souvent rêvé. Je penche à croire que cette circonstance de rester forcément longtemps dans la même position ne donne ni facilités, ni difficultés nouvelles. Reste pour l'âme, de Mme Pasta, la difficulté de donner son attention à bien chanter.

Le chevalier Miniorini, Lussinge, di Fiori, Sutton-Sharp et quelques autres, réunis par notre admiration pour la *gran donna*, nous avions un éternel sujet de discussion dans la manière dont elle avait joué *Roméo* dans la dernière représentation, dans les sottises que disaient à cette occasion ces pauvres gens de lettres français, obligés d'avoir un avis sur une chose si antipathique au caractère français : la *musique*.

L'abbé Geoffroy, de bien loin le plus spirituel et le plus savant des journalistes, appelait sans façon Mozart *un faiseur de charivari*; il était de bonne foi et ne sentait que *Grétry* et *Monsigny*, qu'il *avait appris*.

De grâce, lecteur bénévole, comprenez bien ce mot, c'est l'histoire de la musique en France.

Qu'on juge des âneries que disaient, en 1822, toute la tourbe des gens de lettres, journalistes tellement inférieurs à M. Geoffroy. On a réuni les feuilletons de ce spirituel maître d'école, et, dit-on, c'est une plate réunion. Ils étaient divins, servis en impromptu, deux fois la semaine, et mille fois supérieurs aux lourds articles d'un M. Hoffmann ou d'un M. Féletz qui, réunis, font peut-être meilleure figure que les délicieux feuilletons de Geoffroy. Dans leur temps, je déjeunais au café Hardy, alors à la mode, avec de délicieux rognons à la brochette. Eh bien ! les jours où il n'y avait pas feuilleton de Geoffroy, je déjeunais mal.

Il les faisait en entendant la lecture des thèmes latins de ses écoliers à la pension... (sic) où il était maître. Un jour, faisant entrer des écoliers dans un café près de la Bastille pour prendre de la bière, ceux-ci eurent le bonheur de trouver un journal qui leur apprit ce que faisait leur maître, qu'ils voyaient souvent écrire en portant le papier au bout de son nez, tant il avait la vue basse.

C'était aussi à sa vue basse que Talma devait ce beau regard vague et qui montre tant d'âme (comme une demi-concentration intérieure, dès que quelque chose d'intéressant ne tire pas forcément l'attention dehors.)

Je trouve une diminution de talent chez madame Pasta. Elle n'avait pas grand'peine à jouer naturellement la grande âme : elle l'avait ainsi.

Par exemple, elle était avare, ou si l'on veut, économe par raison, ayant un mari prodigue. Hé bien, en un seul mois, il lui est arrivé de faire distribuer deux cents francs à de pauvres réfugiés italiens. Et il y en avait de bien peu gracieux, de bien faits pour dégoûter de la bienfaisance, par exemple, M. Gianonne, le prêtre de Modène, que le ciel absolve ; quel regard il avait !

M. di Fiori, qui ressemble comme deux gou
d'eau au Jupiter Mansuétus, condamné à mor
vingt-huit ans, à Naples en 1799, se chargeait de
tribuer judicieusement les secours de madame Pa
Lui seul le savait et me l'a dit longtemps après
confidence. La reine de France, dans le journal
ce jour, a fait enregistrer un secours de soixante
francs envoyé à une vieille femme (juin 1832).

CHAPITRE IX

Outre l'impudence de parler de soi continuellement, ce travail offre un autre découragement : que de choses hardies et que je n'avance qu'en tremblant seront de plats lieux communs, dix ans après ma mort, pour peu que le ciel m'accorde une vie un peu honnête de quatre-vingts à quatre-vingt-dix !

D'un autre côté, il y a du plaisir à parler du général Foy, de Mme Pasta, de lord Byron, de Napoléon et de tous les grands hommes ou du moins ces êtres distingués que mon bonheur a été de connaître et qui ont daigné parler avec moi !

Du reste, si le lecteur est envieux comme mes contemporains, qu'il se console, peu de ces grands hommes que j'ai tant aimés m'ont deviné. Je crois même qu'ils me trouvaient plus ennuyeux qu'un autre ; peut-être ne voyaient-ils en moi qu'un *exagéré sentimental*.

C'est la pire espèce, en effet. Ce n'est que depuis que j'ai eu de l'esprit que j'ai été apprécié et bien au delà de mon mérite. Le général Foy, Mme Pasta, M. de Tracy, Canova, n'ont pas deviné en moi (j'ai sur le cœur ce mot sot : *deviné*) une âme remplie d'une rare bonté, j'en ai la bosse (système de Gall) et un esprit enflammé et capable de les comprendre.

Un des hommes qui ne m'a pas compris et, peut-être, à tout prendre, celui de tous que j'ai le plus aimé (il réalisait mon idéal, comme a dit je ne sais quelle bête emphatique), c'est Andréa Corner, de Venise, ami et aide de camp du prince Eugène à Milan.

J'étais en 1811, ami intime du comte *Widmann*, capitaine de la compagnie des gardes de Venise (j'étais l'amant de sa maîtresse). Je revis l'aimable Widmann à Moscou, où il me demanda tout uniment de le faire sénateur du royaume d'Italie. On me croyait alors favori de M. le comte Daru, mon cousin, qui ne m'a jamais aimé, au contraire ; en 1811, Widman me fit connaître Corner, qui me frappa comme une belle figure de Paul Véronèse.

Le comte Corner a mangé cinq millions, dit-on. Il a fait des actions de la générosité la plus rare et les plus opposées au caractère de l'homme du monde français. Quant à la bravoure, il a eu les deux croix de la main de Napoléon (croix de fer et légion d'honneur).

C'est lui qui disait si naïvement à quatre heures du soir le jour de la bataille de la Moskowa (19 septembre 1812) : « Mais cette diable de bataille ne finir. donc jamais ! » Widman ou Miniorini me le dit le lendemain.

Aucun des Français si braves, mais si affectés q' j'ai connus à l'armée alors, par exemple le géné Caulaincourt, le général Monbrun, etc., n'aurait (dire un tel mot, pas même M. le duc de Frioul (Micl Duroc). Il avait cependant un naturel bien rare da le caractère, mais pour cette qualité commune, pour l'esprit amusant, il était bien loin d'Andréa Corner..

Cet homme aimable était alors à Paris sans argent, commençant à devenir chauve. Tout lui manquait à trente-huit ans, à l'âge où, quand on est désabusé, l'ennemi commence à poindre. Aussi, — et c'est le seul défaut que je lui ai jamais vu, — quelquefois le soir il se promenait seul, un peu ivre, au milieu du jardin, alors sombre, du Palais-Royal.

C'est la fin de tous les illustres malheureux : les princes détrônés, M. Pitt voyant les succès de Napoléon et apprenant la bataille d'Austerlitz.

2 juillet 1832.

Lussinge, l'homme le plus prudent que j'aie connu, voulant s'assurer un co-promeneur pour tous les matins, avait la plus grande répugnance à me donner des connaissances.

Il me mena cependant chez M. de Maisonnette (1), l'un des êtres les plus singuliers que j'aie vus à Paris. Il est maigre, fort petit comme un Espagnol, il en a l'œil vif et la bravoure irritable.

Qu'il puisse écrire en une soirée trente pages élégantes et verbeuses pour prouver une thèse politique sur un mot d'indication que le Ministre lui expédie à six heures du soir, avant d'aller dîner, c'est ce que Maisonnette a de commun avec les Vitet, les Pillet, les Saint-Marc-Girardin et autres écrivains de la Trésorerie. Le curieux, l'incroyable, c'est que Maisonnette croit ce qu'il écrit. Il a été successivement

(1) M. Lingay.

amoureux, mais amoureux à sacrifier sa vie, de M. Decazes, ensuite de M. de Villèle, ensuite, je crois, de M. de Martignac ; au moins celui-ci était aimable.

Bien des fois j'ai essayé de deviner Maisonnette. J'ai cru voir une totale absence de logique et quelquefois une capitulation de conscience, un petit remords qui demandait à naître. Tout cela fondé sur le grand axiome : Il faut que je vive.

Maisonnette n'a aucune idée des devoirs du citoyen ; il regarde cela comme je regarde, moi, les rapports de l'homme avec les anges que croit si fermement M. F. Ancillon, actuel ministre des affaires étrangères à Berlin (de moi bien connu en 1806 et 7). Maisonnette a peur des devoirs du citoyen comme Dominique (1) de ceux de la religion. Si quelquefois, en écrivant si souvent le mot *honneur* et loyauté, il lui vient un petit remords, il s'en acquitte dans le for intérieur par son dévouement chevaleresque pour ses amis.

Si j'avais voulu, après l'avoir négligé pendant six mois de suite, je l'aurais fait lever à cinq heures du matin pour aller solliciter pour moi. Il serait allé chercher sous le pôle, pour se battre avec lui, un homme qui aurait douté de mon honneur comme homme de société.

Ne perdant jamais son esprit dans les utopies de bonheur public, de constitution sage, il était admirable, pour savoir les faits particuliers. Un soir, Lussinge, Gazul (2) et moi parlions de M. de Jouy, alors l'auteur à la mode, le successeur de Voltaire ; il se lève et va chercher dans un de ses volumineux

(1) Beyle. — (2) Mérimée.

recueils la lettre autographe par laquelle M. de Jouy demandait aux Bourbons la croix de Saint-Louis.

Il ne fut pas deux minutes à trouver cette pièce, qui jurait d'une manière plaisante avec la vertu farouche du libéral M. de Jouy.

Maisonnette n'avait pas la coquinerie lâche et profonde, le jésuitisme des rédacteurs du *Journal des Débats*. Aussi, aux *Débats*, on était scandalisé des quinze ou vingt mille francs que M. de Villèle, cet homme si positif, donnait à Maisonnette.

Les gens de la rue des Prêtres le regardaient comme un niais, cependant ses appointements les empêchaient de dormir comme les lauriers de Miltiade.

Quand nous eûmes admiré la lettre de l'adjudant général de Jouy, Maisonnette dit : « Il est singulier que les deux coryphées de la littérature et du libéralisme actuels s'appellent tous les deux Etienne. »

M. de Jouy naquit à Jouy, d'un bourgeois nommé Etienne. Doué de cette effronterie française que les pauvres Allemands ne peuvent concevoir, à quatorze ans le petit Etienne quitta Jouy, près Versailles, pour aller aux Indes. Là, il se fit appeler Etienne de Jouy, E. de Jouy, et enfin Jouy tout court. Il devint réellement capitaine plus tard ; un représentant, je crois, le fit colonel. Quoique brave, il a peu ou point servi. Il était fort joli homme.

Un jour, dans l'Inde, lui et deux ou trois amis entrèrent dans un temple pour éviter une chaleur épouvantable. Ils y trouvèrent la prêtresse, espèce de vestale ; M. de Jouy trouva plaisant de la rendre infidèle à Brahma sur l'autel même de son dieu (1).

(1) M. de Jouy publia en 1807 une tragédie lyrique intitulée : *La Vestale*.

Les Indiens s'en aperçurent, accoururent en armes, coupèrent les poignets et ensuite la tête à la vestale, scièrent en deux l'officier, camarade de l'auteur de *Sylla* qui, après la mort de son ami, put monter à cheval et galope encore.

Avant que M. Jouy appliquât son talent pour l'intrigue et la littérature, il était secrétaire général de la Préfecture de Bruxelles vers 1810. Là, je pense, il était l'amant de la préfète et le factotum de M. de Pontécoulan, préfet, homme d'un véritable esprit. Entre M. de Jouy et lui, ils supprimèrent la mendicité, ce qui est immense et plus qu'ailleurs, en Belgique, pays éminemment catholique.

A la chute du grand homme, M. de Jouy demanda la croix de Saint-Louis ; les imbéciles qui régnaient la lui ayant refusée, il se mit à se moquer d'eux par la littérature et leur a fait plus de mal que tous les gens de lettres des *Débats*, si grassement payés, ne leur ont fait de bien. Voir, en 1820, la fureur des *Débats* contre la *Minerve*.

M. de Jouy, par son *Ermite de la Chaussée d'Antin*, livre si bien adapté à l'esprit des bourgeois de France et à la curiosité bête de l'Allemand, s'est vu et *s'est cru*, pendant cinq ou six ans, le successeur de Voltaire dont, à cause de cela, il avait le buste dans son jardin de la maison des Trois frères.

Depuis 1829, les littérateurs romantiques, qui n'ont même pas autant d'esprit que M. de Jouy, le font passer pour le *Cottin* de l'époque, et sa vieillesse est rendue malheureuse (*amaregiata*) par la gloire extravagante de son âge mûr.

Il partageait la dictature littéraire, quand j'arrivai en 1821, avec un autre sot bien autrement grossier,

M. A.-V. Arnault, de l'Institut, amant de Mme B...; j'ai beaucoup vu celui-ci chez Mme C....r, sœur de sa maîtresse. Il avait l'esprit d'un portier ivre. Il a cependant fait ces jolis vers :

>De la tige détachée,
>Pauvre feuille desséchée,
>Où vas-tu ?..............
>Je vais où va toute chose,
>Où va la feuille de rose
>Et la feuille de laurier.

Il les fit la veille de son départ pour l'exil. Le malheur personnel avait donné quelque vie à cette âme de liège. Je l'avais connu bien bas, bien rampant, vers 1811, chez M. le comte Daru qu'il reçut à l'Académie française. M. de Jouy, beaucoup plus gentil, vendait les restes de sa mâle beauté à Mme D......rs, la plus vieille et la plus ennuyeuse des coquettes de l'époque. Elle était ou elle est encore bien plus ridicule que Mme la comtesse B......y d'H......s qui, dans l'âge tendre de cinquante-sept ans, récoltait encore des amants parmi les gens d'esprit. Je ne sais si c'est à ce titre que je fus obligé de la fuir chez Mme Dubignon. Elle prit ce lourdaud de Manon (maître des requêtes) et comme une femme de mes amies lui disait : « Quoi ! un être si laid ! »

— Je l'ai pris pour son esprit, dit-elle.

Le bon, c'est que le triste secrétaire de M. Beugnot avait autant d'esprit que de beauté. On ne peut lui refuser l'esprit de conduite, l'art d'avancer par la patience et en avalant des couleuvres, et, d'ailleurs, des connaissances, non pas en finances, mais dans l'art de noter les opérations de finances de l'Etat. Les brigands confondent ces deux choses. Mme d'H......s,

dont je regardais les bras qu'elle avait encore superbes, me dit :

— Je vous apprendrai à faire fortune par vos talents.
Tout seul, vous vous casserez le nez.

Je n'avais pas assez d'esprit pour la comprendre.
Je regardais souvent cette vieille comtesse à cause
des charmantes robes de Victorine qu'elle portait.
J'aime à la folie une robe bien faite, c'est pour moi la
volupté. Jadis, Mme N.-C.-D. me donna ce goût, lié
aux souvenirs délicieux de Cideville.

Ce fut, je crois, Mme B......y d'H......s qui m'apprit
que l'auteur d'une chanson délicieuse que j'adorais
et avais dans ma poche, faisait des petites pièces de
vers pour les jours de naissance de ces deux vieux
singes : MM. de Jouy et Arnault et de l'effroyable
Mme D......s. Voilà ce que je n'ai jamais fait, mais
aussi je n'ai pas fait *Le roi d'Yvetot, Le Sénateur,
La Grand'mère.*

M. de Béranger, content d'avoir acquis, en flattant
ces magots, le titre de grand poète (d'ailleurs si mé-
rité) a dédaigné de flatter le gouvernement de Louis-
Philippe, auxquel tant de libéraux se sont vendus.

CHAPITRE X

Mais il faut revenir au petit jardin de la rue Caumartin. Là, chaque soir, en été, nous attendaient de bonnes bouteilles de bière bien fraîche, à nous versée par une grande et belle femme, Mme Romanée, femme séparée d'un imprimeur fripon et maîtresse de Maisonnette, qui l'avait achetée, dudit mari, deux ou trois mille francs.

Là nous allions souvent, Lussinge et moi. Le soir, nous rencontrions, sur le boulevard, M. Darbelles, homme de six pieds, notre ami d'enfance, mais bien ennuyeux. Il nous parlait du cours de Gebelin et voulait avancer par la science. Il a été plus heureux d'une autre façon, puisqu'il est ministre aujourd'hui. Il allait voir sa mère rue Caumartin ; pour nous débarrasser de lui, nous entrions chez Maisonnette.

Je commençais, cet été-là, à renaître un peu aux idées de ce monde. Je parvenais à ne plus penser à Milan ; pendant cinq ou six heures de suite, le réveil, seul, était encore amer pour moi. Quelquefois je restais dans mon lit, occupé à broyer du noir.

J'écoutais donc dans la bouche de Maisonnette la description de la manière dont le *pouvoir*, seule chose réelle, était distribué à Paris, alors, en 1821. En arrivant dans une ville, je demande toujours quelles sont les douze plus jolies femmes, quels sont les deux hommes les plus riches, quel est l'homme qui peut me faire pendre.

Maisonnette répondait assez bien à mes questions. L'étonnement pour moi, c'est qu'il fût de bonne foi dans son amour pour le mot de *Roi*. Quel mot pour un Français ! me disait-il avec enthousiasme et ses petits yeux noirs et égarés se levant au ciel.

Maisonnette était professeur de rhétorique en 1811, il donna spontanément congé à ses élèves le jour de la naissance du roi de Rome. En 1815, il fit un pamphlet en faveur des Bourbons. M. Decazes le lut, l'appela et le fit écrivain politique avec six mille francs. Aujourd'hui, Maisonnette est bien commode pour un ministre, il sait parfaitement et sûrement, comme un dictionnaire, tous les petits faits, tous les dessous de cartes des intrigues politiques de Paris de 1815 à 1832.

Je ne voyais pas ce mérite qu'il faut interroger pour le voir. Je n'apercevais que cette incroyable manière de raisonner. Je me disais : De qui se moque-t-on ici ? Est-ce de moi ? Mais à quoi bon ? Est-ce de Lussinge ? Est-ce de ce pauvre jeune homme en redingote grise et si laid avec son nez retroussé ? Ce jeune homme avait quelque chose d'effronté et d'extrêmement déplaisant. Ses yeux, petits et sans expression, avaient un air toujours le même et cet air était méchant.

Telle fut la première vue du meilleur de mes amis actuels. Je ne suis pas trop sûr de son cœur, mais je suis sûr de ses talents — c'est M. le comte Gazul (1), aujourd'hui si connu, et dont une lettre reçue la semaine passée m'a rendu heureux pendant deux jours. Il devait avoir dix-huit ans, étant né, ce me semble, en 1804 (2).

Je croirais assez, avec Buffon, que nous tenons beaucoup de nos mères, toute plaisanterie à part sur l'incertitude paternelle, incertitude qui est bien rare pour le premier enfant. Cette théorie me semble confirmée par le comte Gazul. Sa mère a beaucoup d'esprit français et une raison supérieure. Comme son fils, elle me semble susceptible d'attendrissement une fois par an. Je trouve la sensation de *sec* dans la plupart des ouvrages de M. Gazul, mais j'escompte sur l'avenir.

Dans le temps du joli petit jardin de la rue Caumartin, Gazul était l'élève de rhétorique du plus abominable maître. Le mot *abominable* est bien étonné de se voir accolé au nom de Maisonnette, le meilleur des êtres. Mais tel était son goût dans les arts — le faux, le brillant, le vaudevillique avant tout.

Il était élève de M. Luce de Lancival que j'ai connu dans ma jeunesse chez M. de Maisonneuve, qui n'imprimait pas ses tragédies, quoiqu'elles eussent rencontrées le succès. Ce brave homme me rendit le service de dire que j'aurais un esprit supérieur (3).

— Vous voulez dire un *orgueil supérieur*, dit en riant Martial Daru, qui me voyait presque stupide.

(1) Mérimée.
(2) Mérimée est né en 1803.
(3) C'est le mot de Taine sur Stendhal.

Mais je lui pardonnais tout, il me menait chez Clotilde, alors première danseuse à l'Opéra. Quelquefois — quels beaux jours pour moi ! — je me trouvais dans sa loge à l'Opéra et devant moi, quatrième, elle s'habillait et se déshabillait. Quel moment pour un provincial !

Lucé de Lancival avait une jambe de bois et de la gentillesse ; du reste, il eût mis un calembour dans une tragédie. Je me figure que c'est ainsi que Dorat devait penser dans les arts. Je trouve le mot juste, c'est un régent de Boucher. Peut-être, en 1860, y aura-t-il encore des tableaux de Boucher au Musée.

Maisonnette avait été l'élève de Luce, et Gazul est l'élève de Maisonnette. C'est ainsi qu'Annibal Carrache est l'élève du flamand Calcar.

Outre sa passion prodigieuse autant que sincère pour le ministre régnant et sa bravoure, Maisonnette avait une autre qualité qui me plaît : il recevait vingt-deux mille francs du ministre pour prouver aux Français que les Bourbons étaient adorables, et il en mangeait trente.

Après avoir écrit quelquefois deux heures de suite, pour persuader les Français, Maisonnette allait voir une femme honnête du peuple à laquelle il offrait cinq cents francs. Il était laid, petit, mais il avait un feu tellement espagnol, qu'après trois visites, ces dames oubliaient sa singulière figure pour ne plus voir que la sublimité du billet de cinq cents francs.

Il faut que j'ajoute quelque chose pour l'œil d'une femme honnête et sage, si jamais un tel œil s'arrête sur ces pages : D'abord cinq cents francs en 1832, c'est comme mille en 1872. Ensuite, une charmante marchande de cachets m'avoua qu'avant le billet de cinq cents francs de Maisonnette, elle n'avait jamais eu à elle un double napoléon.

Les gens riches sont bien injustes et bien comiques lorsqu'ils se font juges dédaigneux de tous les péchés et crimes commis pour de l'argent. Voyez la vie de M. le duc Decazes depuis sa chute en 1820, après l'action de Louvel, jusqu'à ce jour.

Me voici donc en 1822, passant trois soirées par semaine à l'Opéra-Bouffe et une ou deux chez Maisonnette, rue Caumartin. Quand j'ai eu du chagrin, la soirée a toujours été le moment difficile de ma vie. Les jours d'Opéra, de minuit à deux heures, j'étais chez Mme Pasta avec Lussinge, Miniorini, Fiori, etc.

Je faillis avoir un duel avec un homme fort gai et fort brave qui voulait que je le présentasse chez Mme Pasta. C'est l'aimable Édouard Edwards, cet Anglais, le seul de sa race qui eut l'habitude de faire de la gaieté, mon compagnon de voyage en Angleterre, celui qui, à Londres, voulait se battre pour moi.

Vous n'avez pas oublié qu'il m'avait averti d'une vilaine faute : de n'avoir pas pris assez garde à une insinuation offensante d'une espèce de paysan, capitaine d'un bateau à Calais.

Je déclinai de le présenter; c'était le soir et déjà alors, ce pauvre Édouard, à neuf heures du soir, n'était plus l'homme du matin.

— Savez-vous, mon cher B... me dit-il, qu'il ne tiendrait qu'à moi d'être offensé.

— Savez-vous, mon cher Edwards, que j'ai autant d'orgueil que vous et que votre franchise m'est fort indifférente, etc.

Cela alla fort bien ; je tire fort bien, je casse neuf poupées sur douze — M. Prosper Mérimée l'a vu au tir du Luxembourg — Edwards tirait bien aussi, peut-être un peu moins bien.

Enfin cette querelle augmenta notre amitié. Je m'en souviens parce que, après une étourderie bien digne de moi, je lui demandais le lendemain ou le surlendemain au plus tard, de me présenter au fameux docteur Edwards, son frère, dont on parlait beaucoup en 1822. Il tuait mille grenouilles par mois et allait, dit-on, découvrir comment nous respirons et un remède pour les maladies de poitrine des jolies femmes.

Vous savez que le froid, au sortir du bal, tue chaque année, à Paris, onze cents jeunes femmes (1). J'ai vu le chiffre officiel.

Or le savant, sage, tranquille, appliqué docteur Edwards avait en fort petite recommandation les amis de son frère Edouard. D'abord, le docteur avait seize frères et mon ami était le plus mauvais sujet de tous. C'est à cause de son ton trop gai et de son amour passionné pour la plus mauvaise plaisanterie, qu'il ne voulait pas laisser perdre si elle lui venait, que je n'avais pas voulu le mener chez Mme Pasta. Il avait une grosse tête, de beaux yeux et les plus jolis cheveux blonds que j'ai vus. Sans cette diable de manie de vouloir avoir autant d'esprit qu'un Français, il eût été fort aimable, et il n'eût tenu qu'à lui d'avoir les plus grands succès auprès des femmes comme je le dirai en parlant d'*Eugeny* (2), mais elle est encore si jeune, que peut-être il est mal d'en parler dans ce

---

(1) Hélas ! que j'en ai vu mourir de jeunes filles (V. Hugo).
(2) Eugénie de Montijo ? — Voir préface du *Journal de Stendhal*.

bavardage qui peut être imprimé dix ans après ma mort. Si je mets vingt, toutes les *nuances de la vie* seront changées, le lecteur ne verra plus que les masses. Et où diable sont les *masses* dans ces jeux de ma plume? C'est une chose à examiner.

Je crois que, pour se venger noblement, car il avait l'âme noble quand elle n'était pas offusquée par cinquante verres d'eau-de-vie, Edwards travailla beaucoup pour obtenir la permission de me présenter au docteur.

Je trouvai un petit salon archi-bourgeois; une femme du plus grand mérite qui parlait morale et que je pris pour une *quakeress* et enfin dans le docteur un homme du plus rare mérite caché dans un petit corps malingre duquel la vie avait l'air de s'échapper. On n'y voyait pas dans ce salon (rue du Helder n° 12). On m'y reçut fraîchement.

Quelle diable d'idée de m'y faire présenter! Ce fut un caprice imprévu, une folie. Au fond, si je désirais quelque chose, c'était de connaître les hommes. Tous les mois, peut-être je retrouvais cette idée, mais il fallait que les goûts, les passions, les autres folies qui remplissaient ma vie, laissassent tranquille la surface de l'eau pour que cette image pût y apparaître. Je me disais alors, je ne suis pas comme...(sic) comme... (sic), des fats de ma connaissance; je ne choisis pas mes amis.

Je prends au hasard ce qui se trouve sur ma route.

Cette phrase a fait mon orgueil pendant dix ans.

Il m'a fallu trois années pour vaincre la répugnance et la frayeur que j'inspirais dans le salon de Mme Edwards. On me prenait pour un Don Juan, pour un monstre de séduction et d'esprit infernal. Certainement, il ne m'en eût pas coûté davantage pour me faire supporter dans le salon de Mme de Talaru, ou de Mme Duras, ou de Mme de Broglie, qui admettait tout couramment des bourgeois, ou de MmeG....t que j'aimais (je parle de Mlle P. de M.), ou même dans le salon de Mme Récamier.

Mais, en 1822, je n'avais pas compris toute l'importance de la réponse à cette question sur un homme qui imprime un livre qu'on lit : Quel homme est-ce ?

J'ai été sauvé du mépris par cette réponse : Il va beaucoup chez Mme de Tracy. La société de 1829 a besoin de mépriser l'homme à qui, à tort ou à raison, elle accorde quelque esprit dans ses livres. Elle a peur, elle n'est plus juge impartial. Qu'eût-ce été si l'on avait répondu : Il va beaucoup chez Mme de Duras (Mlle de Kersaint).

Hé bien ! même aujourd'hui, où je sais l'importance de ces réponses, à cause de cette importance même, je laisserais le salon à la mode. (Je viens de déserter le salon de lady Holye... en 1832).

Je fus fidèle au salon du docteur Edwards, qui n'était point aimable, comme on l'est à une maîtresse laide, parce que je pouvais le laisser chaque mercredi (c'était le jour de Mme Edwards).

Je me soumettrais à tout par le caprice du moment ; si l'on me dit la veille : Demain il faudra vous soumettre à tel moment d'ennui, mon imagination en fait un monstre, et je me jetterais par la fenêtre plutôt que de me laisser mener dans un salon ennuyeux.

Chez Mme Edwards, je connus M. Stritch, anglais

impassible et triste, parfaitement honnête, victime de l'Amirauté, car il était Irlandais et avocat, et cependant défendant, comme faisant partie de son honneur, les préjugés semés et cultivés dans les têtes anglaises par l'aristocratie.

J'ai retrouvé cette singulière absurdité mêlée avec la plus haute honnêteté, la plus parfaite délicatesse, chez M. Rogers, près Birmingham (chez qui je passai quelque temps en août 1826). Ce caractère est fort commun en Angleterre. Pour les idées semées et cultivées par l'intérêt de l'aristocratie, on peut dire, ce qui n'est pas peu, que l'Anglais manque de logique presque autant qu'un Allemand.

La logique de l'Anglais, si admirable en finance et dans tout ce qui tient à un art qui produit de l'argent à la fin de chaque semaine, devient confuse dès qu'on s'élève à des sujets un peu abstraits et qui, *directement, ne produisent pas de l'argent*. Ils sont devenus imbéciles dans les raisonnements relatifs à la haute littérature par le même mécanisme qui donne des imbéciles à la diplomatie *of the King of French*, on ne choisit que dans un petit nombre d'hommes. Tel homme fait pour raisonner sur le génie de Shakespeare et de Cervantes (grands hommes morts le même jour, 16 avril 1616, je crois), est marchand de fil de coton à Manchester. Il se reprocherait comme perte de temps d'ouvrir un livre directement relatif au coton, et à son exportation en Allemagne, quand il est filé, etc., etc.

De même le King of French ne choisit ses diplomates que parmi les jeunes gens de grande naissance et de haute fortune. Il faut chercher la valeur là où s'est formé M. Thiers (vendu en 1830).

Il est fils d'un petit bourgeois d'Aix en Provence.

Arrivé à l'été de 1822, ou à peu près après mon départ de Milan, je ne songeais que rarement à m'esquiver volontairement de ce monde. Ma vie se remplissait, non pas de choses agréables, mais enfin de choses quelconques qui s'interposaient entre moi et le dernier bonheur qui avait fait l'objet de mon culte.

J'avais deux plaisirs fort innocents : 1° Bavarder après déjeuner en me promenant avec Lussinge ou quelque homme de ma connaissance; j'en avais huit ou dix, tous, comme à l'ordinaire, donnés par le hasard; 2° quand il faisait chaud, aller lire les journaux anglais dans la jardin de Galigliani. Là je relus avec délices quatre ou cinq romans de Walter Scott. Le premier, celui où se trouvent Henry Morton et le sergent Boswell (*Old Mortality*, je crois) me rappelait les souvenirs si vifs pour moi de Volterre. Je l'avais souvent ouvert par hasard, attendant Métilde à Florence, dans le cabinet littéraire de Molini sur l'Arno. Je les lus comme souvenir de 1818.

J'eus de longues disputes avec Lussinge. Je soutenais qu'un grand tiers du mérite de sir Walter Scott était dû à un secrétaire qui lui ébauchait les descriptions de paysage en présence de la nature. Je le trouvais comme je le trouve, faible en peinture de passion, en connaissance du cœur humain. La postérité confirmera-t-elle le jugement des contemporains qui place le Baronnet Ultra immédiatement après Shakespeare.

Moi j'ai en horreur sa personne et j'ai plusieurs fois refusé de le voir (à Paris, par M. de Mirbel, à Naples en 1832, à Rome (*idem*).

Fox lui donna une place de cinquante ou cent mille francs et il est parti de là pour calomnier lord Byron, qui profita de cette haute leçon d'hypocrisie : voir la lettre que lord Byron m'écrivit en 1823 (1).

La santé morale me revenant, dans l'été de 1822, je songeais à faire imprimer un livre intitulé l'*Amour*, écrit au crayon à Milan en me promenant et en songeant à Métilde.

Je comptais le refaire à Paris et il en a grand besoin. Songer un peu profondément à ces sortes de choses me rendait trop triste, c'était passer la main violemment sur une blessure à peine cicatrisée. Je transcrivis à l'encre ce qui était encore au crayon.

Mon ami Edwards me trouva un libraire (M. Mongie) qui ne me donna rien de mon manuscrit et me promit la moitié du bénéfice, si jamais il y en avait.

Aujourd'hui que le hasard m'a donné des salons, je reçois des lettres de libraires à moi inconnus (juin 1832, de M. Thievoz, je crois) qui m'offrent de payer comptant des manuscrits. Je ne me doutais pas de tout le mécanisme de la basse littérature. Cela m'a fait horreur et m'eût dégoûté d'écrire. Les intrigues de M. Hugo (voir dans la *Gazette des Tribunaux* de 1831, son procès avec la librairie Bossan ou Plozan), les manœuvres de M. de Chateaubriand, les courses de Béranger, mais elles sont si justifiables, ce grand poète avait été destitué par les Bourbons de sa place de 1,800 fr. au ministère de l'Intérieur.

La bêtise des Bourbons paraît dans tout son jour. S'ils n'eussent pas bassement destitué un pauvre

---

(1) Le 23 juin 1823. Voir *Correspondance inédite*, vol. I, p. 241.

commis pour une chanson gaie bien plus que méchante, ce grand poète n'eût pas cultivé son talent et ne fût pas devenu un des plus puissants leviers qui a chassé les Bourbons. Il a formé gaiement le mépris des Français pour ce *trône pourri*. C'est ainsi que l'appelait la reine d'Espagne, morte à Rome, l'amie du prince de La Paix.

Le hasard me fit connaître cette Cour, mais écrire autre chose que l'analyse du cœur humain m'ennuie; si le hasard m'avait donné un secrétaire, j'aurais été une autre (mot illisible).

— Nous avons bien assez de celle-ci, dit l'avocat du diable.

Cette vieille reine avait amené d'Espagne à Rome un vieux confesseur. Ce confesseur entretenait la belle-fille du cuisinier de l'Académie de France. Cet Espagnol fort vieux et encore vert galant, eut l'imprudence de dire (ici je ne puis donner les détails plaisants, les masques vivent) de dire enfin que Ferdinand VII était le fils d'un tel et non de Charles IV; c'était là un des grands péchés de la vieille reine. Elle était morte, un espion sut le propos du prêtre. Ferdinand l'a fait enlever à Rome et cependant, au lieu de lui faire donner du poison, une contre-intrigue que j'ignore a fait jeter ce vieillard aux *Présides*.

Oserai-je dire quelle était la maladie de cette vieille reine remplie de bon sens? (je le sus à Rome en 1817 ou 1824) : c'était une suite de galanteries si mal guéries qu'elle ne pouvait tomber sans se cassser un os. La pauvre femme, étant reine, avait honte de ces accidents fréquents et n'osait se faire bien guérir. Je trouvai le même genre de malheur à la Cour de Napoléon en 1811. Je connaissais hélas! beaucoup l'excellent Cuillerier. Je lui menai trois dames, à deux desquelles je bandai les yeux (rue de l'Odéon n° 26).

Il me dit deux jours après qu'elles avaient la fièvre (effet de la vergogne et non de la maladie). Ce parfaitement galant homme ne leva jamais les yeux pour les regarder.

Il est toujours heureux pour la race des Bourbons d'être débarrassée d'un stremon (1) comme Ferdinand VII. M. le duc de Laval, parfaitement honnête homme, mais noble et duc (ce qui fait deux maladies mentales) s'honorait en me parlant de l'amitié de Ferdinand VII. Et cependant il avait été trois ans ambassadeur à sa cour.

Cela rappelle la haine profonde de Louis XVI pour Franklin. Ce prince trouva une manière vraiment bourbonnique de se venger : il fit peindre la figure de ce vénérable vieillard au fond d'un pot de chambre de porcelaine.

Mme Campan nous racontait cela chez Mme Cardon (rue de Lille, au coin de la rue de Bellechasse), après le 18 Brumaire. Les mémoires d'alors, qu'on lisait chez Mme Cardon, étaient bien opposés à la rapsodie larmoyante qui attendrit les jeunes femmes les plus distinguées du faubourg Saint-Honoré (ce qui a désenchanté l'une d'elles à mes faibles yeux, vers 1827).

(1) Monstre.

CHAPITRE XI

Me voilà donc avec une occupation pendant l'été de 1822. Corriger les épreuves de *l'Amour* imprimé in-12 — sur du mauvais papier. M. Mongie me jura avec indignation qu'on l'avait trompé sur la qualité du papier. Je ne connaissais pas les libraires en 1822. Je n'avais jamais eu affaire qu'à M. Firmin Didot, auquel je payais tout papier d'après son tarif. M. Mongie faisait des gorges chaudes de mon imbécillité.

— Ah! celui-là *n'est pas ficelle!* disait-il en pâmant de rire et en me comparant aux Ancelot, aux Vitet, aux... (*sic*) et autres auteurs de métier.

Hé bien! j'ai découvert par la suite que M. Mongie était de bien loin le plus honnête homme. Que dirai-je de mon ami, M. Sautelet, jeune avocat, mon ami avant qu'il ne fut libraire?

Mais le pauvre diable s'est tué de chagrin en se voyant délaissé par une veuve riche, nommée Mme Bonnet ou Bourdel, quelque nom noble de ce genre et qui lui préférait un jeune pair de France (cela commençait à être un son bien séduisant en 1828). Cet heureux pair était, je crois, M. Pérignon, qui avait eu mon amie, Mlle Vigano, la fille du grand homme, en 1820.

C'était une chose bien dangereuse pour moi, que de corriger les épreuves d'un livre qui me rappelait tant de nuances de sentiments que j'avais éprouvés en Italie. J'eus la faiblesse de prendre une chambre à Montmorency. J'y allais le soir en deux heures par la diligence de la rue Saint-Denis. Au milieu des bois, surtout à gauche de la Sablonnière en montant, je corrigeais mes épreuves. Je faillis devenir fou.

Les folles idées de retourner à Milan, que j'avais si souvent repoussées, me revenaient avec une force étonnante. Je ne sais pas comment je fis pour résister.

La force de la passion qui fait qu'on ne regarde qu'une seule chose, ôte tout souvenir de la distance où je me trouve de ces temps-là. Je ne me rappelle que la forme des arbres de cette partie du bois de Montmorency.

Ce qu'on appelle la vallée de Montmorency n'est qu'un coin de promontoire qui s'avance vers la vallée de la Seine et directement sur le dôme des Invalides (1).

Quand Lanfranc peignait une coupole à cent cinquante pieds de hauteur, il outrait certains traits. — L'aria depinge (l'air se charge de peindre), disait-il.

De même comme on sera bien plus détrompé des Kings, des blesno (nobles) et des tresprê (prêtres) vers 1870 qu'aujourd'hui, il me vient la tentation d'outrer certains traits contre cette minever (2) de l'espèce humaine, mais j'y résiste, ce serait être *infidèle à la vérité,*

   Infidèle à sa couche. (Cymbeline)

(1) Ici : plan des environs de Montmorency.
(2) Vermine.

Seulement, que n'ai-je un secrétaire pour pouvoir dicter des faits, des anecdotes et non pas des raisonnements sur ces trois choses. Mais ayant écrit vingt-sept pages aujourd'hui, je suis trop fatigué pour détailler les anecdotes qui assiègent ma mémoire.

3 juillet. — J'allais assez souvent corriger les épreuves de l'*Ambur* dans le parc de Mme Doligny, à Corbeil. Là, je pouvais éviter les rêveries tristes ; à peine mon travail terminé je rentrais au salon.

Je fus bien près de rencontrer le bonheur en 1824. En pensant à la France durant les six ou sept ans que j'ai passés à Milan, espérant bien ne jamais revoir Paris, sali par les Bourbons, ni la France, je me disais : une seule femme m'eût fait pardonner à ce pays-là, la comtesse Bertois. Je l'aimai en 1824. Nous pensions l'un à l'autre depuis que je l'avais vue les pieds nus en 1814, le lendemain de la bataille de Montmirail ou de Champaubert, entrant à six heures du matin chez sa mère, la M... de M., pour demander des nouvelles de l'affaire.

Eh bien ! Mme Bertois était à la campagne chez Mme Doligny, son amie. Quand enfin je me déterminais à produire ma maussaderie chez Mme Doligny, elle me dit :

— Mme Bertois vous a attendu ; elle ne m'a quittée qu'avant-hier à cause d'un événement affreux : elle vient de perdre une de ses charmantes filles.

Dans la bouche d'une femme aussi sensée que Mme Doligny, ces paroles avaient une grande portée. En 1814, elle m'avait dit : Mme Bertois sent tout ce que vous valez.

En 1823 ou 22, Mme Bertois avait la bonté de m'aimer un peu. Mme Doligny lui dit un jour : « Vos yeux s'arrêtent sur Belle; s'il avait la taille plus élancée, il y a longtemps qu'il vous aurait dit qu'il vous aime. »

Cela n'était pas exact. Ma mélancolie regardait avec plaisir les yeux si beaux de Mme. Bertois. Dans ma stupidité, je n'allais pas plus loin. Je ne disais pas: pourquoi cette jeune femme me regarde-t-elle? — J'oubliais tout à fait les excellentes leçons d'amour que m'avait jadis données mon oncle Gagnon (1) et mon ami et protecteur Martial Daru.

Heureux si je me fusse souvenu de ce grand tacticien! Que de succès manqués! Que d'humiliations reçues! Mais si j'eusse été habile, je serais dégoûté des femmes jusqu'à la nausée, de la musique et de la peinture comme mes deux contemporains, MM. de la R. et P. H., sont secs, dégoûtés du monde, philosophes. Au lieu de cela, dans tout ce qui touche aux femmes, j'ai eu le bonheur d'être dupe comme à vingt-cinq ans.

C'est ce qui fait que je ne me brûlerai jamais la cervelle par dégoût de tout, par ennui de la vie. Dans la carrière littéraire je vois encore une foule de choses à faire. J'ai des travaux possibles, de quoi occuper dix vies. La difficulté dans ce moment-ci, 1832, est de m'habituer à n'être pas distrait par l'action de tirer une traite de 20,000 francs sur M. le caissier des dépenses centrales du Trésor à Paris.

(1) Voir : *Vie de Henri Brulard.*

CHAPITRE XII

4 juillet 1832.

Je ne sais qui me mena chez M. de l'Etang (2). Il s'était fait donner, ce me semble, un exemplaire de l'*Histoire de la peinture en Italie*, sous prétexte d'un rendu compte dans le *Lycée*, un de ces journaux éphémères qu'avait créés à Paris le succès de l'*Edinburgh Review*. Il désira me connaître.

En Angleterre, l'aristocratie méprise les lettres. A Paris, c'est une chose trop importante. Il est impossible pour des Français habitant Paris de dire la vérité sur les ouvrages d'autres Français habitant Paris.

Je me suis fait huit ou dix ennemis mortels pour avoir dit aux rédacteurs du *Globe*, en forme de conseil, et parlant à eux-mêmes, que le *Globe* avait le ton un peu trop puritain et manquait peut-être un peu d'*esprit*.

Un journal littéraire et consciencieux comme le fut l'*Edinburgh Review* n'est possible qu'autant qu'il

(2) Nom sous lequel Beyle désigne Etienne-Jean Delécluze (1781-1863), auteur de *David et son Ecole*, de *Dante et la Poésie amoureuse*, etc.

sera imprimé à Genève, et dirigé là-bas, par une tête de négociant capable de secret. Le directeur ferait tous les ans un voyage à Paris ; et recevrait à Genève les articles pour le journal du mois. Il choisirait, payerait bien (200 fr. par feuille d'impression) et ne nommerait jamais ses rédacteurs.

On me mena donc chez M. de l'Etang, un dimanche à deux heures. C'est à cette heure incommode qu'il recevait. Il fallait monter quatre-vingt-quinze marches, car il tenait son académie au sixième étage d'une maison qui lui appartenait à lui et à ses sœurs, rue Gaillon. De ses petites fenêtres, on ne voyait qu'une forêt de cheminées en plâtre noirâtre. C'est pour moi une des vues les plus laides, mais les quatre petites chambres qu'habitait M. de l'Etang étaient ornées de gravures et d'objets d'art curieux et agréables.

Il y avait un superbe portrait du cardinal de Richelieu que je regardais souvent. A côté, était la grosse figure lourde, pesante, niaise de Racine. C'était avant d'être aussi gras que ce grand poète avait éprouvé les sentiments dont le souvenir est indispensable pour faire *Andromaque* ou *Phèdre*.

Je trouvai chez M. de l'Etang, devant un petit mauvais feu — car ce fut, ce me semble, en février 1822 qu'on m'y mena — huit ou dix personnes qui parlaient de tout. Je fus frappé de leur bon sens, de leur esprit, et surtout du tact fin du maître de la maison qui, sans qu'il y parût, dirigeait la discussion de façon à ce qu'on ne parlât jamais trois à la fois ou que l'on n'arrivât pas à de tristes moments de silence.

Je ne saurais exprimer trop d'estime pour cette société. Je n'ai jamais rien rencontré, je ne dirai pas de supérieur, mais même de comparable. Je fus frappé le premier jour, et vingt fois peut-être pendant les trois ou quatre ans qu'elle a duré, je me suis surpris à faire le même acte d'admiration.

Une telle société n'est possible que dans la patrie de Voltaire, de Molière, de Courier.

Elle est impossible en Angleterre, car, chez M. de l'Etang, on se serait moqué d'un duc comme d'un autre, et plus que d'un autre, s'il eût été ridicule.

L'Allemagne ne pourrait la fournir, on y est trop accoutumé à croire avec enthousiasme la niaiserie philosophique à la mode (les Anges de M. Ancillon). D'ailleurs, hors de leur enthousiasme, les Allemands sont trop bêtes.

Les Italiens auraient disserté, chacun y eût gardé la parole pendant vingt minutes et fût resté l'ennemi mortel de son antagoniste dans la discussion. A la troisième séance, on eût fait des sonnets satiriques les uns contre les autres.

Car la discussion y était franche sur tout et avec tous. On était poli chez M. de l'Etang, mais à cause de lui. Il était souvent nécessaire qu'il protégeât la retraite des imprudents qui, cherchant une idée nouvelle, avaient avancé une absurdité trop marquante.

Je trouvai là chez M. de l'Etang, MM. Albert Sapfer, J.-J. Ampère, Sautelet (1), de Lussinge.

M. de l'Etang est un caractère dans le genre du bon vicaire de Wakefield. Il faudrait, pour en donner une idée, toutes les demi-teintes de Goldsmith ou d'Addison.

D'abord il est fort laid ; il a surtout, chose rare à

---

(1) L'éditeur.

Paris, le front ignoble et bas, il est bien fait et assez grand.

Il a toutes les petitesses d'un bourgeois. S'il achète pour trente-six francs une douzaine de mouchoirs chez le marchand du coin, deux heures après il croit que ses mouchoirs sont une rareté, et que pour aucun prix on ne pourrait en trouver de semblables à Paris.

(*Le manuscrit s'arrête là.*)

ized by Google
LETTRES INÉDITES

LETTRES INÉDITES

A SA SŒUR PAULINE.

Bergame, le 19 floréal an IX (9 mai 1801.)

Tu es allée quelquefois à Montfleury (1), ma chère Pauline ; de là, tu as admiré le spectacle enchanteur que présente la vallée arrosée par la tortueuse Isère. Si tu t'y es trouvée dans un moment d'orage, lorsque les nuées obscures luttent et se déchirent, que le tonnerre fait retentir la terre et les cieux, qu'une pluie mêlée de grêle fait tout plier, ton âme s'est sans doute élevée vers le père des nuages et de la terre. Tu as senti la puissance du créateur ; mais, peu à peu cette idée sublime a fait place à une douce mélancolie, tu es revenue vers toi-même et tu as pensé (rêvé) à tes plans de bonheur, tu t'y es enfoncée et tu n'as vu qu'avec regret la fin de l'orage et le moment de rentrer. Eh bien, figure-toi une plaine de quarante lieues de largeur, arrosée par le Tessin, l'Adda, le Mincio et le majestueux Pô ; figure-toi

(1) Coteau dans la vallée de l'Isère, près de Grenoble. C'est au couvent de Montfleury que Mme de Tencin débuta dans la vie religieuse.

une nuit sombre en plein midi, deux cents coups de tonnerre en demi-heure (1), des nuages enflammés, se détachant sur un ciel obscur et traversant l'atmosphère en deux secondes et tu n'auras qu'une bien faible idée de la magnifique tempête que j'ai vue ce matin.

Jamais spectacle plus beau n'a frappé mes yeux, et les douze ou quinze camarades qui étaient avec moi ont avoué n'avoir jamais rien vu de si imposant. Nous avons vu tomber la foudre sur un clocher qui est à nos pieds; car toute la ville de Bergame est dans le genre de la montée de Chalemont (2). Nous sommes au plain-pied, en entrant par derrière et au dixième, au moins, par devant. Tu remarqueras que nous sommes au pied des Alpes et que nous apercevons les Apennins.

Tu ne m'écris jamais, je ne sais pourquoi; car tu dois mourir de loisir et tu sais combien tes lettres me font plaisir. Que font Caroline (3), Félicie et le chanoine Gaëtan ? Donne moi aussi des nouvelles du charmant Oronce (4); je brûle de le voir à douze ans.

— Adieu, embrasse tout le monde pour moi.

H. B. (5).

(1) Expression dauphinoise.
(2) C'est une rue montante de Grenoble, sur la rive droite de l'Isère.
(3) Sa sœur Marie-Zénaïde-Caroline, dont il est souvent question dans la *Vie de Henri Brulard*.
(4) Félicie, Gaëtan et Oronce Gagnon, ses cousins, enfants de Romain Gagnon ; Gaëtan mort dans la retraite de Russie, Oronce, mort général de division (1885).
(5) Mlle Pauline Beyle, chez le citoyen Gagnon, médecin à Grenoble (Isère). — Lettre inédite. — (*Collection de M. Auguste Cordier*). — Copie de la main de R. Colomb. — Aucune des lettres à Pauline que nous donnons ne figure dans les *Lettres Intimes*, publiées récemment (1 vol., Calmann-Lévy).

II

A la Même.

Saluces, le 15 frimaire an X (6 décembre 1801).

Je ne peux te dire, ma chère Pauline, combien ta lettre m'a fait plaisir. Je compte en recevoir souvent, car rien ne t'empêche d'écrire tes lettres chez Mademoiselle Lassaigne (1) et de les donner à Marion (2) lorsque tu viens à la maison. De cette manière l'inquisition sera en défaut. Tu as très bien fait de ne pas abandonner le piano. Dans le siècle où nous sommes, il faut qu'une demoiselle sache absolument la musique, autrement on ne lui croit aucune espèce d'éducation. Ainsi, il faut de toute nécessité que tu deviennes forte sur le piano; roidis-toi contre l'ennui et songe au plaisir que la musique te donnera un jour.

J'aurais bien désiré que tu apprisses à dessiner. Tu me dis que le maître qui vient chez Mlle Lassaigne est mauvais; mais il vaut encore mieux apprendre d'un mauvais maître que de ne pas apprendre du tout. D'ailleurs, tu rougiras (3) du papier pendant un an, avant que d'être en état de sentir les règles, et peut-être, à cette époque, remontreras-tu un bon

(1) Directrice d'une pension de jeunes personnes à Grenoble.
(2) Cuisinière du grand-père Gagnon. Voir *Journal* et *Vie de Henri Brulard*.
(3) Les élèves se servaient alors de crayons de sanguine.

maître. Ce que je te recommande, c'est de dessiner la tête et jamais le paysage ; rien ne gâte les commençants comme cela.

Je pense, comme toi, que Monsieur Velly (1) n'est pas très amusant ; cependant il faut le lire ; mais tu pourras renvoyer cela à un an ou deux. En attendant, il conviendra de lire des histoires particulières qui sont aussi amusantes que les histoires générales le sont peu. Prie le grand papa Gagnon de te donner l'*Histoire du siècle de Louis XIV* par Voltaire ; l'*Histoire de Charles XII, roi de Suède* du même; l'*Histoire de Louis XI* par Mlle de Lussan (2) ; la *Conjuration de Venise* par l'abbé de St-Réal. Peu à peu tu y prendras goût et tu finiras par dévorer l'histoire de France, qui est très intéressante par elle-même, et qui ne dégoute que par la platitude et les préjugés de l'abbé Velly, de son sot continuateur Villaret et de Garnier (3), encore plus plat, s'il est possible, qu'eux tous.

Il faut accoutumer peu à peu ton esprit à sentir et à juger le *beau*, dans tous les genres. Tu y parviendras en lisant, d'abord, les ouvrages légers, agréables et courts. Tu liras ensuite ceux qui exigent plus d'instruction et qui supposent plus de capacité. Tu connais, sans doute, *Télémaque*, la *Jérusalem délivrée*; tu pourras lire *Séthos* (4) qui, quoique ouvrage

(1) L'abbé Velly (1709-1759), auteur d'une *Histoire de France*.
(2) Marguerite de Lussan (1682-1758).
(3) Villaret et Garnier achevèrent l'*Histoire de France* de Velly.
(4) Roman de l'abbé Terrasson, intitulé : *Séthos, histoire tirée des monuments de l'ancienne Egypte* (1731).

médiocre, te donnera une idée des mystères d'Isis, si célèbres dans toute l'antiquité, et de ce qu'était la navigation dans son enfance.

Je vois avec bien du plaisir que tu lis les tragédies de Voltaire. Tu dois te familiariser avec les chefs-d'œuvre de nos grands écrivains; ils te formeront également l'esprit et le cœur. Je te conseille de lire Racine, le terrible Crébillon, et le charmant Lafontaine. Tu verras la distance immense qui sépare Racine de Crébillon et de la foule des imitateurs de ce dernier. Tu me diras ensuite qui tu aimes le mieux de Corneille ou de Racine. Peut-être Voltaire te plaira-t-il d'abord autant qu'eux; mais tu sentiras bientôt combien son vers coulant, mais vide, est inférieur au vers plein de choses du tendre Racine et du majestueux Corneille.

Tu peux demander au grand papa les *Lettres Persanes* de Montesquieu et l'*Histoire naturelle* de Buffon, à partir du sixième volume; les premiers ne t'amuseraient pas. Je crois, ma chère Pauline, que ces divers ouvrages te plairont beaucoup; en même temps, tu feras connaissance avec leurs immortels auteurs.

Mais c'est assez bavarder sur un même sujet. Donne-moi de grands détails sur tes occupations chez Mlle Lassaigne (1) et sur la manière dont tu passes ton temps. Peut-être t'ennuies-tu un peu; mais songe que dans ce monde nous n'avons jamais de bonheur parfait et mets à profit ta jeunesse, pour apprendre; les connaisances nous suivent tout le reste de notre vie, nous sont toujours utiles et, quelquefois, nous

(1) Voir p. 133.

consolent de bien des peines. Pour moi, quand je lis Racine, Voltaire, Molière, Virgile, l'*Orlando Furioso*, j'oublie le reste du monde. J'entends par monde cette foule d'indifférents qui nous vexent souvent, et non pas mes amis que j'ai toujours présents au fond du cœur. C'est là, ma chère Pauline, que tu es gravée en caractères ineffaçables. Je pense à toi mille fois le jour; je me fais un plaisir de te revoir grande, belle, instruite, aimable et aimée de tout le monde. C'est cette douce pensée qui me rappelle sans cesse Grenoble; je compte y être dans neuf mois. Je pourrais bien y aller tout de suite, mon colonel m'a offert un congé; mais mon devoir me retient au régiment.

Tu vois, ma chère, que nous sommes toujours contrariés par quelque chose ; aussi, le meilleur parti que nous ayons à prendre est-il de tâcher de nous accommoder de notre situation et d'en tirer la plus grande masse de bonheur possible. C'est là la seule vraie philosophie.

Adieu, écris-moi vite, H. B. [1]

III

A Edouard Mounier [2].

Paris, 17 prairial an X (6 juin 1804).

Et voilà les promesses des amis! En me quittant vous me juriez de m'écrire, vous me donneriez de

---

[1] Lettre inédite. — (*Collection de M. Auguste Cordier*). Copie de la main de R. Colomb.

[2] Fils de Mounier, député à l'Assemblée Constituante. Il est

vos nouvelles le lendemain de votre arrivée à Rennes, et les jours se passent, un mois s'est presque écoulé et les journaux seuls m'ont appris que vous existiez.

Je sais que ce temps a été très bien rempli pour vous ; vous avez vu des contrées qui vous étaient inconnues, vous avez fait de nouvelles connaissances. vous avez acquis de nouveaux amis ; était-ce une raison pour oublier les anciens ? Pour moi, tous les jours je vois l'inconstance, mais je ne la conçois pas encore ; en amitié comme en amour, lorsque une fois on s'est vu, lorsque les âmes se sont senties, est-il possible de changer ? Mais je veux bien vous pardonner, à condition que vous m'écrirez bien vite et souvent.

Depuis votre départ, tout Paris a couru à une représentation du *Mariage de Figaro*, donnée dans la salle de l'Opéra au profit de Mlle Contat ; l'assemblée était nombreuse, toutes les élégantes célèbres par leur beauté ou leurs aventures étaient venues y étaler leurs grâces, et je vous avouerai que j'ai trouvé le spectacle des loges beaucoup plus intéressant que celui qui nous avait rassemblés. J'ai été très mécontent de Dugazon, qui a fait un plat bouffon du spirituel Figaro. Fleury, Almaviva, et Mlle Contat, la Comtesse, ont joué assez médiocrement ; mais en revanche, Mlle Mars a rendu divinement le rôle du page Chérubin. Je n'ai jamais rien vu de si touchant que ce jeune homme aux pieds de la comtesse qu'il adore,

né en 1784 et mourut en 1843. Il accepte tour à tour la protection de Napoléon, de Charles X et de Louis Philippe. Il fut nommé baron, obtint la place d'intendant des bâtiments de la couronne, et se distingua à la Chambre des Pairs.

12.

recevant ses adieux au moment de partir pour l'armée ; des deux côtés, ces sentiments contraints qu'ils n'osent s'avouer, ces yeux qui s'entendent si bien quoique leurs bouches n'aient pas osé parler. Quel tableau plus naturel et en même temps plus intéressant ? Beaumarchais avait très bien amené la situation, mais il s'était contenté de l'esquisser. Mlles Mars et Contat ont achevé le tableau par leur jeu charmant à la fois et profond. Tout le reste de la pièce a été très faiblement goûté. Les pirouettes de Vestris, les grâces de Mme Coulomb et les cris de Mmes Maillard et Branchu n'ont pu étouffer l'ennui qui devait naturellement résulter de quatre heures de spectacle sans intérêt. Le souvenir de l'ancien succès de Figaro a seul empêché les spectateurs de témoigner leur mécontentement. Il n'en a pas été de même hier à la représentation du *Roi et le Laboureur*, tragédie nouvelle.

Arnault (1) avait dit partout qu'elle était de lui. Talma et Lafont y jouaient, il n'en fallait pas tant pour attirer tout Paris ; aussi à cinq heures la queue s'étendait déjà jusque dans le jardin du Palais-Royal. On a commencé à 7 heures. De mémoire d'homme on n'a vu amphigouri pareil ; ni plan, ni action, ni style. Un roi de Castille qui tombe de cheval en chassant à une lieue de Séville, capitale de ses Etats, n'est secouru que par un paysan et sa fille. Il demeure

---

(1) Antoine Arnault (1766-1834), académicien, auteur de *Marius à Minturnes* (1791), *Lucrèce* (1792), *Phrosine et Mélidor* (1798), *Oscar, fils d'Ossian* (1796), *les Vénitiens* (1797), *Germanicus*, etc. Le titre de la pièce dont parle Beyle est *Don Pèdre ou le Roi et le Laboureur*, drame.

(Note de F. Corréard.)

trois mois dans leur cabane, apparemment sans qu'aucun de ses ministres ou de ses courtisans viennent le voir, car Juan et sa fille ignorent absolument qui ils ont reçu. Enfin il faut quitter cette cabane tant regrettée par le doucereux roi, car, comme de juste, il est tombé amoureux de la belle Félicie. Il vient quelques jours après, avec un de ses courtisans, pour la revoir, mais au lieu d'elle il trouve le vieux Juan, qui lui débite des plaintes à n'en pas finir contre le gouvernement actuel. Le roi ne trouve d'autre remède à cela que de le faire son premier ministre. Mais voilà tout à coup qu'un Léon, soldat jadis fiancé avec Félicie, revient d'Afrique, où on le croyait enterré depuis longtemps, tout exprès pour l'épouser. Cela ne lui fait pas grand plaisir. Mais enfin, en vertu de cinq ou six belles maximes, elle tâchera de s'y résoudre. Cependant ce Léon est reconnu par ses anciens camarades, qui sont indignés de le voir toujours simple soldat et qui viennent demander au roi une récompense pour lui. Le roi le fait sur-le-champ son connétable. Le bon Léon, tout content, s'en va bien vite à la chaumière pour épouser Félicie, et il est pressé, car il est six heures du soir, et il veut cueillir cette nuit même le prix de son amour. Tout va très bien jusque-là ; mais le roi s'avise d'aller aussi à la chaumière et de demander à Léon, pour prix du beau brevet qu'il vient de lui donner, la main de sa Félicie. Léon lui dit : « Je n'y veux pas consentir,

Et j'aime, en Castillan, ma maîtresse et mon roi.

C'est le seul vers supportable de la pièce. Là-dessus le roi le poignarde. C'est ainsi que finit le quatrième acte.

Jusque-là le public avait souffert assez patiemment trois expositions différentes et quatre ou cinq beaux discours, tous remplis, pour être plus touchants, de belles et bonnes maximes extraites de Voltaire, Helvétius, voire même de Puffendorff; mais ce coup de poignard a tout gâté. L'ennui général s'est manifesté par de nombreux coups de sifflet, et on a baissé la toile au milieu du cinquième acte (1). Ce qui a le plus amusé le public, c'est le style original de la pièce. D'ordinaire, la dureté des vers est rachetée par quelque force dans la pensée; mais ici c'est l'énergie de la fadeur.

Voici, mon cher Mounier, quelles sont les belles productions de nos contemporains, heureux encore s'ils se contentaient de faire des ouvrages ridicules. Pour moi, indigné de leur sotte bêtise et de leur basse lâcheté, je tâche de m'isoler le plus possible; je travaille beaucoup l'anglais et je relis sans cesse Virgile et Jean-Jacques. Je compte être bientôt débarrassé de mon uniforme et pouvoir me fixer à Paris. Ce n'est pas que cette ville me plaise beaucoup plus qu'une autre; mais dans l'impossibillité d'être où je voudrais passer ma vie, c'est celle qui m'offre le plus de moyens pour continuer mon éducation.

Peut-être un jour viendra que je pourrai habiter le seul pays où le bonheur existe pour moi; en attendant, cher ami, écrivez-moi souvent; les bons cœurs

---

(1) Cette pièce servit de prétexte à des manifestations politiques. Les républicains se portaient en foule à la tragédie du *Roi et le Laboureur*, pour y fêter, dans la personne de Don Pèdre, le spectacle d'une couronne avilie. Il fallut que la censure intervînt. (G. Merlet, *Tableau de la littérature française*, 1800-1815. *La Tragédie sous l'Empire*.) (Note de F. C.).

sont si rares qu'ils ne sauraient trop se rapprocher.

Faites, je vous prie, accepter l'hommage de mon respect à monsieur votre père, ainsi qu'à Mlle Victorine, et dites-moi si Rennes vous a plu à tous autant qu'à Philippine (1).

Happiness and friendship (2).

H. B.,

rue Neuve-Augustin, n° 736, chez M. Bonnemain.

V

Au Même.

Paris, 16 messidor an X (5 juillet 1802).

Je ne reçois votre lettre qu'aujourd'hui, mon cher Mounier, à mon retour de Fontainebleau, où j'ai passé plusieurs jours à chasser et à disputer avec mon général (3). Il voulait absolument me reprendre comme aide de camp et me faire nommer lieutenant; moi je voulais donner ma démission, et c'est ce que j'ai fait avant-hier ; ainsi, à compter du 12 messidor, je suis redevenu libre et citoyen.

(1) Victorine et Philippine, sœurs d'E. Mounier.
(2) Cette lettre ainsi que celles qui suivent adressées à Edouard Mounier (sauf la lettre du 4 janvier 1806), ont été publiées par M. F. Corréard dans la *Nouvelle Revue* (15 sept. et 1er octob. 1885), sous le titre de : *Un paquet de lettres inédites de Stendhal*. M. F. Corréard m'a autorisé à faire figurer cette intéressante correspondance dans ce volume — qu'il reçoive ici tous nos remerciements.
(3) Le général Michaud, dont Beyle avait été aide de camp.

Quelle idée avez-vous donc sur nos lettres, mon cher Mounier? Est-ce que nous nous écrivons pour faire de l'esprit ou pour nous communiquer franchement ce que nous sentons? Ecrivez-moi avec votre cœur et je serai toujours content. J'ai été charmé de la description de la ville de Rennes. Je vous vois déjà dans une délicieuse petite chambre donnant sur les Tabors, rêvant à la jolie fille du Maine ou aux charmantes sœurs qui, Parisiennes et militaires, emporteront votre cœur d'assaut. Vous avez beau me plaisanter sur mes amours passagers, vous, monsieur le philosophe, tout comme un autre vous serez d'abord entraîné par les femmes vives et légères. Une d'elles, avec un peu de coquetterie, vous persuadera facilement que vous l'adorez et qu'elle vous aime un peu. Vous en serez fou pendant deux mois, vous croirez avoir trouvé cette femme unique qui seule peut faire votre bonheur sur la terre. Mais vous vous apercevrez bientôt que ce qu'on a fait pour vous, on l'a fait aussi pour vingt autres. Vous la maudirez, vous vous en voudrez bien. Quelque temps après, vous trouvez une femme aimable, d'un tout autre caractère, une femme unique dans son genre; celle-ci est aussi réservée et aussi douce que l'autre était vive et brillante. Sûre de sa victoire, elle ne vous prévient pas, elle vous laisse faire les avances, vous reçoit avec une froideur apparente qu'elle dément bien vite par un tendre regard. Vous êtes transporté, vous êtes le plus heureux des hommes; pour cette fois vous n'êtes pas trompé. Hélas ! quinze jours après, vous vous apercevez qu'on répète déjà avec un autre le rôle qu'on avait joué avec vous.

Lassé bientôt de ce commerce de tromperie, vous

vous accoutumerez à ne regarder les femmes que comme de charmants enfants, avec lesquels il est permis de badiner, mais à qui l'on ne doit jamais s'attacher. Vous deviendrez alors ce qu'on appelle un homme aimable, vous plaisanterez tout, vous serez entreprenant, vous ferez la cour à toutes les belles que vous verrez, elles vous trouveront délicieux.

Mais tout à coup, vous trouverez une femme auprès de qui toute votre assurance s'évanouira ; vous voudrez parler et les paroles expieront sur vos lèvres; vous voudrez être aimable et vous ne direz que des choses communes. Alors, croyez-moi, mon cher Mounier, si l'absence ne fait qu'augmenter votre passion, si les objets qui vous plaisaient le plus vous deviennent fades et ennuyeux, c'est en vain que vous voudriez vous en défendre, vous êtes amoureux et pour la vie.

Rappelez-vous que vous m'avez promis franchise entière ; ne craignez pas ma sévérité.

Non ignara mali, miseris succurrere disco.

Vous voyez que je suis votre conseil et que je lis l'*Enéide* quelquefois; aussi je quitte la tendre Didon pour des hommes plus modernes. Dans ce moment, par exemple, je viens de lire les *Nouveaux tableaux de famille* d'A. Lafontaine (1). J'ai été vraiment charmé; il y a là un Whater à qui vous porterez envie. Ce roman m'a un peu réconcilié avec les Allemands. Est-ce que vraiment quelques-uns d'entre eux auraient de l'esprit ?

(1) Auguste Lafontaine, romancier allemand, né à Brunswick, en 1756, d'une famille de réfugiés français, mort à Halle en 1831. (Note de F. C.)

Je trouve vos assemblées du vendredi superbes ; je vois d'ici Mlle Victorine faisant les honneurs de de la maison, et vous, signor prefetino, distribuant des calembours à droite et à gauche; je ne regrette qu'une chose, c'est de ne pas être un des aides de camp du général que vous recevez si bien.

Dites-moi ce qu'ils font, ce qu'ils disent ; en un mot, si ce sont de bons diables, et surtout *answer fast to your everlasting friend,*

H. B.

V

A SA SŒUR PAULINE (1).

Paris, 4 fructidor, An X (22 août 1802.)

Je te réponds tout de suite, ma bonne Pauline, de peur de ne pouvoir le faire de longtemps, j'ai sur ma table onze ou douze lettres auxquelles il faut que je réponde, et qui attendent leur tour depuis un mois ; prends de l'ordre de bonne heure, je n'en ai que pour mes études, et j'ai bien souvent occasion de m'en repentir dans mes relations sociales ; prends pour principe de toujours répondre à une lettre dans les quarante-huit heures qui suivent sa réception.

Prends tout de suite un maître d'italien, quel qu'il soit ; en attendant de l'avoir, copie, et apprends par cœur les deux auxiliaires *essere* et *avere*, tâche de comprendre le beau tableau qui est à la tête de ta

---

(1) **Ne montre ma lettre à personne.** (Note de Beyle.)

grammaire italienne. Je te conseille de prendre une grande feuille de papier et de le copier. Il faudra lire chaque soir avant de te coucher le verbe *avere*, ensuite le verbe *essere*. C'est le seul moyen d'apprendre, je compte là-dessus.

Tu pouvais lire beaucoup mieux que l'*Homme des Champs* (1). C'est un pauvre ouvrage. Lis Racine et Corneille, Corneille et Racine et sans cesse. Puisque tu ne sais pas le latin, tu peux lire les *Géorgiques*, de Delille. Ne pouvant pas lire Homère et Virgile, tu peux lire *la Henriade*. Tu y prendras une très légère idée du genre de ces grands hommes. Lis La Harpe; son goût n'est pas sûr, mais il te donnera les premières notions, et si jamais j'ai le bonheur de pouvoir passer deux mois à Claix (2) avec toi, loin des ennuyeux, nous parlerons littérature. Je te dirai ma manière de voir et j'espère que tu sentiras de la même manière. Il y a en toi de quoi faire une femme charmante, mais il faut t'accoutumer à réfléchir, voilà le grand secret.

Pour bien sentir la mesure des vers, il faut en avoir dans l'oreille. Tu me feras bien plaisir de chercher le quatrième acte d'*Iphigénie*, scène quatrième et d'apprendre la tirade qui commence par ces mots *mon père*, jusqu'à *que je leur vais conter*. Je te conseille de les copier et de les lire le soir. Il est très essentiel de bien lire les vers, je voudrais que d'ici au

---

(1) De Delille.

(2) Village des environs de Grenoble où le père de Beyle possédait une propriété dont Stendhal parle souvent dans son *Journal* et dans la *Vie de Henri Brulard*. J'ai pu visiter le domaine de Claix, grâce à l'aimable hospitalité du propriétaire actuel, M. le baron Bougault.

mois de septembre prochain, tu susses tout le rôle d'Iphigénie, je t'apprendrais à le déclamer. Tu pourras te borner à lire de Corneille, les pièces suivantes : le *Cid, Horace, Cinna, Rodogune* et *Polyeucte*. Prie le grand-papa de te prêter le *Misanthrope*, de Molière. Tu pourras lire *Radamiste et Zénobie*, de Crébillon, *Mérope, Zaïre* et la *Mort de César*, de Voltaire. Si ton goût est juste, tu placeras Corneille et Racine au premier rang des tragiques français, Voltaire et Crébillon au deuxième. Je finis en te recommandant de lire sans cesse Racine et Corneille, je suis comme l'Église, hors de là point de salut.

C'est avoir profité, que de savoir s'y plaire.

H. B. (1).

VI

A Edouard Mounier.

Paris, 1ᵉʳ compl. X (2) (18 septembre 1802).

Je ne vous ai pas écrit depuis deux mois, mon cher Edouard, parce que j'étais tombé dans une mélancolie noire que je ne voulais pas dire à mes amis. Mais on dit que monsieur votre père a eu un différend avec votre évêque. Donnez-moi de grands détails là-dessus, je vous prie. La cause de la philosophie défen-

---

(1) Lettre inédite. — (*Collection de feu M. Eugène Chaper*).

(2) Premier jour complémentaire de l'an X.

due par le plus grand de mes concitoyens fait bouillir mon sang dans mes veines.

Adieu, mon cher ami; veuillez bien présenter l'hommage de mes respects à Mlle Victorine. Est-ce que vous ne viendrez point à Paris cet hiver?

H. B.

VII

Au Même.

Paris, 21 nivôse XI (11 janvier 1803).

Qu'aurais-je pu vous dire, mon cher Mounier, pendant six mois de ma vie passés dans la folie la plus complète? Je l'ai enfin connue cette passion que ma jeunesse ardente souhaita avec tant d'ardeur. Mais à présent que l'aimable galanterie a pris la place de ce sombre amour, après avoir été tant plaisanté par mes amis, je puis en plaisanter avec vous. Oui, mon ami, j'étais amoureux et amoureux d'une singulière manière, d'une jeune personne que je n'avais fait qu'entrevoir, et qui n'avait récompensé que par des mépris la passion la mieux sentie. Mais enfin tout est fini; je n'ai plus le temps de rêver, je danse presque chaque jour. En qualité de fou, je me suis mis sous la tutelle de mes amis, qui n'ont trouvé d'autre moyen de me guérir que de me faire devenir amoureux. Aussi suis-je tombé épris d'une femme de banquier très jolie; j'ai dansé plusieurs fois avec elle, je me suis fait présenter dans ses sociétés, je viens de lui écrire ma cinquième lettre, elle m'en a renvoyé trois sans les lire, elle a déchiré la première, suivant toutes les règles elle doit lire la cinquième et répondra à la sixième ou septième (1). Elle a épousé il y a six mois le brillant équipage et les deux millions d'un badaud qui a la platitude d'en être jaloux, jaloux d'une femme de Paris! il prend bien son temps; aussi je compte bien m'amuser avec cet animal là. Il m'a donné une comédie impayable avant-hier. Malli m'avait donné son mouchoir et son argent à garder; elle est sortie beaucoup plus tôt qu'elle ne m'avait dit, ce qui a fait que Monsieur son mari m'est venu chercher à une contre-danse que je dansais à l'autre bout de la salle, pour me demander les *affaires* de sa femme. Il était si plaisamment sérieux en faisant ce beau message, que tout le monde a éclaté; j'en ris encore en vous l'écrivant. Hier soir, il m'a boudé et, comme je disais que j'étais charmé que l'usage de l'épée et des habits brodés revînt, il a dit, d'un air judicieux, que ce n'était qu'un moyen de plus donné aux étourdis pour troubler la société.

(1) Rapprochez de ces lignes la fameuse recette de *Rouge et Noir* :

« Ses yeux (de Julien Sorel) tombèrent par hasard sur le portefeuille en cuir de Russie où le prince Korasoff avait enfermé les 53 lettres d'amour dont il lui avait fait cadeau. Julien vit en note, au bas de la première lettre : « *On envoie le n° 1 huit jours après la première vue..*

« *On porte ces lettres soi-même : à cheval, cravate noire, redingote bleue. On remet la lettre au portier d'un air contrit : profonde mélancolie dans le regard. Si l'on aperçoit quelque femme de chambre, essuyer ses yeux furtivement, adresser la parole à la femme de chambre.* » (Chapitre LVI),

Note de F. C.

Tout le monde me félicite sur la rapidité de mes progrès. Je suis le premier amant de Mme B.; des gens qui valaient beaucoup mieux que moi ont été refusés; je me dis ça à tout moment pour tâcher de me rendre fier, mais en vérité ces jouissances d'amour-propre sont bien courtes. Je jouis un instant lorsque, penchée sur les bras de sa bergère, je la fais sourire, ou lorsque je fais un petit homme avec le bout de son mouchoir; mais lorsque mon orgueil veut me féliciter de la différence de mes succès cette année et l'année dernière, je deviens rêveur, je me rappelle le charmant sourire de celle que j'aime encore, malgré moi; je sens des larmes errer dans mes yeux à la pensée que je ne la reverrai jamais; — mais convenez que je suis bien sot; ne me revoilà-t-il pas dans mes anciennes lubies. Mais cette fille, que m'a-t-elle fait après tout, pour être tant aimée? elle me souriait un jour, pour avoir le plaisir de me fuir le lendemain; elle n'a jamais voulu permettre que je lui dise un mot; une seule fois j'ai voulu lui écrire, elle a rejeté ma lettre avec mépris; enfin, de cet amour si violent, il ne me reste pour gage qu'un morceau de gant (1). Convenez, cher Mounier, que mes amis ont raison, et que, pour un officier de dragons, je joue là un brillant rôle. Encore si elle m'eût aimé; mais la cruelle s'est toujours fait un jeu

---

(1). Ce trait final, si touchant dans sa simplicité fait involontairement chanter dans la mémoire la strophe exquise des *Emaux et Camées* :

Moi, je n'ai ni boucle lustrée,
Ni gant, ni bouquet, ni soulier,
Mais, je garde, empreinte adorée,
Une larme sur un papier.

(Note de F. C.)

de me tourmenter; non elle n'est que coquette; aussi je l'oublie à jamais, et je la verrais dans ce moment que je serais aussi indifférent pour elle, qu'elle fut pour moi dans le temps de ma plus vive ardeur.

Mais, pardon, mon ami, je vous ennuie de mes folies, c'est pour la dernière fois; je sens que je l'oublie. Est-ce que je n'aurai pas le plaisir de vous embrasser cet hiver ? Venez un peu voir notre Paris à présent qu'il est dans son lustre; je suis sûr que tout philosophe que vous êtes, il vous plaira beaucoup plus qu'au printemps. Dans tous les cas j'espère que nous vendangerons ensemble dans notre Dauphiné. Venez, mon cher Mounier, comparer nos gais paysans de la vallée avec vos Bretons. Est-ce que Mlle Victorine ne sera pas de la partie ? Dans tous les cas présentez-lui mes hommages, et croyez à l'*endless friendship of*
H. B.

VIII

Au Même.

Paris, 27 ventôse XI (18 mars 1803).

Savez-vous que vous vous conduisez très mal, mon cher Mounier. Je vous écris des lettres superbes, des lettres de quatre pages, et vous restez trois mois sans donner signe de vie; cela est affreux; à moins que vous ne soyez mort, je ne puis vous excuser. Et le sieur Pison qui part d'ici sans crier gare ! Vraiment vous devenez tous Bas-Bretons. Il faudra plus de six mois de séjour à Paris pour vous rappeler à votre ancien caractère. Donnez-moi des détails sur le carnaval de Rennes. Je me suis amusé ici comme un dieu. Si vous étiez ici je vous procurerais les plus jolies connaissances du monde. Je vais tous les mardis dans une maison où Mme Récamier vient ; on fait de la musique ; les mères jouent à la bouillotte, leurs filles à de petits jeux, et presque toujours on finit par danser. Le vendredi je vais au Marais, dans une société de l'ancien régime où l'on m'appelle M. de Beyle ; on y parle beaucoup de la religion de nos pères, et le charmant abbé Delille nous dit des vers après boire. Le samedi, la plus jolie de mes soirées, nous allons chez M. Dupuy, où se trouvent des savants de toutes les couleurs, de toutes les langues et de tous les pays. Mlle Duchesnois y vient souvent avec son maître Legouvé ! On y parle *grec* ; sentez-vous la force de ce mot-là ? Si vous y étiez vous brilleriez. En vérité, je ne conçois pas comment vous pouvez habiter Rennes. Vous avez du crédit, venez à Paris. Ayez-y une place, et vous ne regretterez pas vos Bretons.

Est-il vrai que vous venez cet automne à Grenoble ? cela serait délicieux. Nous partons d'ici neuf... à la fois. Je me donne des peines incroyables, trois fois la semaine, pour apprendre la gavotte pour pouvoir faire briller quelque jolie petite fille de notre country. Serez-vous témoin de mes succès ? cette douce espérance ferait redoubler mes efforts.

Allons, mon cher Édouard, évertuez-vous et écrivez-moi deux pages de chronique scandaleuse. Savez-vous l'histoire du collier qui ne coûte que 12 mille francs, quoiqu'il en vaille 22,000 ?

Mille respects à M. votre père, ainsi qu'à Mlles vos sœurs, et, je vous en prie, réponse.
Friendship and happiness.

H. B.,
rue d'Angeviller, n° 153.

IX

Au Même.

Paris, 5 germinal xi (26 mars 1803).

Comment diable passer à l'autre monde, lorsqu'on est aussi aimé et aussi aimable que vous l'êtes ? Ç'aurait été très mal à vous je vous jure. Vous voilà donc éternellement à Rennes ; c'est charmant pour vous puisque vous vous y amusez, mais convenez que c'est bien triste pour vos amis. Ne viendrez-vous pas au moins vendanger les charmantes vignes de la vallée? Je vous en conjure avec toute la mélancolie convenable, par les souvenirs antiques, par les longues heures passées auprès de ces grands rochers couronnés de nuages blanchâtres, par cet amour de la patrie enfin qui fait errer le doux sourire de la tendresse sur les lèvres... mon ami, excusez-moi, je ne sais plus où j'en suis, ni comment finir ma phrase. Vous savez que la Delphine a infatué toutes les jolies femmes du style ossianique et que moi, malheureux, qui suis obligé d'écrire une lettre de sentiment ou deux par jour, je sue sang et eau pour y pouvoir mettre un peu de mélancolie.

A propos de Delphine, dites-moi au long ce que

vous en pensez, vous qui connaissez Ossian, la littérature allemande, Homère, etc., etc. On n'en parle déjà plus ici, mais je serai bien aise de savoir quel effet elle a fait sur vous, philosophe. Je vous dirai qu'il me semble que Léonce n'est pas amoureux. Mme de Staël n'a pris que le laid de l'amour. Delphine me paraîtrait assez aimable si elle n'était pas si métaphysicienne. Au reste, je crois qu'on pourrait tirer de ce roman beaucoup de pensées ingénieuses et même profondes sur la société de Paris (1). Je connais bien peu de femmes de 40 ans qui ne ressemblent pas de près ou de loin à Mme de Vernon. En me parlant de l'ouvrage, dites-moi votre avis sur l'auteur, avec qui vous avez soutenu thèse à ce qu'il me semble.

Vous me parlez de ma B... Je l'ai plantée là il y a 2 mois, qui plus est sans l'avoir eue ; elle a fait venir chez elle une nièce charmante dont le mari dompte les nègres de Saint-Domingue. J'ai entrepris de dompter aussi à mon tour ; mais elle fait une résistance superbe : elle est aidée par sa tante, qui est endiablée contre moi et qui me fait manquer toutes les occasions de finir. J'en suis si vexé, que je finirai peut-être par avoir la tante pour pouvoir approcher la nièce. Ce qui m'étonne le plus, c'est que la petite m'aime ; elle m'écrit des lettres qui, malgré leurs fautes d'orthographe, sont assez tendres ; elle m'embrasse de tout son cœur quand je lui en donne l'occasion, mais *niente più*. Je commence à croire, le diable m'emporte, à l'amour platonique. Vous voyez, cher Edouard, qu'en amour comme en guerre tout n'est

(1) Voir *Corresp. inédite*, lettre XXXIII, 17 juin 1818, p. 73 et suivantes.

pas succès. Tout considéré, je mène dans deux heures ces dames au bal ; je veux en finir ; je m'en veux de me sentir agité par une petite coquette de vingt ans.

Savez-vous que pendant que nous portons la gloire de Grenoble aux deux bouts de la France, on nous enlève les beautés qui ornaient nos bals. Mon pauvre cousin Félix Mallein a été sur le point de se pendre ou de se jeter dans la rivière, parce que Mlle M*** l'a abandonné pour je ne sais quel carabin qui l'a épousée. R... a épousé Mlle M..., celle dont il disait tant d'horreurs il y a un an. Une demoiselle que vous avez peut-être connue et qui avait deux amants, tous deux hommes de beaucoup d'esprit, a formé le projet de se laisser mourir de douleur, depuis que l'un des deux s'est laissé mourir de la fièvre. Si j'avais l'honneur d'être l'amant restant, je me croirais obligé d'aller en poste consoler la belle affligée ; il est beau de n'être même que successeur quand c'est dans un si beau poste.

Adieu, mon cher Mounier ; vous voyez que je suis exact, je veux réparer le temps perdu. Je n'ai rien reçu de vous depuis quatre mois ; dites-moi où vous m'avez adressé votre précédente lettre, et de grâce venez avec nous à Gren. en fructidor.

Avez-vous des nouvelles de la belle Caroline ?

Comment se porte votre sabre ? En avez-vous fait usage depuis moi ?

H. B.

X

A SON PÈRE.

Paris, 11 floréal an XI (1ᵉʳ mai 1803).

Mon cher papa,

Je viens encore te parler argent, mais j'espère que c'est pour la dernière fois.

Le général M. X...(1), qui va partir pour son inspection, qui voulait me rengager avec lui, et qui ne cesse de m'accabler de bontés m'a invité à aller pour six jours à Belleville et à Fontainebleau. Au lieu de six jours, j'en ai passé huit, il m'a fallu prendre un cabriolet pour aller à Fontainebleau et ce voyage me revient à plus de 55 fr. Je suis arrivé ici hier, et ce matin je viens de recevoir une invitation charmante de M. Miçou qui m'engage à aller passer la semaine prochaine à Clamart, où l'abbé Delille sera. Je crois que, pour peu que je reste encore ici, toutes mes connaissances, surtout Mme de N... (2), m'obligeront à aller les voir à la campagne et une fois arrivé m'y feront passer ma vie. Je dépenserai beaucoup cet été et peut-être plus que cet hiver. J'aime donc mieux, si tu le trouves bon, m'en aller économiser cinq mois à Claix, là je ne dépenserai absolument rien, et par là je pourrai aller en société l'hiver prochain.

J'ai soif de la campagne et je sens que je ne pourrais jamais résister à Mme de N...

(1) Michaud.
(2) Mme de Nardon, voir *Journal*.

Je n'ai presque point de dépenses à faire avant que de partir : une paire de bottes 36 fr., une paire de pistolets 48 ; voilà ce qui m'est nécessaire avec deux ou trois pantalons de nankin. Si tu es en argent, j'y ajouterais une vingtaine de volumes qui me seront très utiles à Claix pour travailler.

Je dois en outre deux mois de leçons au père Jeky (1) et deux louis à Faure (2) — j'ai été obligé de les emprunter pour aller à Fontainebleau ; ne voulant pas suivre le général M... à son inspection, je ne pouvais refuser d'aller passer huit jours avec lui. D'ailleurs je désirais beaucoup connaître le général Moreau ; il est venu passer deux jours avec nous (3).

XI

A Edouard Mounier.

16 prairial XI (6 juin 1803).

Je n'ai reçu qu'il y a huit jours, mon cher Mounier, votre lettre de morale du 9 pluviôse. Jamais morale n'est venue plus à propos ; j'étais excédé de deux femmes que j'ai sur les bras depuis trois mois. Mon père me pressait depuis longtemps de l'aller voir ; il se plaignait d'être abandonné par son fils. Ma foi, votre morale m'a décidé, je pars, je quitte le sé-

(1) Son maître d'anglais.
(2) Félix Faure.
(3) Lettre inédite. — (*Bibliothèque de Grenoble*). Brouillon. En note : On me répond le 20 floréal, et je reçois la lettre le 28 floréal ; on me promet 600 fr.

jour de l'aimable Paris, enchanté des choses vraiment belles qui y sont, mais bien dégoûté de ce qu'on y appelle bonne compagnie. D'ailleurs, il est temps de réfléchir. J'ai vingt ans passés, il faut se former des principes sur bien des choses et tâcher de mener une vie moins agitée que par le passé ! Si je ne craignais pas que vous vous moquassiez de moi, je vous dirais que, barque sans pilote, j'ai erré au gré de toutes les passions qui m'ont successivement agité. Je n'en ai plus qu'une ; elle m'occupe tout entier ; toutes les autres se sont évanouies et m'ont laissé le plus profond mépris pour des choses que j'ai bien désirées. Vous ne douterez plus de ma sagesse lorsque vous saurez que, comme le mal est bon à quelque chose, une des illustres dames que j'adore, et qui me fait l'honneur d'être jalouse de moi, a voulu me fixer ici en me donnant une place de sous-lieutenant dans les chasseurs de la garde du Consul. C'était tentant, convenez-en bien. Admirez ma sagesse : j'ai refusé.

Après ce trait sublime, je compte sur votre estime pour le reste de ma vie, et, par conséquent, sur vos avis. Point de flatterie ; dites-moi vos avis franchement, et soyez sûr que je vous le rendrai si je puis vous découvrir quelque défaut.

Adieu ; je compte rester quatre mois à Grenoble. J'attends une lettre de Rennes ; dès que je l'aurai reçue, je vole dans votre chère patrie.

Ecrivez-moi, je vous prie, à Grenoble, à Henri B..., Henri en toutes lettres, pour éviter toute méprise. Que vous seriez aimable, si vous veniez cet automne à Grenoble faire danser les demoiselles et leur dire de bonnes méchancetés ! Mallein est à Marseille ; je vais m'ennuyer comme un mort avec tous les paquets de notre endroit. Donnez-moi en détail des nouvelles de la belle dévote.

XII

Au Même.

[Grenoble] 9 messidor XI (28 juin 1803).

Ma foi, vous êtes un homme abominable; il n'y a plus moyen de vivre avec vous; vous avez toujours raison. Vous me plaisantez sur ce que vous appelez mes bonnes fortunes, mais il n'y a plus de bonne fortune dans ce monde. Tout homme qui se vante de ces sortes de succès est attaqué de la fatuité dont vous m'accusez, car il donne du prix à ce qui n'en a point. Dans ce genre-là, une barbe bien noire et de larges épaules sont les plus grand moyens de succès, et ces succès ne sont pas flatteurs.

Peut-être que tout cela n'est pas très juste; mais je suis piqué d'être fat sans m'en douter, car je ne trouve rien de plat comme ce genre-là; aussi je me jure bien à moi-même de ne jamais plus parler femmes à personne. Et elles ne valent guère la peine de nous occuper : les unes nous ennuyent; celles qui pourraient nous rendre heureux nous tourmentent. Ainsi, sortons de cet enfer et promettons-nous bien de ne pas ajouter au ridicule de nous laisser troubler par leurs caprices celui d'en ennuyer nos amis.

Puisque vous aimez la vertu, mon cher Edouard,

vous serez content de mes lettres, car depuis deux jours que je suis ici je ne vois que des vertùs. J'ai les oreilles battues de ce qu'on nomme le machiavélisme des Parisiens.

A propos, baisez ma lettre, mettez-la sur votre cœur, expirez de jouissance : j'ai vu hier et je verrai encore ce soir, j'ai baisé la main et je donnerai le bras ce soir, j'ai vu hier, je verrai aujourd'hui et demain, et après-demain, et tant que je voudrai, *the fair Eugeny*.

Je suis déjà au fait de la chronique de la ville: la *moglie de Cornuto* est à Echirolles (1); le badaud mon cousin est né à Paris, comme vous savez. Votre confrère F. a paru faire la cour à plusieurs femmes qui, en faveur de l'uniforme, sont allées jusqu'à publier leur vertu, même, à ce qu'on dit, avant qu'il les en priât. C'est une belle chose qu'une broderie d'argent; quand la porterez-vous? Mais bien mieux. Candide, non l'amant très favorable de la belle Cunégonde, mais Candide C..., amant très peu favorisé de Mlle T..., meurt d'amour. Ce que je vous dis est à la lettre. Ce pauvre amoureux, qui est déjà d'une pâleur affreuse, va tous les jours se promener de 2 à 3 sur le rempart à côté du commandant, au grand soleil, pour entrevoir sa belle à travers les croisées que la mère fait fermer à doubles vitres. Hé ! est-ce difficile ça? Eh bien ! je suis si piqué de votre lettre que quand je viendrai à bout de cette vertu là je jure de ne vous en rien dire ; c'est une perte que vous faites là au moins, car rien ne doit être si comique que ces vertus défendues par leurs

(1) Village des environs de Grenoble.

mères. Elles doivent aimer à profiter du temps. A propos, C... et R. D., qui avaient si bien profité du leur auprès des demoiselles D..., épousent. Comment trouvez-vous cela, à vingt ans, se marier ? on doit être diablement las l'un de l'autre avant 25 ans. Je crois que le mariage tel que nous le pratiquons doit tuer l'amour, si tant est qu'il existe. D'abord, dans nos mœurs, un mari est toujours ridicule. Que pensez-vous de ça ?

Vous voyez que je vous traite en savant, car il y a là dedans de l'économie politique, de la connaissance de l'homme, etc., etc. En récompense, brûlez les lettres, où je vous parais un fat et, au nom de Dieu, plaisantez-moi ferme si jamais je retombe dans ce maudit défaut ; à vos yeux s'entend, car je veux vous mener à Paris dans un an chez les femmes dont je vous ai parlé. Vous me succéderez si vous voulez. Je voulais rompre pour vous prouver que je ne suis pas fat ; je ne romprai pas, je vais leur écrire aujourd'hui ; je veux vous y présenter et vous faire hériter de ma place.

Adieu ; venez donc à Gr... (2) ; nous courrions les montagnes, nous nous amuserions, nous chasserions ; pour moi je m'en vais errer dans les roches comme le malheureaux Cardénio. Au fait, ce pays m'enchante et est d'accord avec ce qui reste encore de romanesque dans mon âme ; si vraiment une Julie d'Etange existait encore, je sens qu'on mourrait d'amour pour elle parmi ces hautes montagnes et sous ce ciel enchanteur.

Mais ne voilà-t-il pas encore de l'enchanteur ? je

---

(2) Grenoble.

retombe sans cesse dans le ridicule. La pauvre jeunesse est bien malheureuse, de l'amour sans tranquillité ou de la tranquillité sans amour. Je vous crois tranquille, vous; parlez moi de cela et accoutumez-vous aux longues lettres; je me dédommage avec vous de l'ennui qui m'accable dans un pays où je devrais mourir de plaisir si tous les habitants y étaient. H. B.

XIII

Au Même.

Claix, 12 thermidor XI (2 juillet 1803).

A la bonne heure, rien n'est charmant comme de recevoir dans la solitude une lettre qui intéresse d'abord, et qui donne ensuite le délicieux plaisir de blâmer à son tour. Mais vous ne me dites pas si, pour votre soi-disant future, il fallait *avoir le bonheur, avoir le plaisir* ou seulement *avoir la faiblesse*. Un scélérat se serait donné dans les deux premiers cas le plaisir de l'avoir, dans le deuxième celui de s'en moquer. Mais la plaisanterie n'est naturelle que dans le tourbillon de la gaieté; parmi les bois et leur vaste silence, l'esprit s'en va, il ne reste qu'un cœur pour sentir.

Je suis étonné que vous, homme d'esprit, homme instruit, fils d'un homme digne de donner des lois à sa patrie, scandalisiez un soldat qui n'a su de sa vie que l'algèbre de Clairaut et les manœuvres de cavalerie. Quoi, il est moins criminel d'être le centième amant d'une femme mariée que d'être le premier! Moi j'aime mieux me damner en raisonnant juste. Il me semble qu'une loi n'est obligatoire, que par conséquent sa violation n'est un crime, que lorsque cette loi vous assure ce pour quoi elle est faite. La loi de la fidélité du mariage vous assurait une épouse fidèle, une compagne, une amie pour toute la vie, des enfants dont nous aurions été les pères; enfin, un bonheur bien au-dessus, selon moi, du plaisir fugitif que nous trouvons dans le bras des femmes galantes; mais cette loi n'existe plus que dans les livres, et les épouses fidèles ne sont plus même dans les romans. Il est d'ailleurs évident que le Français actuel, n'ayant pas d'occupation au *forum*, est forcé à l'adultère par la nature même de son gouvernement.

Lorsqu'on a le malheur d'être désabusé à ce point, que reste-t-il à faire à l'homme sensible et honnête? Se mariera-t-il pour avoir le désespoir de voir les déréglements de sa femme et le malheur affreux de ne pas oser montrer sa tristesse? ou espérera-t-il dans sa femme assez de vertu pour lutter contre tout l'effort des mœurs de son siècle? Et dans ce dernier cas la certitude de l'immensité du danger lui donnerait des soupçons, et le bonheur est bien loin dès que les soupçons paraissent.

Actuellement, si vous supposez à cet homme sensible assez de force pour raisonner ainsi de sang-froid, mais non pas assez pour dompter et le courant de son siècle et toute l'impétuosité de ses passions, que deviendra-t-il dans l'orage, doutant même dans le calme?

Je vous avouerai, mon cher Edouard, qu'agité par ces réflexions, qui même ne se sont débrouillées à mes yeux que depuis quelques jours, j'ai jusqu'ici été conduit par le hasard. J'espérais trouver une femme qui pût sentir l'amour mieux que ça. Je les croyais toutes sensibles, je n'ai vu que des sens et de la vanité. J'en suis à regretter de m'être formé une chimère que je cherche depuis cinq ans. Je veux employer toute ma raison pour la chercher, et elle revient toujours. Je lui ai donné un nom, des yeux, une physionomie; je la vois sans cesse, je lui parle quelquefois; mais elle ne me répond pas, et, comme un enfant après avoir embrassé une poupée, je pleure de ce qu'elle ne me rend pas mes baisers. Je vois qu'actuellement il n'y a plus que de grandes choses qui puissent me distraire de cet état affreux de brûler sans cesse pour un être qu'on sait qui n'existe pas, ou qui, s'il existe par un hasard malheureux, ne répond pas à ma passion. L'amour, tel que je l'ai conçu, ne pouvant me rendre heureux, je commence depuis quelque temps à aimer la gloire; je brûle de marcher sur les traces de cette génération de grands hommes qui, constructeurs de la Révolution, ont été dévorés par leur propre ouvrage. N'en étant pas encore là, je prends part aux factions de Rome, ne pouvant faire mieux, et je nourris dans mon cœur l'immortel espoir d'imiter un jour les grands hommes que je ne puis pour le moment qu'admirer.

Mais je m'emporte; mes meilleurs amis me disent: *tu es fou.* Vous-même vous riez de ces balivernes ; tout ce que je vous demande, c'est d'en rire tout seul.

. . . . Pour être approuvés,
De semblables projets veulent être achevés.

Je reviens à votre lettre, qui est charmante ; je ré-

vous l'avait faite. Croyez-vous que D... en soit bien amoureux ?

H. B.

P.-S. — Présentez mes hommages à votre famille; embrassez pour moi le camarade Pison. Que devient-il dans tout ceci ?

XV

Au Même.

Claix, 23 frimaire XII (15 décembre 1803).

Peut-être, mon cher ami, vous ne connaissez plus la voix qui vient vous parler. Il y a bien longtemps que je ne vous ai écrit; mais n'attribuez point ce silence à l'oubli. J'ai eu honte de ne pouvoir montrer à mes amis que les rêveries d'un fou; elles ont bien dû vous ennuyer dans mes précédentes lettres. Je ne puis cependant me résoudre à rester plus longtemps sans savoir de vos nouvelles et vous dire combien je vous aime. J'ai passé mon temps depuis trois mois dans une extrême solitude; ce contraste m'a plu en sortant de Paris où tout était pour l'esprit et rien pour le cœur. Ce qu'il y a de singulier, c'est qu'à force de sensibilité je suis parvenu à passer pour insensible dans ma famille; ils se sont figuré que c'était par ennui d'eux que j'étais tout le jour à la chasse, et leur soupçon a augmenté lorsqu'ils se sont aperçus que j'allais lire dans une chaumière abandonnée. Je crois que c'est là le véritable endroit pour lire la *Nouvelle Héloïse*; aussi ne m'a-t-elle jamais paru si charmante; j'y relisais aussi quelques lettres que j'ai reçues de mes amis, et surtout une dont je n'ai que la copie, mais qui n'en vit pas moins pour cela dans mon cœur. Il me semblait que, dans l'ordre actuel de la société, les âmes élevées doivent être presque toujours malheureuses, et d'autant plus malheureuses qu'elles méprisent l'obstacle qui s'oppose à leur félicité. Ne serait-ce pas, par exemple, la plus forte épreuve où peut être mise une âme de cette espèce, que d'être arrêtée dans ses plus chers désirs, par des considérations d'argent, et par le respect dû aux volontés d'un homme dont elle méprise l'opinion? Je ne sais si vous m'entendez; mais si vous comprenez ce qui m'arrête, je dois être justifié à vos yeux, et vous devez me répondre.

Ces idées et la tristesse qu'elles inspirent m'ont engagé à lire les ouvrages qui traitent des lois qui sont les bases des usages et des mœurs; j'avais aussi un secret orgueil de me rapprocher par là de celui de mes compatriotes que j'estime le plus (1). J'ai donc lu le *Contrat social* et l'*Esprit des lois*. Le premier ouvrage m'a charmé, excepté lorsqu'il dit que 600,000 Romains pouvaient voter en connaissance de cause sur les affaires. Le second, que j'ai lu deux fois, m'a paru bien au-dessous de sa réputation. Je vous dis ça à vous qui, instruit dans cette partie, ne verrez pas de l'orgueil, mais une consultation, dans ce que je vous dis. Que m'importe de savoir l'esprit d'une mauvaise loi ; cela m'enseigne à faire un extrait et voilà tout. Ne valait-il pas bien mieux

(1) Le père d'Édouard Mounier. (Note de F. C.)

dire les lois qui, prenant les hommes tels qu'ils sont, peuvent leur procurer la plus grande masse de bonheur possible? Ce livre, fait comme le pouvait faire Montesquieu, eût peut-être prévenu la Révolution.

J'ai enfin lu un ouvrage qui me semble bien singulier, sublime en quelques parties, méprisable en d'autres, et bien décourageant en toutes: l'*Esprit* d'Helvétius. Ce livre m'avait tellement entraîné dans ses premières parties, qu'il m'a fait douter quelques jours de l'amitié et de l'amour. Enfin, j'ai cru reconnaître qu'Helvétius, n'ayant jamais senti ces douces affections, était, d'après ses propres principes, incapable de les peindre. Comment pourrait-il expliquer ce trouble inconnu qui saisit à la première vue, et cette constance éternelle qui nourrit sans espérance un amour allumé? Il n'y croit pas à cette constance dont j'ai ouï citer tant d'exemples; y croyez-vous vous-même? Croyez-vous à cette force incompréhensible de l'amour qui, parmi mille phrases insignifiantes, fait distinguer à un amant celle qui est écrite pour lui, et qui, lui faisant prêter l'oreille à cette voix presque insensible qui s'élève des autres, et que lui seul peut sentir, lui peint tous les tourments de l'objet qui l'aime, et lui rappelle que de lui seul peut venir la consolation?

Il me semble qu'Helvétius ne peut expliquer ces sentiments, ni mille autres semblables. Je voudrais pour beaucoup que vous eussiez lu cet ouvrage, qui me semble vraiment extraordinaire. Si cela est, dites-m'en, je vous prie, votre sentiment au long.

Je suis allé à Grenoble dans le temps des élections, pour voir un peu dans la nature ces asssemblées si vantées dans les livres; et je vous avoue qu'elles m'ont paru bien méprisables et qu'elles m'ont bien prouvé la vérité des principes sur l'amour-propre (1).

Le bon sens montrait votre père et M. D*** au Sénat. Cinquante-sept électeurs, parmi lesquels j'ai le plaisir de compter mon père et mon grand-père, ont fait tout au monde pour cela. Une intrigue curieuse par sa ridiculité a fait nommer, au lieu de votre père, un homme dont on ne sait rien, sinon qu'il est méprisable de toutes les manières et que trois ou quatre départements l'ont rejeté. Tout le monde a vu combien les prétendus honnêtes gens nobles étaient plus attachés à leur caste qu'à leurs principes. Tous les roturiers ont nommé M. D*** et aucun noble n'a donné sa voix à M. Mounier. J'ai vu parmi tout cela les restes de la jalousie qu'inspire un talent qui s'élève à côté de nous, et combien votre père l'avait excitée. Je vous en dirai plus à la première vue.

Donnez-moi beaucoup de détails sur votre manière de vivre et sur vos desseins futurs. N'aimeriez-vous pas à voir votre père sénateur et à habiter Paris? Le gouvernement doit le connaître maintenant ou il ne le connaîtra jamais.

Adieu, mon cher ami, je vous dirais presque, si je n'avais peur de vous paraître ridicule, si vous sentez en lisant cette lettre la douce émotion qui me l'inspira? Que nos cœurs aient eu le bonheur de s'entendre ou non, croyez que les sentiments qui m'animent ne changeront jamais; j'aurais encore bien des choses à dire, mais j'ai peur de me trahir; si vous m'avez entendu vous me répondrez et en vous écrivant je pourrai tout dire.

(1) Helvétius.

Avouez, mon cher Édouard, que voilà des phrases absolument inintelligibles. Je reviens sur la terre et vous apprends que je serai à Grenoble dans huit jours, et probablement à Paris au commencement du printemps. N'aurons-nous donc jamais le plaisir de nous revoir? Il y a tant de moyens. Mais en attendant écrivons-nous souvent, cela ne dépend que de vous; j'aurai assez d'adresses si j'en ai une. Au diable avec vos énigmes!

Adieu, mon ami, ne brûlez pas ma lettre et trois jours après l'avoir reçue elles seront devinées, ou il y faudra renoncer. Adieu de tout cœur.

B.

XVI

Au Même.

Grenoble, pluviôse XII (janvier-février 1804.)

Mille pardons, mon bon ami, si j'ai tant tardé à vous répondre. Depuis un mois je suis plongé dans ce qu'on appelle les plaisirs du carnaval. J'ai dansé ce matin jusqu'à six heures ; je me lève à quatre pour vous dire enfin une partie des choses que m'a fait éprouver votre lettre, car toutes c'est impossible.

Depuis un mois, j'ai livré ma vie à toutes les dissipations possibles. Je voulais oublier de sentir. J'ai trouvé ici, comme ailleurs, beaucoup d'amour-propre et point d'âmes. J'aime mieux les passions avec tous leurs orages que la froide insensibilité où j'ai vu plongés les heureux de ce pays. Elles me rendent malheureux aujourd'hui, peut-être un jour feront-elles mon bonheur; d'ailleurs indiquez-moi le chemin pour sortir de leur empire? Un moment de leur bonheur ne vaut-il pas toutes les jouissances d'amour-propre possibles?

What is the world to me?
Its pomp, its pleasure, and its nonsense all?

Jamais plus belle occasion ne pouvait s'offrir pour voir Grenoble dans tout son lustre. Il y a redoute tous les mercredis; MM. Périer (Auguste), Teysseire, Giroud, Lallié, le général Molitor, le préfet, le receveur du département, le payeur, le général commandant le département, etc., etc., ont donné des fêtes dans le genre de celles des ministres à Paris. Absolument dans leur genre, il y avait un peu de cette froideur que transpire l'habit brodé. On commence à sept heures, on soupe à minuit, et l'on danse jusqu'à six heures du matin. Il y a trois ou quatre tables servies splendidement, mais toujours une où il y a trente ou quarante femmes et deux hommes seulement : le préfet et le général.

MM. Silvy, Berriat, Allemand, etc., ont donné des fêtes, beaucoup moins splendides sans doute, où le ton était bien moins brillant, mais on y riait sans s'en douter ; ailleurs on riait pour être aimable. Il y avait de votre connaissance à ces fêtes les deux Mallein, Alphonse Périer, Pascal, Turquin, Faure, Michaud, Colet, Montezin, Berriat, Giroud, etc., etc.

En femmes, mesdemoiselles Malein, Pascal, Loyer, de Mauduit, d'Arancey, de Tournadre, Arnold, Girard, Dubois-Arnold. Mmes Busco, Arnold, Molitor, Renard, Périer, Regicourt ont dansé quelques contredanses et beaucoup de valses.

Je ne sais si vous pouvez vous figurer tous ces noms, et si ces détails vous plairont. Pour leur donner un peu plus d'intérêt, j'y ajouterai que *the happy few* a trouvé que Turquin, Périer, Pascal, Mallein, étaient les plus aimables ; Mlles Tournadre, Parent, Mallein, les plus jolies et les plus aimables en femmes. Toutes ces demoiselles sont de la société de Mme Périer où l'on me paraît s'amuser beaucoup. Le préfet y va tous les soirs, et on y joue des proverbes. Il y règne, suivant les uns, beaucoup de bonhomie ; suivant les autres, on y fait beaucoup d'esprit. Je suis des deux avis ; on y était gai et franc, on y devient spirituel et gai.

Vous voyez, mon cher Mounier, quelle a été ma vie depuis un mois : j'ai veillé six jours par semaine et j'ai fait un petit voyage à la campagne. De toutes les parties où je suis allé, celle où je me suis le plus amusé est celle de Mme Périer. On soupait au deuxième, on avait dansé au premier. Au milieu du souper nous nous échappâmes, Mlles Malein, Loyer, Dubois et Tournadre, Félix Faure, Colet, Arnold et moi, et nous dansâmes une douzaine de contredanses avec la joie de dix-huit ans.

Pour achever de vous mettre au fait, le public marie Mlle Loyer, chez qui nous dansons ce soir, à Casimir Périer et Mlle Alex. Pascal à Alexandre Périer. Ceci entre nous, ainsi que tout le reste. Vous savez combien la discrétion est une belle chose ; ainsi brûlez ma lettre.

Vous parler de moi après tout cela, c'est bien présomptueux. Cependant, comme je suis bien persuadé de votre amitié pour moi, je suis le fil de mes idées et je réponds à votre lettre. Vous avez deviné mon secret, mais vous vous faites une fausse idée de moi : j'estime peu les hommes parceque j'en ai vu très peu d'estimables ; j'estime encore moins les femmes parce que je les ai vues presque toutes se mal conduire ; mais je crois encore à la vertu chez les uns et chez les autres. Cette croyance fait mon plus grand bonheur ; sans elle je n'aurais point d'amis, je n'aurais point de maîtresse. Vous me croyez *galant*, et vous vous figurez sous mon nom un sot animal. J'en sens trop bien le ridicule pour l'être jamais dans toute la force du terme. J'ai pu avoir quelques bouffées d'amour-propre, comme tous les jeunes gens ; j'ai pu être fat par bon ton lorsque je me croyais regardé ; mais tout mon orgueil est bien vite tombé en voyant mes prédécesseurs et ceux qui me succédaient. Enfin vous achèverez de vous détromper de ma fatuité, lorsque vous saurez qu'ayant eu l'occasion de voir quelque temps la femme que j'aime, je ne lui ai jamais dit ce mot si simple : Je vous aime ; et que j'ai tout lieu de croire qu'elle ne m'a jamais distingué, ou que, si elle l'a fait un instant, j'en suis parfaitement oublié. Vous voyez qu'il y a loin de là à se croire aimé. J'ai eu quelquefois l'idée d'aller la trouver et de lui dire : Voulez-vous de moi pour votre époux ? Mais, outre que la proposition eût été saugrenue de ma part, et que, comme vous le dites fort bien, j'eusse été refusé, je ne me crois pas digne de faire son bonheur : je suis trop vif encore pour être un bon mari, et je me brûlerais la cervelle si je croyais qu'elle pût penser : « J'eusse été plus heureuse avec un autre homme. »

Mon père m'a fait promettre, lorsque je le quitta

pour la première fois, il y a six ans, que je ne me marierais pas avant trente ans.

Actuellement, je n'avais d'ambition que pour elle ; quel motif aurais-je donc pour prendre un état? et quel état pourrais-je commencer ? Je suis tout à fait dégoûté des femmes, jamais aucune d'elles ne sera plus ma maîtresse, et celles qu'on a par calcul m'ennuient. Je prise peu l'estime d'une société parculière, parce que j'ai vu qu'en flattant tous ceux qui la composent on était sûr de l'obtenir. J'aurai trois ou quatre mille livres de rente, c'est assez pour vivre. Si j'étais ruiné, avec un an de travail je pourrais devenir professeur de mathématiques. Quel motif ai-je donc pour m'en aller par le monde flatter de la voix et de la conduite tous les hommes puissants que je rencontrerai ?

Je sens que j'aimerais vivement la gloire, si je parvenais à me guérir d'un autre amour. Il y a la gloire militaire, la gloire littéraire, la gloire des orateurs dans les Républiques. J'ai renoncé à la première parce qu'il faut trop se baisser pour arriver aux premiers postes, et que ce n'est que là que les actions sont en vue (1). Je ne suis pas savant, il ne faut donc pas penser à la deuxième. Reste la troisième carrière, où le caractère peut en partie suppléer aux talents. Et ce n'est que dans des circonstances rares que le peuple a besoin de vous, et vous pouvez mourir calomnié, et tant de gens sans talents ou sans vertu ont paru dans la lice, qu'il faut un bien grand génie pour être à l'abri du ridicule. Voilà les obstacles.

(1) Une tournure de caractère analogue faisait, vers le même temps, de Paul-Louis Courier, un artilleur mécontent et boudeur. (Note de F. C.).

Donnez-moi vos avis sur tout cela, mon cher Mounier, franchement, sincèrement et sans craindre de me parler raison. Pour le moment, je me jette au milieu des événements avec un cœur pur. Je tâcherai d'acquérir des talents, je vivrai solitaire avec mon âme et mes livres, et j'attendrai pour voguer que le vent vienne enfler mes voiles.

Je sais bien que dans un moment de raison je pourrais prendre un état; mais je ne sens pas la constance nécessaire pour le suivre, et il faut éviter de paraître inconséquent.

Voilà où j'en suis, mon cher Edouard. Je compte être à Paris dans trente ou quarante jours. J'y étudierai la politique et l'économie publique, science qui me paraît la base de l'autre dans un siècle où tout se vend. Donnez-moi tout les détails possibles sur votre futur voyage et surtout éclairez-moi de vos conseils. Bonsoir, si vous ne dormez pas.

H. B.

XVII

Au Même.

Genève, 8 germinal XII (20 mars 1804).

Mon cher ami,

Je vais à Paris. Je n'ai pas besoin de vous dire qu'une des plus douces jouissances que je me promette dans ce pays-là est celle de vous embrasser. Nous n'en sommes plus à ces petites choses; c'est ce qui fait que je ne vous fais pas la guerre sur ce que depuis trois mois vous ne m'écrivez plus. Les plaisirs du carnaval ont formé à Grenoble une société de jeunes gens où il ne manque que vous pour réunir tout ce que j'aime et estime dans ce pays. Vous en connaissez presque tous les membres, à l'exception peut-être de Félix Faure et de Ribon ; les autres sont Mallein, Alphonse Périer et Diday. Je disais un jour à Alphonse et à Mallein qu'en allant à Paris, je voulais passer par Genève; à l'instant ils se regardent, nous organisons notre voyage et nous partons le 29 ventôse pour venir passer deux jours à Genève; nous passons par les Echelles où nous sommes reçus par mon oncle (1) ; par Chambéry où nous restons vingt-quatre heures; nous arrivons enfin à Genève. Nous devions n'y passer que deux jours, nous y sommes déjà depuis trois, et si je ne consultais que mon cœur, j'y passerais six mois. Nous avions plusieurs lettres de recommandations pour M. Pasteur, pour M. et Mme Mouriez, pour M. Pictet. Nous avons été souvent en société, tantôt reçus par les vrais Genevois avec cette politesse froide qui glace, tantôt avec empressement par ceux que nos mœurs ont déjà corrompus. En général, bien de la plupart des femmes, mal de tous les hommes. Je vous donnerai des détails là-dessus à notre première entrevue.

La chose qui nous frappa le plus en arrivant est la beauté des femmes et des demoiselles, et cette coutume singulière et admirable qui fait que les jeunes filles vont partout seules, la franchise touchante de leurs procédés qui montrent bien ces âmes

---

(1) Romain Gagnon, voir la *Vie de Henri Brulard*.

qui ne comprennent pas seulement la coquetterie et qui sont si sensibles à l'amour. Je vous paraîtrais fou si je vous disais tout ce que je pense là-dessus; je veux me retenir et je m'aperçois que j'écris des phrases inintelligibles. Je désespérais de trouver au monde des femmes comme celles-ci; je cherchais à me désabuser d'un espoir chimérique; jugez de mes transports en trouvant à Genève plus encore que je n'avais imaginé. Cette franchise surtout, la seule chose que la coquetterie ne puisse imiter, cette joie pure d'une âme ouverte, je ne l'ai jamais si bien sentie, mon cher ami. L'âme qui dissimule ne peut être gaie; elle a cette gaieté satirique qui repousse, elle n'a point cette joie pure de la jeunesse. Quelle différence des femmes que je quitte et de celles que je vais trouver à Paris. C'est pour le coup qu'on va m'appeler le Philosophe. Je veux tâcher d'écrire tout ce que j'ai vu dans ce pays; nous en parlerons quand j'aurai le plaisir de vous voir. Vous avez été peut-être à Genève dans vos voyages; dites-moi ce que vous pensez. Pour moi, si je n'ai point d'état d'ici un an, je veux venir y passer six mois.

Je m'arrache de ce pays, mais comme Télémaque s'est arraché de l'île de Calypso. Mallein est déjà retourné à Grenoble. Périer part demain, il faut bien m'en aller; mais ce n'est pas sans l'espoir de revoir ma chère Genève.

Adieu, mon cher Edouard, dites-moi tout ce que vous savez de Genève. Adressez votre lettre à M. Crozet, élève des ponts et chaussées, hôtel de Nice et de Modène, rue Jacob, faubourg Germain, pour Henri B...

Fare you well.

H. B.

XVIII

Au Même.

Messidor, XII (Paris, juin 1804).

Je ne vous ai pas écrit depuis quelque temps, mon cher ami, et pour m'en punir je veux vous dire pourquoi : c'est que j'avais honte. Je songeais aux folies que je vous ai contées pendant deux ans. Lorsque j'ai reçu vos lettres, j'ai renvoyé, et puis j'ai eu honte d'avoir renvoyé. Il faut nécessairement, pour m'excuser, que je calomnie l'humanité et que je m'écrie : « Voilà l'homme ! »

Au reste, je pense que la conspiration de vos Rennois vous aura distrait. Ces gens-là ont des familles qui ont dû remuer George (1) et les autres non graciés ont fini hier, très bien, à ce que dit le peuple qui les a vus. Les *Tracasseries*, comédie en cinq actes de Picard, ont aussi tombé hier soir. Je ne sais où vous en êtes des nouvelles soi-disant littéraires ; si vous les savez, sautez les cinq ou six lignes qui suivent. Vous savez que rien n'est sévère, comme le vulgaire lorsqu'il s'avise de vouloir faire de la vertu sur quelqu'un, et il montrait ou croyait montrer cinq ou six vertus différentes en sifflant le *Pierre le Grand*, tragédie de Carion Nizas, tribun. Il faut avouer aussi qu'il a pris soin que la matière ne manquât pas. Il s'est rendu complètement ridicule et même odieux. Les femmes surtout étaient

(1) George Cadoudal, qui avait formé un complot contre le premier Consul, exécuté à Paris le 25 juin 1804.

acharnées contre lui. J'étais à la première représentation. La pièce est pitoyable ; cela a occupé cinq ou six jours ; ensuite la politique, dont on n'est pas encore sorti. J'ai été étonné du bon sens que j'ai vu dans cette occasion, surtout celui des femmes.

On annonce une tragédie, nommée *Octavie*, aux Français. Est-ce Néron assassinant la femme qui lui a apporté le trône ? Est-ce celle d'Antoine ? Je n'en sais rien. Je ne sais pas davantage quel est l'auteur ; on dit Chénier ou Mazoyer. Mlle Duchesnois est toujours une actrice charmante ; elle l'est plus encore aux yeux de ses amis, parce qu'elle est persécutée (1). La vîtes-vous avant votre départ, ou si vous étiez déjà à Rennes ? Pour moi, Crozet m'a présenté chez elle et je suis enchanté de son ton naturel. Comme elle est bien laide, je m'attendais à la voir dans l'affectation jusqu'au cou ; point du tout, c'est le naturel le plus simple et le plus charmant.

Mais il faut que je revienne à la politique pour vous demander *when your father shall be* sénateur. On le lui doit de bien des manières. On nomme des préfets, et votre département a dû vous donner de la peine à gouverner ; ce qui est très heureux pour M. M... C'est parler de ses victoires que de parler de ses travaux. J'en voudrai toujours aux maudits nobles qui nous ont empêchés de le nommer cand... Je dis nous, car j'étais aussi enflammé que mon père et mon grand-père qui étaient électeurs. Laissez faire ; si on y revient, comme il le semble, nous vous montrerons ce que peut l'amour-propre humilié dans des cœurs généreux.

(1). Voir *Journal de Stendhal*, append. p. 458, l'article que Beyle écrivit pour défendre Mlle Duchesnois.

Si vous avez quelques espérances qui puissent être confiées à un ami discret, faites-moi cette grâce. Je serais bien charmé de pouvoir espérer de vous voir ici. Si vous venez avant cet hiver, nous courrons ensemble. Ne vous faites-vous pas une bien jolie image d'un carnaval à Paris? Pour moi, j'en suis fou. Venez donc, nous valserons dans le même bal. Avec votre esprit si fin, vous observerez toutes les mères et nous rirons un peu de ces petites Parisiennes qui sont si abordables.

Vous n'avez pas d'idée combien je fais de découvertes dans ce pays. J'arrive seulement; les autres fois j'avais des yeux pour ne rien voir. Venez vite, nous rirons bien.

Actuellement, tout le monde va les jeudis au Ranelagh ; on fait un tour de valse, et de là à Fracasti qui, les jeudis et presque tous les jours, dans ces grandes chaleurs, est sublime. Donnez-moi quelques détails sur votre Rennes ; je vous enverrai par contre les tracasseries de notre endroit. Avez-vous des jeunes gens aimables? On disait qu'un de vos généraux allait se marier ; voyez comme je sais les affaires. Entrez dans le dédale des aventures, n'ayez pas peur, j'aime assez ça, et, conté par vous, c'est un double mérite. On étudie l'homme et on rit ; l'âme s'éclaire et le cœur jouit. C'est le cas de le dire : fût-il jamais de temps mieux employé? Ne regrettez pas une demi-heure toutes les semaines ; je vous répondrai très exactement sur ce que vous voudrez ; je suis un homme raisonnable à cette heure. Voulez-vous de l'agriculture, je vous dirai qu'on vient de faire un livre sur le glanage ; voulez-vous du comique bourgeois, je vous répéterai ce qu'on me dit de la partie de Vizille (1), chez M. Arnold, le lundi de Pâques ; c'est vieux, mais ce n'en est pas moins frais. Toutes les demoiselles dont je vous parlais dans une lettre de Grenoble tombèrent dans quatre pieds d'eau. Vous jugez comme les tendres mouvements du cœur se déclarèrent dans les jeunes gens qui étaient au rivage. Mlle Clapier, conformément à ses grâces langoureuses, s'évanouit et puis eut des nerfs ; la jolie Tournade, qui n'a pas besoin de comédie, éclata de rire, changea ses habits mouillés et se mit à danser. Il me vient une idée : ne pourriez-vous pas venir pour le sacre de Leurs Majestés? Il est honteux à vous, qui n'êtes qu'à 80 lieues de Paris, de n'y pas venir plus souvent. Je suis sûr que si vous y veniez une fois, vous y reviendriez une seconde.

Adieu, écrivez-moi vite quatre pages comme ça *currente calamo.*

Si votre père se souvient encore d'un des hommes qui ont le plus de respect pour lui, faites-lui accepter mes hommages. Adieu.

H. B.

Rue de l'Ile, n° 500.

(1) Bourg des environs de Grenoble, célèbre par le château de Lesdiguières et par les *États* tenus en 1788.

XIX

A Mélanie Guilbert (1).

[Grenoble] Messidor XIII (20 juin 1805.)

Vous n'avez d'idée des tourments que je souffre depuis quatre jours, le pire de tous est de n'oser vous en découvrir la cause de peur de me paraître indiscret, impertinent ou même jaloux. Vous savez trop si j'ai quelques droits de l'être. Quant aux premières imputations, si vous ne m'aimez absolument pas plus que M. de Saint-Victor (2), je dois vous paraître tout cela, et vous jetez ma lettre au feu; mais si, au contraire, j'ai pu vous inspirer un peu d'amour ou même de pitié, vous songerez que je suis seul, retenu loin de vous, isolé au milieu d'êtres qui ne peuvent comprendre les chagrins qui m'agitent, ou qui, s'ils les comprenaient, ne le feraient que pour s'en moquer. Vous savez bien si je veux vous déplaire. Si j'étais encore dans le temps où je jouais un rôle je n'aurais pas toutes ces agitations, je saurais bien distinguer ce que je puis me permettre, mais ici ce qui me semble raison-

(1) Louason, voir *Journal de Stendhal*. C'est l'actrice qui, à cette époque, joua un si grand rôle dans la vie de Beyle. Beyle quitta Paris, au mois de mai 1805, en compagnie de Mélanie, il alla avec elle jusqu'à Lyon, là il prit la diligence de Grenoble et Mélanie celle de Marseille.

(2) Elle (Mélanie) m'a raconté ses relations avec Hoché, le rédacteur du *Publiciste*, et Saint-Victor, le poétereau, auteur de l'*Espérance*. (*Journal de St.*, p. 171.)

nable et naturel, un moment, me paraît impertinent et trop hardi le moment d'après ; dix fois depuis que j'ai commencé ma lettre, je l'ai interrompue, et je n'écris pas une phrase sans me repentir à la fin de l'idée que j'ai entrepris de vous exprimer au commencement. Dans les autres inquiétudes que j'ai eues en ma vie, à force de réfléchir, je voyais plus nettement la difficulté, et parvenais à me décider ; ici, plus je pense, moins je vois.

Tantôt je vous vois bonne et douce, comme vous avez été quelquefois, mais bien rarement, pour moi, tantôt froide, polie, comme certains jours chez Dugazon, lorsque je croyais que je ne vous aimais plus, et que je tâchais de ne m'occuper que de Félippe (1).

Le pire des tourments est cette incertitude ; d'abord, ce qui m'inquiétait, était de savoir si vous voudriez me répondre ; actuellement, c'est de savoir si vous souffrirez ma lettre. Il me semble que vous me haïssez, je relis toutes vos lettres en un clin d'œil, je n'y vois pas la moindre expression, non pas d'amour, je ne suis pas si heureux, mais même de la plus froide amitié. Je n'ai pas même gagné dans votre cœur d'y être comme Lalanne (2). J'aimerais mieux tout que cela. Ecrivez-moi tout bonnement. Ne vous imaginez pas que je vous aie jamais aimé ni que je vous aime jamais.

Aidez-moi, je vous en supplie, à me guérir d'un amour qui vous opportune, sans doute, et qui, par là, ne peut faire que mon malheur ; daignez me dire une

---

(1) Voir *Journal de Stendhal*.
(2) Voir *Journal de Stendhal*.

fois ouvertement, ce que vous me dites dans toutes vos lettres sans l'exprimer. Actuellement que je les relis froidement et de suite, je crois que vous avez dû vous étonner de ce que j'ai été si longtemps à entendre un langage aussi clair. Une froideur si constamment soutenue en dirait bien assez, il est vrai (1).

XX

A LA MÊME.

[Grenoble, juin ou juillet 1805.]

Il m'est affreux d'être presque étranger à vous depuis que vous êtes arrivée à Marseille. Je ne connais point la manière dont vous vivez, quels gens ce sont que les acteurs qui jouent avec vous, comment ils jouent. Quelles sont les actrices, quel est le répertoire, quel est l'esprit du public. S'il est seulement bavard et inattentif par habitude, mais si, au milieu de la conversation, il est ému par l'expression naïve et simple des sentiments profonds comme ces moments charmants que vous eûtes un jour que vous dites la première scène de *Phèdre* chez Dugazon, devant M. de Castro, ou si le mauvais goût l'a rendu tout à fait insensible. Il me semble que des méridionaux peuvent être étourdis, mais doivent sentir au fond. Leur caractère doit les rendre d'excellents spectateurs; jamais ils ne se conduisent par le raisonne-

(1) Lettre inédite (*Bibliothèque de Grenoble*). — Brouillon.

ment, ils sont presque toujours passionnés ; ils doivent se reconnaître dans une imitation si parfaite et si charmante de la nature et, une fois rendus attentifs, ils doivent vous suivre partout où vous les voulez mener et pleurer ou frémir, quand vous voulez.

Les actrices ont dû susciter des cabales contre vous, les acteurs se décider suivant le parti de leurs maîtresses, les plus aimables abandonner les leurs, le public être travaillé en tous sens, se révolter peut-être contre la protection réelle ou supposée de M. Th. (1). Je suppose tout, même les plus grandes absurdités, parce que je vois de près la stupidité d'une petite ville (2).

XXI

Mélanie Guilbert a Henri Beyle.

[Marseille, 1805.]

Savez-vous ce qui me fait de la peine dans vos lettres ? Ce sont vos excuses. Je voudrais plus de confiance ou plus de franchise ; c'est à vous de savoir lequel est le plus nécessaire. Vous ai-je jamais fait un reproche du ton familier que vous prenez quelquefois en m'écrivant ? Eh ! ne savez-vous pas que ce ton convient à mon cœur ainsi qu'à tout moi-même

---
(1) Thibeaudeau, préfet de Marseille.
(2) Lettre inédite. — (*Biblioth. de Grenoble*). — Brouillon.

et que vous ne devez pas craindre de me déplaire en me donnant une marque d'amitié.

J'ai, comme vous, beaucoup d'ennuis et, de plus, beaucoup d'inquiétude. Ma santé n'est pas bonne et je sens qu'il m'est impossible de supporter longtemps les fatigues de la tragédie. Ma poitrine n'est pas assez forte et je souffre singulièrement depuis quelques jours; cette continuité de malheurs m'irrite malgré moi, il me semble qu'il y a trop d'injustice dans mon sort. Si du moins j'étais seule, je finirais, je crois, par me débarrasser d'une vie qui commence à m'être à charge; mais, si je n'étais plus, que deviendrait ma pauvre petite? Mon Dieu! qu'il est cruel d'être sans cesse persécuté par les événements, de ne pouvoir, après quatre ans d'études et de sacrifices, réussir dans un projet que la raison, l'honneur et la délicatesse m'ont fait concevoir! Ah! Si vous saviez quel genre de consolation je reçois! Tout se réduit à un seul point qui n'est pas difficile à deviner et cette idée, cette seule idée qu'un homme serait assez bas pour abuser d'une circonstance malheureuse, me le fait prendre en horreur. Non, je n'ose m'avouer ce que je vois : il faudrait haïr ceux même que j'aimais le mieux. Sentez-vous combien cela est affreux? désespérant! Que je suis dégoûtée du monde!

Vous avez écrit à M. Mante que si je mourais, vous prendriez soin de ma petite. Je sais qu'elle est aimée de M. B..., comme en serait aimée sa propre fille, mais enfin, il peut mourir aussi et alors je vous la recommande, aimez-la, entendez-vous? Elle aura pour vous la même reconnaissance qu'aurait eu sa mère. Que je vous sais gré d'avoir songé à cette pauvre petite Mélanie! D'en avoir parlé à votre aimable sœur! Je n'oublierai jamais cela. Adieu, les larmes me gagnent; il faut que je vous quitte (1).

XXII

A SA SŒUR PAULINE.

Marseille, le 2 fructidor an XIII (20 août 1805) (2).

Plus on creuse avant dans son âme, plus on ose exprimer une pensée très secrète, plus on tremble lorsqu'elle est écrite; elle paraît étrange et c'est cette étrangeté qui fait son mérite. C'est pour cela qu'elle est originale et si, d'ailleurs, elle est vraie, si vos paroles copient bien ce que vous sentez, elle est sublime. Ecris-moi donc exactement ce que tu sens (3).

XXIII

A LA MÊME.

Marseille, le 9 Fructidor, An XIII (27 août 1805.)

Ma chère Pauline, nous avons fait dimanche, jour de Saint-Louis 1805, une partie dont je me souviendrai toute ma vie. Le pays de Marseille est sec et

(1) A Monsieur Henri Beyle, à Grenoble, en Dauphiné. L'adresse est raturée et porte : chez M. Mante, rue Paradis, Marseille. Lettre inédite. (*Bibliothèque de Grenoble*).

(2) On voit que Beyle ne tarda pas à aller rejoindre Mélanie à Marseille.

(3) Lettre inédite. (*Collection de M. Auguste Cordier*). — Copie de la main de R. Colomb.

aride ; il fait mal aux yeux tant il est laid. L'air fait mal à la poitrine par son extrême sécheresse. Des flots de poussière empêchent les chevaux de marcher et étouffent les voyageurs. Il n'y a pour arbres que de petits vilains saules tout poudrés; ces petits saules sont les oliviers, si précieux, qu'on dit dans le pays: qui a dix mille mille oliviers, a dix mille écus de rente. Il y a bien quelques arbres comme au cours, à Grenoble ; mais leurs feuilles, toujours poudrées à blanc, sont ratatinées par l'extrême chaleur, et loin que leur ombre fasse plaisir on éprouve de la peine à les voir ainsi souffrir.

A une lieue au levant de Marseille est un petit vallon, formé par deux files de rochers absolument secs; tu ne trouverais pas dans toute la chaîne, grand comme ce papier, de verdure quelconque. Il y a, seulement, quelques petits brins de lavande, de menthe, de baume, mais qui ne sont pas verts et qui, à quatre pas, se confondent avec le gris du rocher. Au fond du vallon est une rivière grande comme la Robine, qu'on appelle l'Huveaune. Cette rivière vivifie une demi-lieue de terrain nommé la Pomone, parce qu'il est rempli de pommiers.

L'Huveaune longe le port d'un côté. Elle est environnée de grands arbres et sous ces arbres de charmants petits sentiers, et de temps en temps, des bancs perdus dans cette verdure. Ailleurs, ce ne serait que beau; ici, le contraste en fait un lieu enchanteur. Il y a un château avec de hautes tours, mais tellement cerné par un massif de marronniers, que les tours ne se voient qu'au dessus des arbres. Ce château a vraiment l'aspect d'un séjour de féerie; tu te figures ces tours chevaleresques, sortant, pour ainsi dire, des superbes marronniers. A ce château, qui inspire des pensées, non pas sombres (les tours ne sont ni assez grosses, ni assez noires) mais mélancoliques, on a joint une jolie petite avenue de platanes, qui ont peut-être cinq ou six ans. Leur verdure gaie contraste agréablement avec le château et les grands marronniers.

Il me semblait entendre un morceau de Cimarosa, où ce grand maître des émotions du cœur, parmi de grands airs sombres et terribles et au milieu d'un ouvrage sublime, peignant avec énergie toutes les horreurs de la vengeance, de la jalousie et de l'amour malheureux, a placé un joli petit air gai, avec un accompagnement de musette. C'est ainsi que la gaîté est à côté de la douleur la plus profonde. Je viens d'entendre une jeune fille chantant un air gai, dans la maison où sa sœur, qui venait de s'empoisonner par désespoir d'amour, rendait, peut-être, le dernier soupir. Voilà ce que se dit l'auditeur de ce sublime ouvrage, celui qui est digne de le sentir et qui comprend le petit air. Voilà comment les artistes demandent à être entendus. Voilà l'effet que produisit sur nous la petite allée de platanes et de sycomores, ces arbres qui ont une jolie écorce *nankinet*, des feuilles comme celles de la vigne et pour fruits des marrons épineux pendant à une longue queue (1).

(1) **Lettre inédite.** — (*Collection de M. Auguste Cordier*). — Copie de la main de R. Colomb.

XXIV

A la Même.

Marseille, le 22 fructidor an XIII (9 septembre 1805).

J'ai écrit hier une lettre de huit pages à Gaëtan (1); de peur qu'on n'en fût effarouché et qu'on ne l'ouvrît, je l'ai envoyée à Bigillion, avec prière de te la remettre, et tu la donneras à notre jeune pupille. Je l'ai laissée ouverte, afin que tu pusses voir pour la vingtième fois l'exposition d'une théorie qui est la base de toute connaissance : l'étude de la *Tête et du cœur*, et la théorie du *Jugement* et de la *Volonté*; voilà son véritable titre. Commentez longuement ma lettre à ce cher Gaëtan. Songe au plaisir que nous aurons si nous en faisons autre chose qu'un provincial. Pour cela, il n'y a qu'une voie, c'est de l'accoutumer (religion à part) à ne croire que ce qui lui sera démontré comme les trois angles d'un triangle, égaux à deux angles droits.

Es-tu bien sûre qu'on n'ouvre pas mes lettres? J'en reviens sans cesse là. Cette bassesse, par des gens qui raisonneraient juste, ne serait qu'une faiblesse; mais avec des gens qui n'ont ni morale, ni logique arrêtée, on ne sait jusqu'où irait leur courroux. Pense mûrement à cela.

Parle-moi, avec grands détails, de tes lectures. Tu

(1) Gaëtan Gagnon. Voir p. 132, note 4.

dois être à la fin de Shakespeare. Il y a là plusieurs pièces ennuyeuses, entre autres *Titus Andronicus*, (1) si horrible que je n'ai jamais pu l'achever, tant elle me faisait mal. Lis-tu l'*Idéologie* (2)? —Si non, fais-le bien vite. Ensuite, songe à te garnir la tête de faits qui puissent baser tes jugements sur les hommes. Relis Retz, dont je suis toujours plus enthousiaste, les *Conjurations* de Saint Réal, plusieurs réflexions fines sur l'histoire, qu'on ne trouve que dans ses œuvres complètes; la nouvelle de Don Carlos, du même auteur. Le divin Saint Simon. La *Conjuration de Russie*. En général, tu ne saurais être trop avide de Mémoires particuliers. Leurs auteurs les écrivent ordinairement pour *sfogare*, débonder leur vanité; ils disent donc, le plus souvent, la vérité. Sur quelques anecdotes peu intéressantes, il y a deux ou trois traits uniques :

Cherche toujours *De la nature humaine*, de Hobbes, et lis-la, quand tu en trouveras l'occasion. Dès que j'aurai un peu d'argent, je te ferai envoyer de Paris, l'*Esprit de Mirabeau*, qui te donnera des idées justes et sérieuses, dégagées de cette emphase féminine, qu'ont en général les femmes et que tu n'as point. Le ton de tes lettres est parfait, en ce qu'il est extrêmement naturel. Elles font le charme d'une personne qui t'aime beaucoup et à qui j'en lis quelques passages. — Je vais m'occuper à caractériser douze originaux, que j'ai connus depuis mon arrivée à Marseille,

---

(1) C'est une des pièces contestées de Shakespeare; — M. Furnivall, qui fait autorité en Angleterre, déclare que *Titus* n'est pas l'œuvre de Shakespeare.

(2) De Destutt de Tracy.

il y a deux ou trois caractères saillants. Songe toujours au fameux quinque : Tracy — Helvétius — Duclos — Vauvenargues — Hobbes. (1)

XXV

A LA MÊME.

Marseille, le 30 fructidor an XIII (17 septembre 1805).

Je crains que tu ne t'ennuies, ma bonne petite, et je me plains de ce que tu ne me le dis pas. D'où vient que tu ne m'écris jamais? Je mérite mieux.

Enfin, tu ne peux pas me persuader que tu ne penses pas; tristes ou gaies, ta journée est composée d'une suite d'idées, ou simples sensations, ou souvenirs, ou jugements, ou désirs; tu ne peux vivre sans penser. Même lorsqu'on est au désespoir, on pense. Eh bien, je veux la communication de ces pensées. C'est là toi-même, et comme ton bonheur fait partie du mien, il faut que je te connaisse parfaitement. Ecris-moi donc, je te le répète pour la millième fois, tout ce qui te viendra; et c'est précisément parce que tu ne sauras que me dire dès la deuxième ligne, qu'au lieu d'événements d'un faible intérêt, tu me diras ce que tu penses, ce que tu sens, ce que je brûle d'apprendre, en un mot.

Le grand problème de ta vie serait d'apprendre à vaincre la première répugnance que l'ennui donne pour tous ses remèdes. C'est là ce qui rend cette ma-

---

(1) Lettre inédite. — (*Collection de M. Auguste Cordier*). — Copie de la main de P. Colomb.

ladie presque incurable. Il faut avoir une volonté ferme pour en venir à bout, et rien ne donne une volonté ferme que l'habitude de succès obtenus après une longue dispute. Quand je suis ennuyé, je regarde le dos de mes livres ; il me semble qu'ils n'ont rien d'intéressant. Si j'ai le courage d'en ouvrir un et la persévérance d'en lire vingt pages, je me trouve intéressé.

Quand on est ennuyé, il faut éviter de réfléchir sur soi. C'est comme un homme qui a la jaunisse, il ne doit pas regarder la carte géographique des pays par où il doit passer ; il verrait tout en jaune. Le jaune est la couleur de la Suède ; il croirait donc que toute la terre est Suède, et supposant que sa tête fût mise à prix par le roi de Suède, il serait au désespoir ; ce désespoir serait l'effet de sa jaunisse. Voilà ce que j'éprouve toutes les fois que je vais à Grenoble; aussi, à la dernière, ai-je presque entièrement évité de songer à mon sort futur.

Je suis heureux ici, ma bonne amie, je suis tendrement aimé d'une femme que j'adore avec fureur (1). Elle a une belle âme ; belle n'est pas le mot, c'est sublime! J'ai quelquefois le malheur d'en être jaloux. L'étude que j'ai faite des passions me rend soupçonneux, parce que je vois tous les possibles. Comme elle est moins riche que toi et que même elle n'a presque rien, je vais acheter une feuille de papier timbré, pour faire mon testament et lui donner tout, après elle à ma fille (2). Je crois bien que je n'ai pas grand chose; mais enfin, j'aurais fait tout

(1) Mélanie.
(2) Beyle fait passer l'enfant de Mélanie pour sa fille.

ce que j'aurais pu. Si tout cela ne produisait rien, que je vinsse à mourir, qu'un jour tu fusses, riche, je te recommande cette âme tendre, qui n'a pour seul défaut que de se laisser accabler par le malheur. Tu le connais ce défaut ; tu sais combien une âme sensible qui a pitié de vous, vous console! Ainsi, quand même tu ne serais pas riche, donne pour larme à ma cendre, une tendre amitié pour M. G. (1) et pour ma fille.

L'Europe vient de perdre un grand poète, *Schiller* (2).

XXVI

A LA MÊME

Marseille, le 9 Vendémiaire (1er octobre 1805).

Une fois dans le monde, tu verras l'égoïsme isoler tous les êtres. Tu rencontreras, avec la plus grande peine, non pas une âme héroïque, mais une âme sensible. Dans Paris, ville immense, après dix ans de soins, tu parviendras peut-être à réunir une société de trente hommes spirituels et sensibles ; mais tu auras, dès le premier jour, toutes les jouissances que donnent les arts.

L'homme le plus corrompu qui fait un ouvrage, y peint la vertu, la sensibilité la plus parfaite. Tout

(1) Mélanie Guilbert.
(2) Lettre inédite. — (*Collection de M. Auguste Cordier*). Copie de la main de R. Colomb.

cela ne produit d'autre effet que la mélancolie des âmes sensibles, qui ont la bonhomie de se figurer le monde d'après ces images grossières. Voilà mon grand défaut, ma bonne amie, celui que je ne puis trop combattre. Je crois que c'est aussi le tien, car nos âmes se ressemblent beaucoup.

Deux choses peuvent en guérir, l'expérience et la lecture des *Mémoires*. Je ne saurais trop te recommander la lecture de ceux de Retz. S'ils ne t'intéressent pas, renvoie d'une année. Tu y verras la tragédie dans la nature, décrite par un des caractères les plus spirituels et les plus intéressants qui aient existé. Sa figure répondait à son génie. Je n'en ai jamais vu de si gaie, de si spirituelle.

Lis et relis sans cesse St-Simon. L'histoire de la *Régence*, la plus curieuse, parce qu'on y voit le caractère français parfaitement développé dans Philippe-régent, est, par un heureux hasard, le morceau d'histoire le plus facile à étudier.

Duclos, plein de sagacité, a écrit des *Mémoires* sur ce temps. St-Simon, homme de génie, a écrit les siens. Marmontel, homme éclairé par l'étude, vient de publier l'histoire de la Régence, dans laquelle il cite et critique tour à tour St-Simon. Enfin, Chamfort, homme à bons principes et à esprit satirique et très fin, publia un long morceau sur les Mémoires du brusque Duclos, lorsque ceux-ci parurent, en 1782, je crois. Voilà donc l'histoire la plus intéressante qui nous est présentée par quatre hommes : St-Simon, Duclos, Chamfort et Marmontel, dont le premier a du génie, les deux suivants un esprit très rare et le quatrième beaucoup d'instruction. Voltaire avait été élevé par les mœurs de la Régence; tu trouveras dans mille endroits de ses écrits des traits caractéristiques sur le caractère français à cette époque. Un de ses grands résultats a été l'avilissement du Pédantisme. *Les hommes ont examiné, au lieu de croire pieusement, les livres de ceux qui avaient examiné* (1).

XXVII

A Edouard Mounier.

Marseille, 4 janvier 1806.

Il est bien juste, mon cher ami, que je vous écrive, j'en ai bien acquis le droit par six mois de silence. Ecrivez-moi donc vite une de ces jolies lettres, comme celles de Rennes, et satisfaites ma brûlante curiosité. Où en est votre ambition, quel genre embrassez-vous? Restez-vous dans la carrière préfette, ou entrez-vous au Conseil d'Etat? Depuis que j'ai quitté Paris, j'ai lu au moins cinquante fois le *Moniteur* en votre intention.

Paris vous plaît-il davantage qu'à votre premier voyage? Lié, comme vous l'êtes, avec ce qu'il y a de plus brillant, vous devez vous y plaire. Apprenez-moi donc bien vite ce que vous désirez, afin que je puisse vous souhaiter quelque chose. Jusque-là, je me vois réduit à demander au ciel en général les événements qui peuvent nous réunir. Je poursuis ici ma carrière commerçante. Mais les Anglais nous bloquent, ce qui pourrait bien m'aller faire achever

(1) Lettre inédite. — (*Collection de M. Auguste Cordier*). — Copie de la main de R. Colomb.

mon apprentissage à Paris. Que de peines, mon cher Edouard, pour parvenir à quelque chose de présentable, et qu'on serait heureux de naître sans passions !

Pas l'ombre d'amusement ici, pas même de société, des femmes archi-catins et qui se font payer, des hommes grossiers qui ne savent que faire des marchés ; lorsqu'ils se trouvent mauvais ils font banqueroute, s'ils sont bons, ils entretiennent des filles. Quel séjour lorsqu'on a habité Paris ! Mais je m'aperçois que je deviens dolent comme une complainte. Je n'ai pas perdu, comme vous le voyez, la mauvaise habitude de m'affliger des choses, au lieu de chercher à les changer. Pardonnez-moi ce vice provincial et donnez-moi dans les plus grands détails de vos nouvelles, et de celles de votre famille. Si vous n'êtes pas heureux, qui le serait ?

Mon père me confiera peut-être bientôt quelques fonds, alors j'irai tenter fortune auprès de vous. En attendant, prouvez-moi que vous ne m'avez pas oublié en me contant ce qui vous est arrivé depuis mon départ.

Fare you well and speak me at large of all your circumstances. Henri Beyle,
Rue du Vieux-Concert, chez Ch. Meunier et C°.

P.-S. — Offrez, je vous en prie, mes respects à monsieur votre père et à mesdemoiselles vos sœurs (1).

---

(1) Monsieur Édouard Mounier, chez Monsieur Mounier, conseiller d'Etat, son père, rue du Bacq, n° 558, près la rue de Sèvres, chez M. de Gérando, Paris.

Lettre inédite (*Collection de M. P.-A. Cheramy*).

XXVIII

A sa Sœur Pauline.

Marseille, le 7 février 1806.

As-tu lu *la Conjuration de Russie*, l'as-tu bien méditée ? — Y as-tu vu qu'on ne peut connaître son caractère et surtout l'influence qu'on a sur lui, qu'autant qu'on a passé par beaucoup d'alternatives de joie et de malheur ? N'importe la gravité réelle des événements ; ce que l'homme sur lequel ils agissent en croit, décide de leur influence sur lui. Nous ne connaissons donc guère nos caractères, nous qui n'avons pas encore senti de grandes douleurs subites, ni de grandes joies.

Rassemblons nos forces pour tirer parti des événements qui nous mettront dans l'une ou l'autre de ces situations (1).

XXIX

Mélanie Guilbert a Henri Beyle (2).

Lyon, 6 mars 1806.

De la neige fondue, un froid glacial, des compagnons de voyage insupportables, c'est tout ce que

---

(1) Lettre inédite. — *(Collection de M. Auguste Cordier).* — Copie de la main de R. Colomb.

(2) La saison théâtrale terminée, Mélanie reprend le chemin de Paris. — Elle écrit cette jolie lettre à la halte de Lyon. —. Beyle ne tardera pas à regagner Paris où il arrive le 10 juillet 1806, après un court séjour à Grenoble.

nous avons eu dans notre route en y ajoutant beaucoup de fatigue, car on nous a fait lever de 2 à 3 heures du matin. Nous sommes à Lyon depuis hier, nous en partons demain matin et dans six jours nous serons à Paris. J'en partirai le lendemain pour la campagne et c'est là où je compte t'écrire un peu longuement ; je suis tellement gênée dans ce moment-ci que je suis obligée de baisser mon chapeau sur mon papier pour que Mme C... ne voie pas ce que je t'écris.

Adieu donc, ma bonne minette, je vais mettre ce billet à la poste d'où je reviendrai bien contente si j'y trouve une lettre de toi. — Je t'ai écrit d'Aix (1).

XXX

A sa Sœur Pauline.

Marseille, le 9 mars 1806.

Je cherche à arracher de mon âme les fausses passions qui y abondent.

J'appelle fausses passions celles qui nous promettent, dans telle situation, un bonheur que nous ne trouvons pas lorsque nous y sommes arrivés.

La plupart des hommes ressemblent à un aveugle, excessivement boîteux, qui prendrait des peines infinies pour monter, en huit heures de temps, à la Bastille (2), par exemple, dont la belle vue doit lui donner

---

(1) M. Beyle, chez M. Charles Meunier, rue du Vieux-Concert, à Marseille.—Lettre inédite.—(*Bibliothèque de Grenoble*).

(2) Montagne fortifiée sur la rive droite de l'Isère, à Grenoble.

un plaisir infini. Il y arrive et n'y jouit que de son extrême fatigue, et en second lieu du sentiment de désespoir que donne toujours une espérance au moment où nous apercevons qu'elle était vaine.

Rappelle-toi donc de bien exercer la sensibilité de tes enfants(1) et de bonne heure. La société tend à concentrer cette sensibilité en nous-même, à nous rendre *égoïstes*. Quand cette passion ne serait pas contre la vertu, elle est contraire au bonheur. Observe un égoïste. Pour une jouissance, il a cent peines.

L'égoïste ignore à jamais le vrai bonheur de la vie sociale : celui d'aimer les hommes et de les servir.

Je viens de relire les *Lettres sur la sympathie* de Mme de Condorcet, je veux t'en dire un mot, pour que, quand tu les liras, tu les comprennes plus facilement.

Tu as sans doute vu toute seule, que plus la sensibilité est exercée, plus elle est vive ; à moins qu'à force de l'exercer, on ne la porte à ce degré qui la rend fatigante.

Voltaire a rendu joliment cette idée :

« L'âme est un feu qu'il faut nourrir et qui s'éteint
« s'il ne s'augmente. »

Une sensibilité qui n'est point exercée, tend à s'affaiblir ; alors, pour être remuée, il lui faut des échafauds, des brûlements d'yeux. Les anglais ne l'exer-

---

(1). Il était déjà question du mariage de Pauline avec François-Daniel Périer-Lagrange, qu'elle épousa le 25 mai 1808. Cette date m'est fournie par M. Ed. Maignien, conservateur de la Biblioth. de Grenoble, dont les *Notes généalogiques sur la famille de Beyle* (1 br., Grenoble, 1889) sont fort exactes et très précieuses.

cent pas trois ou quatre fois par jour comme nous ; leur silence leur en ôte les moyens (1).

Telle est l'analyse de ce sublime sentiment qui répare un peu les maux infinis de l'état de société. Voilà aussi l'analyse froide et sans couleur de la première lettre de Mme de Condorcet à un M. C. (elle a quinze pages), qui pourrait bien être Cabanis, l'illustre auteur des *Rapports du physique au moral*.

Heureuse société que celle de gens si aimables, si instruits, si vertueux ! Mais ces gens ne se plaisent guère qu'avec leurs semblables ; ils ne se mêlent avec les autres que pour les plaisirs. Or, le bonheur ne consiste pas à être dans un bal avec eux. Là, ils ne sont qu'aimables, mais à pouvoir aller rêver deux heures, le soir, avec eux. Voilà le sort qui t'attend, ma chère petite, si, secouant l'inertie provinciale, tu veux orner un peu ton âme sensible.

Pour te désennuyer un peu de toute cette analyse, voici un trait que nous raconte cet aimable Collé, si grand amateur du bon rire, et auteur de cette charmante pièce : *La Vérité dans le Vice*.

« Au commencement de ce mois, dit-il, (c'était février 1751) ou même dans les derniers jours de janvier, une troupe de comédiens, qui est actuellement à Toulouse, donna la *Métromanie*. Les Capitouls furent si choqués des plaisanteries qui se trouvent contre eux, dans cette pièce, qu'ils ont eu l'esprit de s'en fâcher très sérieusement. L'un de ces nobles messieurs envoya chercher l'entrepre-

---

(1). Ce passage est fort curieux et donne toute raison à Paul Bourget qui, le premier, dans ses *Essais de Psychologie*, a deviné la sensibilité de Stendhal.

neur, le traita comme un nègre, d'avoir l'insolence de faire jouer une pareille comédie et lui défendit de la donner davantage. L'entrepreneur, soutenu par la meilleure partie des gens de la ville, n'a point voulu obéir, et présenta requête au Parlement, pour qu'il lui fût permis de la faire jouer. Les Capitouls se sont opposés à cette demande ; instance pour ce fait au Parlement ; arrêt, enfin, qui laisse aux comédiens la liberté de représenter la *Métromanie*.

« Voilà ce fait dans sa plus grande simplicité et qui est de notoriété publique.

« Voici, à présent, ce que Piron y ajoute et qu'il m'a juré et protesté être aussi vrai que les grosses circonstances que je viens de dire. Il prétend donc, qu'après que M. le Capitoul eût bien lavé la tête à l'entrepreneur, il lui demanda de qui était cette infâme comédie. — De M. Piron, lui répondit-on. — Qu'on me le fasse venir tout à l'heure, reprit-il, et je vais lui apprendre à vivre. — Mais, monsieur, il est à Paris, lui répondit-on. — Il est bien heureux, ce coquin-là, répartit-il, mais je vous défends de donner sa pièce. Tâchez, M. le drôle, de choisir mieux les comédies que vous nous donnez. La dernière fois encore, vous nous donnez l'*Avare*, pièce de mauvais exemple, dans laquelle un fils vole son père. De qui est cette indigne comédie-là ? — Elle est de Molière, monsieur, répondit l'entrepreneur. — Eh ! est-il ici ce Molière ? Je lui apprendrai à avoir des mœurs et à les respecter. — Non, monsieur, il y a 74 ou 75 ans qu'il s'est retiré du monde. — Eh bien, mon petit monsieur, dit le Capitoul, en finissant, pensez bien au choix des comédies que vous nous donnerez par la suite ; point de Molière, ni de

Piron, s'il vous plaît! Ne pouvez-vous jouer que des comédies d'auteurs obscurs? Jouez-en que tout le monde connaisse et prenez-y garde.

« On a joué la *Métromanie* nombre de fois depuis l'arrêt du Parlement; on s'y portait; cette circonstance burlesque a fait la fortune de l'entrepreneur; on applaudissait à tout rompre aux vers qui badinaient les Capitouls, comme à ceux-ci :

    Monsieur le Capitoul, vous avez des vertiges...
    . . . . . Apprenez qu'une pièce d'éclat
    Ennoblit bien autant que le Capitoulat (1). »

XXXI

A LA MÊME.

Marseille, le 4 avril 1806.

Tu as un grand bonheur, ingrate Pauline, en Idéologie (science des idées), n'en ayant jamais eu une fausse, tu n'auras point d'habitudes à vaincre.

Souvent la force des raisons entraîne l'assentiment et commande le jugement réfléchi du moment, et l'on sent ensuite les jugements habituels renaître invinciblement.

Quand je suis sur un vaisseau qui approche du rivage, il me semble évident que c'est le rivage qui marche. Il faut effacer entièrement ces habitudes de faux jugements.

Ce que tu entends dire chaque jour doit t'en avoir

---

(1) Lettre inédite. — (*Collection de M. Auguste Cordier*). — Copie de la main de R. Colomb.

donné plusieurs : fais ton examen de conscience par écrit.

Le temps seul et la fréquente répétition de jugements bien sains produiront chez toi cet état de calme et d'aisance, nommé dans ce cas-ci, par les hommes, *bonne judiciaire* (1).

XXXII

A LA MÊME.

Marseille, le 12 avril 1806.

Madame l'ambassadrice, on attend avec la plus vive impatience, à cette cour, la lettre que V. E. a ordre de nous écrire, sur l'état de celle auprès de laquelle elle réside. Elle connaît trop bien nos relations politiques pour ne pas sentir que sa lettre peut modifier ou détruire les projets du plus haut intérêt. S. M. est persuadée, en conséquence, qu'elle se hâtera de nous envoyer cette note intéressante, et qu'elle apportera ses talents connus à la rendre on ne saurait plus exacte. S. M. m'a donné ordre de lui dire qu'elle l'attendait courrier par courrier.

Sur quoi, Madame l'ambassadrice, je ne puis que me féliciter du rapport que les ordres de S. M. me donnent avec V. E. Vous mettrez le comble à ma haute satisfaction, si vous voulez croire aux profonds sentiments d'estime, de vénération et de mépris, avec lesquels je suis, Madame, votre très humble et obéissant serviteur. ANT. CARDINAL ALBERONI.

(1) Lettre inédite. — (*Collection de M. Auguste Cordier*). — Copie de la main de R. Colomb.

Un petit secrétaire de S. E. Monseigneur le cardinal Alberoni a l'honneur d'exposer son cas à Madame l'ambassadrice. Peut-être elle ne lui trouvera pas toute la bonne odeur possible ; mais enfin, Madame, il ne vous la jettera pas au nez, au contraire, il vous l'exposera avec toute la discrétion possible.

Quelle que soit, cependant, l'étendue de cette vertu, dont ledit secrétaire se pique plus que possible, puisque de toutes, elle est la plus utile dans le monde vertueux au milieu duquel il se trouve, il ne sait comment fixer l'attention d'une dame aussi vénérable dans les lettres officielles et autres pièces de ce genre qu'on lui écrit sur des bas et un fromage de Sassenage (1) ; car il faut finir la phrase, qui a déjà malheureusement huit lignes et qui en aura bientôt dix.

Oui, Madame, des bas de soie, faits à l'aiguille, avec de la soie du pays, fins à peu près jusqu'au mollet, fins encore au cou-de-pied, mais gros au pied, forment le sujet indigne, sur lequel le susdit secrétaire est obligé de fixer l'attention de V. E. Le susdit n'est pas très pécunieux ; cependant, il n'aurait pas eu la hardiesse de parler de bas à V. E. si pour un peu d'argent, comme on dit très élégamment, il en eut pu trouver de l'espèce dont il en désire, mais c'est la chose impossible. Il a donc recours à vos doigts d'ivoire, pour lui confectionner les dits bas.

Il sent que ce serait ici le lieu d'un compliment galant et charmant ; mais comme il vient de déjeuner, son génie se trouve un peu obstrué ; il finira

---

(1) Sassenage, petit village des environs de Grenoble, où l'on vend des fromages réputés.

donc par vous dire tout platement, qu'il lui faut un fromage de Sassenage, mais un fromage qui.... un fromage enfin :

> Qui le goûte souvent, goûte une paix profonde
> Et comme du fumier regarde tout le monde.

Il a promis à une dame qui n'a pas tout à fait la plus belle figure de Marseille, mais qui a la plus belle moustache et l'amant le plus spirituel, de lui porter ledit fromage sous quinze jours. Le secrétaire prend donc le plus vif intérêt audit fromage de Sassenage et espère que vous le choisirez avec toute la finesse de votre sens olfactif ; se reposant sur vous, il s'attend à le recevoir dans huit jours, par la diligence qui transporte les objets de Grenoble à Marseille. Adressez-le, il ose vous en supplier, à H. B., chez Ch. Meunier, dans une boîte bien ficelée, rue du Vieux-Concert, près la rue Paradis, enveloppé d'une toile cirée.

Ledit secrétaire (1).
(Signature illisible).

XXXIII

A LA MÊME.

Marseille, le 6 mai 1806.

Ton fromage m'a fait le plus grand plaisir et est arrivé à propos, au moment où j'allais dîner

---

(1) Lettre inédite. — *(Collection de M. Auguste Cordier)*. — Copie de la main de R. Colomb.

chez Mme Pallard (1), qui m'avait invité ce jour-là. Femme d'esprit, qui a beaucoup d'usage, ayant passé presque toute sa vie à la Cour; beaucoup de noblesse; sait le grec, l'anglais, l'italien et le latin; déplaît à tout le monde par un air affecté et une tournure orgueilleuse dans la discussion.

Il faut qu'une femme ait l'air de tout faire par sentiment, qu'elle ait cette aimable inconséquence qui dénote l'absence de tout projet. C'est l'unique moyen de faire réussir les facultés qu'on possède. Nul être n'a besoin de plus de finesse que la femme, et son absence n'est mortelle, au même point, à aucun autre être. Son bonheur consiste à mener tout ce qui l'entoure, et il faut que ses actions n'aient pas du tout l'air *enchaînées*, qu'on suppose qu'elle obéit toujours à l'impression du moment; qu'elle ne sait pas à dix heures ce qu'elle fera à dix heures et demie, et presque pas ce qu'elle a fait à neuf.

Recevez ce petit avis en passant (2).

XXXIV

MÉLANIE GUILBERT A HENRI BEYLE.

Paris, 21 mai 1806.

Moi, je ne t'aime pas! moi, je fais lire tes lettres par un rival! Ah! mon ami, tu sais que mon cœur est trop plein de toi pour être jamais à un autre,

---

(1) Voir *Journal de St.*, p. 308.
(2) Lettre inédite. (*Collection de M. Auguste Cordier*). Copie de la main de R. Colomb.

mais il a besoin, ce cœur, d'être entièrement rassuré sur le tien.

Je me propose d'accepter un engagement à Naples, malgré ma faible poitrine, et si tu n'obtiens rien de tes parents, eh bien! tu viendras avec moi et notre chère petite; si par malheur je mourais, je te laisserais dix-huit à vingt mille francs qui pourront encore me revenir de la succession de mon père, en ne se pressant pas trop de vendre; je suis sûre aussi que tu pourrais avoir une place et quand elle te ne rapporterait que cent louis tu vivrais; et ma petite, que tu mettrais en pension ne te coûterait pas plus de huit cents francs; tu aurais encore mille écus en attendant un meilleur sort.

Adieu, mon cher et bien cher ami, crois que je t'aime et que je t'aimerai jusqu'au dernier jour de ma vie. Je suis bien pressée, Dugazon m'attend; mais je voulais t'écrire avant d'y aller. Je viens de recevoir ta lettre et j'avais besoin d'y répondre (1).

XXXV

A Martial Daru.

Grenoble, 1ᵉʳ juin.

Mon cher cousin,

Me voici à Grenoble, mais ce n'est pas par inconstance; je n'ai quitté instantanément Marseille que sur des lettres terribles de mon grand père. Le commerce

---

(1) Monsieur Henri Beyle, chez M. Charles Meunier, rue du Vieux-Concert, à Marseille. — Lettre inédite. (*Bibliothèque de Grenoble*).

humilie mon père, il ne fera rien pour un fils qui remue des barriques d'eau-de-vie, tout au monde pour un fils dont il verrait le nom dans les journaux. C'est ce qui vous a procuré tant de lettres à M. D. (1) et à vous.

Croyez-vous que M. D. veuille s'occuper de moi? Me croit-il un peu mûri depuis le temps où je donnai ma démission? s'il pense encore à moi : — deux ans d'épreuves, après quoi il jugera.

Vous savez, mon cher cousin, pour combien de millions de raisons j'aimerais mieux copier des revues dans votre bureau (2) qu'une place de six mille francs à deux cents lieues. Ne croyez pas que c'est Paris que je désire, c'est la vie de la *Casa d'Adela* (3), ce sont les bontés dont vous me comblez, c'est l'espoir de pouvoir acquérir quelques-unes de ces qualités qui font le bonheur et qui vous font adorer par tout ce qui vous entoure.

S'il vous faut un homme qui travaille dix heures par jour, le voici. S'il est auprès de vous, il n'a pas besoin de parler de sa constance et il demande avant tout deux ans d'épreuves.

Adieu, mon cher cousin, auriez-vous le temps de m'écrire une demi-ligne? Surtout ne vous gênez en rien ; n'importunez pas M. D. Tout ce que je vous demande, c'est de dire mille choses à toute la famille, et à Mme Rebaffet en particulier, que j'ai bien des choses à lui apprendre de la part de Mme de P., mais que je ne lui écrirai que lorsque j'aurai perdu l'espoir de les lui dire.

(1) M. Pierre Daru.
(2) Martial Daru était sous-inspecteur aux Revues.
(3) A Milan, voir *Vie de Henri Brulard*.

Comment se porte Mme Adèle ? elle doit être bien affligée du chagrin de son amie (3).

XXXVI

MÉLANIE GUILBERT A HENRI BEYLE.

Paris, 2 juin 1806.

Je ne t'écris qu'un mot, ma bonne minette, car je suis dans mes jours de mélancolies et même plus que cela mais je veux pourtant te dire combien je suis contente de te voir rapproché de moi et surtout quel plaisir me fait l'espérance de te revoir. Je compte que tu passeras un mois chez ton père et qu'ensuite tu reviendras à Paris. Oh! mon ami, j'ai bien besoin que tu m'aimes!

Et ta sœur comment se porte-t-elle ! Pourquoi ne t'écrivait-elle pas ? Il est tout simple qu'elle ne m'ait pas répondu, mais à toi ! qui pouvait l'en empêcher ? Est-ce qu'elle était malheureuse ? Parle moi d'elle avec beaucoup de détails.

Adieu, mon bon ami, je ne sais pas ce que j'ai : je ne peux t'écrire.

Réponds à mes trois dernières lettres, je t'en prie. J'ai besoin que tu me tranquillises : mes pressentiments me disent depuis longtemps que je ne serai jamais heureuse et si tu ne m'aimes pas bien ils ne seront que trop justifiés. Adieu (1).

(3) Lettre publiée dans le *Journal de Stendhal*, appendice (*Bibliothèque de Grenoble*). — Brouillon.
(1) Monsieur, Henri Beyle, à Grenoble, en Dauphiné. — Lettre inédite (*Bibliothèque de Grenoble*).

XXXVII

Mélanie Guilbert a Henri Beyle.

Paris. 10 juin 1806.

Depuis six semaines, tu me répondras, dis-tu, demain quand tu n'auras pas une heure, un moment d'ennui qui te trouble l'esprit. Bien, mon ami, il ne faut pas te presser. J'estimerais cependant davantage une marche franche à ces petits détours qui peuvent éluder ta réponse tant qu'il te plaira, mais non pas m'en imposer longtemps.

Je t'ai demandé : 1° Si, dans le cas où je pourrais suppléer par mes faibles talents à ce que te donnent tes parents, si, dis-je, tu me portais assez d'attachement pour sacrifier tes espérances de fortune dans le cas où il faudrait choisir entre ce sacrifice et celui de ma personne.

2° D'examiner lequel de nous a le sort le plus stable afin que l'autre s'y abandonnât entièrement et que nous ne fussions plus forcés de nous séparer.

3° Si tu es assez faible ou si tu m'aimes assez peu pour me sacrifier à la volonté de tes parents, ou bien à tes projets d'ambition.

4° Enfin, si ton intention est bien de passer ta vie avec moi, de me la consacrer entièrement, quelque chose qu'il puisse en arriver, de me dire en galant homme, et après y avoir mûrement réfléchi, si c'est bien là ta volonté irrévocable et de m'avouer le contraire, si cela n'était pas.

LETTRES INÉDITES

J'attache ma tranquillité à cet éclaircissement, je te donne les témoignages de la plus vive tendresse, du plus tendre attachement. Je t'en ai même donné des preuves incontestables, et à tout cela tu me réponds des lettres vagues, tu me dis que tu m'aimes toujours et que je le verrai bien dans quinze jours, époque à laquelle tu te promets d'être près de moi, ce qui veut dire que tu me feras beaucoup de caresses, de protestations, que tu seras bien aise de me voir, etc. C'est peut être beaucoup dans ton esprit, mais ce n'est rien pour moi, surtout quand je songe à toute ta conduite et même à ton caractère; je n'en suis pas plus persuadée que tu m'aimes comme je le souhaite, et comme j'en ai besoin pour être heureuse, pour avoir le cœur content. C'est pourquoi j'aurais voulu un peu plus de franchise.

Je ne demande plus rien à présent, j'ai pu me faire illusion jusqu'à un certain point, mais mon cœur m'en dit plus que je n'en voudrais savoir. Tu m'aimes comme un jeune homme dont la conduite présente ne peut à conséquence sur ta destinée future et dont il est de passer le temps le moins désagréablement possible. Et j'ai pu me croire aimée de toi comme la compagne de ta vie? Eh bien! me trouves-tu bien ridicule? Tu me diras peut-être que je me fâche; non, je n'ai même pas ce bonheur, j'ai une expérience triste du cœur humain, que si je m'étonne des malheurs qui m'arrivent, c'est de ne les avoir pas prévus, mais ils ne m'irritent plus. Je sais trop que je suis malheureuse, et je me résigne à mon sort. Remercie beaucoup ta sœur du petit mot qu'elle m'écrit ; dis-lui que je sens ce qu'elle fait pour moi — et je sens aussi quelle reconnaissance je te dois pour cette marque d'amitié et de complaisance.

Quoique toute ma conduite ait dû te prouver combien tu m'es cher, que je te l'aie sans cesse répété, tu as cependant pensé que M. Blanc, *étant devenu puissant*, m'attirait à Naples. Ces idées-là ne m'étonnent pas, mon bon ami, et je te les pardonne bien volontiers. Je crois que tu ne peux connaître mon cœur.

A propos de M. Blanc, j'ai toujours oublié de répondre aux questions que tu m'as faites pour savoir quelle est sa position.

Il est maintenant directeur et inspecteur général des douanes ; c'est, dit-on, une place à argent. Il m'a écrit il y a trois jours qu'il m'avait engagée au théâtre de Naples pour 5,000 francs, d'ici à Pâques. Il m'assure que l'année prochaine j'aurai au moins 8,000 francs, et il me presse de ratifier ce qu'il a fait, mais j'avoue que je ne suis pas peu embarrassée. Rien n'avance ici pour mes débuts, quoique l'on me donne un peu d'espoir.

J'éprouve des choses qui me navrent le cœur, qui me découragent entièrement, je n'ai plus aucun repos, je ne compte plus sur aucun ami ; ceux que je dois regarder comme tels me conseillent des choses auxquelles il m'est impossible de condescendre. Vous ne réussirez donc pas, me dit-on, et cela n'est sans doute que trop certain, mais je voudrais en être plus sûre encore ; dans ce cas, je partirais pour Naples. Nul motif puissant ne doit plus maintenant m'attacher à la France, je n'y ai pas eu un seul ami, d'ailleurs, toutes mes ressources sont épuisées ; je n'existe qu'en vendant chaque jour quelques bagatelles qui me restaient encore, mais qui ne peuvent me conduire bien loin, et peut-être ferais-je bien de partir tout de suite, mais je ne peux m'y résoudre. Je vais écrire une lettre à M. Blanc, dans laquelle je lui demanderai un peu de temps pour réfléchir, je veux encore tenter quelques démarches auprès de M. de Rémusat (1); si elles ne réussissent pas, comme il est à présumer, je ne prendrai plus la peine de songer à mon sort, il deviendra ce qu'il plaira à Dieu; je pourrai désirer encore quelque chose, mais jamais plus espérer (2).

XXXVIII

A sa sœur Pauline (3).

(1806)

Hé bien, ma chère Pauline, où en es-tu donc? Tu deviens d'un silence horrible. Je quitte ce trou pour un petit voyage, j'attendais toujours une de tes let-

(1) Surintendant des théâtres.
(2) Il eut été dommage, je crois, de laisser dans les cartons ces lettres de Mélanie, qui nous révèlent une femme littéraire, habile et charmante.
Subscrip. : A Monsieur Henry Beyle, à Grenoble, en Dauphiné.
Lettre inédite. (*Bibliothèque de Grenoble.*)
(3) Cette lettre doit être postérieure au mois d'octobre 1806, époque à laquelle Beyle partit pour l'Allemagne à la suite de ses cousins Daru.

tres avant que de partir. Elle n'arrive point, et je veux te la demander avant que de monter à cheval. Je crois pour moi qu'un prêtre, un *oui*, 3 mots latins vont faire de toi une heureuse femme, j'espère ; mais il faut en finir. Apprends-moi en détail où en est cette affaire et dis mille choses tendres et fraternelles à ton mari.

Qui plus est. Il paraît que je vais aller en Espagne, c'est-à-dire en Afrique. Fais-moi faire des chemises de bonne toile de Voiron, pas trop grosse cependant, plus quelques mouchoirs. Je ferai prendre tout cela en allant vous embrasser. Parle to our great father of letters which. I have (illisible) to Mistress. D. the mother and to the great sir D (1).

Adieu, embrasse tout le monde et donne-moi des nouvelles de Grenoble, qui est aussi inconnu pour moi, depuis 18 mois, que le faubourg Péra.

HENRI (2).

XXXIX

A MONSIEUR MOUNIER, AUDITEUR AU CONSEIL D'ÉTAT, SECRÉTAIRE DE S. M. L'EMPEREUR ET ROI, A SCHŒNBRUNN.

Voici, monsieur, le protégé de Pascal (3) dont je vous ai parlé avant-hier. J'avais une place pour lui ;

(1) Daru.
(2) A Monsieur Beyle pour Mademoiselle sa fille ainée.
Grenoble (Isère).
Lettre publiée dans le curieux ouvrage de M. Henri Cordier : *Stendhal et ses amis*, p. 83-84.
(3) On lit dans la première lettre de la correspondance de Beyle publiée par R. Colomb : « J'ai trouvé une occasion de

l'armistice s'est conclu pendant son voyage, et une chose très simple est devenue difficile. M. Rondet connaît les formes de l'administration. Je pense que si, à défaut d'autre moyen, vous écrivez à M. Daru, il nous sera plus facile d'obtenir un emploi de 150 ou 200 francs.

Agréez, je vous prie, l'assurance de ma considération distinguée.

Vienne, le 1er septembre 1807.

DE BEYLE.

XL

A SA SŒUR PAULINE.

Brunswick (1), 25 décembre 1807.

Je pars aujourd'hui, jour de Noël, à 5 heures du matin, pour Paris. Je t'écris cela bien pour que tu aies à m'écrire bien vite à Paris, rue de Lille, n° 55.

Je devais partir il y a huit jours, mais le Gouvernement et l'Intendant ont voulu attendre des matériaux plus étendus pour ma mission.

placer le protégé de M. Pascal ; mais j'avais oublié le nom de cet ami. J'ai demandé une place pour M. Lepère : il a un nom à peu près comme ça. Tâche de l'accrocher sur ma table, avec un bel exemple de son écriture et de m'envoyer ledit nom. »
(A M. F.-F., à Paris. Strasbourg, le 5 avril 1809.) (Note de F. Corréard.)

(1) Beyle avait été nommé en novembre 1806, intendant des Domaines, en résidence à Brunswick. Il est envoyé à la fin de 1807 en mission à Paris, pour conférer avec le ministre Dejean au sujet des finances du duché de Brunswick.

Tous les préparatifs du voyage sont enfin finis. Il fait un temps affreux mêlé de pluie, de grêle et de neige, il fait noir comme dans un four, le vent éteint les bougies dans les lanternes de la voiture. Hier, à 7 heures du soir, je ne pensais plus à ce voyage ; il aura ses peines et ses plaisirs, revoir tant de personnes si chères ! mais les quitter au bout de huit jours !

Je t'écrirai dès que j'aurai mis le pied en France, à Mayence. Je vais par Cassel, Fulde, Francfort. Les postes sont si indignement servies que nous ne recevons point de lettres directement. Peut-être celles que nous écrivons ont-elles le même sort. D... est en bonne santé et en route de Posen sur Varsovie.

Porte-toi bien et aime-moi et écris-moi. Dis à nos connaissances comme Mme Marnay que je saisis l'occasion de la nouvelle année pour l'assurer que quoique galopant de Brunswick à Paris, je ne l'en aime pas moins que lorsque Colomb et moi allions faire la partie chez elle.

Ainsi de suite, n'oublie pas.

Henri (1).

(1) Lettre publiée dans *Stendhal et ses amis*, par H. Cordier, p. 84-85 ; fait partie aujourd'hui de la collection de M. P.-A. Cheramy.

Monsieur Beyle,
pour Mademoiselle Pauline Beyle, sa fille
à Grenoble (Isère).

XLI

A M. Krabe, membre de la Chambre de Guerre et des Domaines.

Brunswick, 13 janvier 1808.

Le Ministre de la Guerre a donné l'ordre, Monsieur, qu'on constatât par procès-verbal l'état des casernes existantes à Brunswick et à Wolfenbuttel, les bâtiments qui pourraient être disposés en casernes, les dépenses à y faire pour les rendre propres à cet usage, et enfin le nombre d'hommes et de chevaux qu'on pourrait y loger.

Personne plus que vous, Monsieur, n'est en état de s'acquitter de cette opération avec succès. Je vous prie, en conséquence, de m'indiquer l'heure à laquelle nous pourrons parcourir ensemble les casernes actuellement existantes et les bâtiments qui peuvent le devenir. Nous dresserons, après cette visite, les procès-verbaux demandés.

J'ai l'honneur de vous saluer avec considération.

Le Commissaire des Guerres,
De Beyle (1).

(1) Lettre publiée dans *Stendhal et ses amis*, par H. Cordier, pag. 31-32.

XLII

A sa Sœur Pauline.

Le 19 janvier 1808.

Hé bien, petite bringue, tu mériterais bien que je renouvelasse pour toi ce terme élégant et antique.

Peut-on être plus molle que toi, depuis quatre mois tu ne m'écris pas un mot. Je n'apprends des nouvelles de Grenoble que par les papiers publics.

Donne-moi les nouvelles de famille que je ne puis trouver dans les papiers publics. Mon père recevra incessamment un premier envoi de graines. Il y en a une entre autres qui n'est que sublime, dis-lui mille choses de ma part, et envoie-moi enfin trois empreintes *du cachet* de mon père. Je suis obligé de cacheter une acceptation de dîner avec l'Aigle impérial. C'est trop pour un petit rien comme moi. Celui (1) qui pourrait me faire quelque chose est à Cassel depuis quatre jours et sera ici vers le 28 janvier, temps auquel il y aurait 25 ans que je t'aime, si je n'avais pas l'honneur d'être l'aîné. Quoique aîné, je te permets cependant de te marier la première. Fais vite cette bonne affaire-là, mais rappelle-toi que si jamais ton mari connaît la terrible vérité que tu as plus d'esprit que lui, il te hait à jamais, et malheureusement, quel que soit ton mari, cette vérité sera vraie.

Adieu, aime-moi et prouve-le moi en écrivant, cela n'est pas difficile, tous les amants voudraient en être

(1) L'empereur.

là. Je voudrais bien que tu connusses assez Mlle V... pour lui demander quelques conseils envers le cher époux et maître. Songe surtout à te faire humble comme Ephestion à la cour d'Alexandre. Un mot de réponse et dedans des cachets.

Embrasse pour moi ma bonne tatan Charvet, dis-lui que je voudrais bien aller manger des cerises à Saint-Egrève (1). Si Barral est à Grenoble envoie-lui la carte ci-jointe.

Mais écris.

H. B. (2).

XLIII

A Félix Faure (3).

Ingoldstadt, 21 avril 1809.

Je n'ai que le temps de t'envoyer cet étui que je te prie de remettre à Mme de Bézieux ; elle y verra que même en gravissant les rochers d'Heidenheim où ces sortes d'ouvrages vous sont présentés par de jolies paysannes, je pensais aux bontés qu'elle a bien voulu avoir pour moi. Ces jolies marchandes me servent de transition toute naturelle pour te prier de présenter mes hommages respectueux à Mesdemoiselles de Bézieux.

Nous avons eu hier soir une petite victoire, quatre

(1) Charmant village des environs de Grenoble.
(2) A Monsieur, Beyle, pour mademoiselle sa fille aînée, rue de Bonne, 6, Grenoble (Isère). — Lettre publiée dans *Stendhal et ses amis*, par H. Cordier, p. 85-86-87.
(3) 18, rue Jacob, Paris.

drapeaux, quatre pièces de canon, toutes les positions de l'ennemi.

Mes respects à M. Duvernay.

Mille amitiés ; n'oublie pas la bibliothèque britannique. Je ne me suis pas couché depuis trois jours. Ingoldstadt a une drôle de mine. Le plus beau, au milieu des canons, des fourgons, des soldats chantant qui vont à l'armée, des soldats tout tristes qui en reviennent blessés, des curés, du tapage général et infernal, le plus beau, c'est une troupe de comédiens qui donne intrépidement des représentations : ce soir, la Femme « *volatile* » (ça veut dire volage), drame en trois actes.

H. (1).

XLIV

Au Même.

Saint-Polten, le 10 mai 1809.

J'ai promené hier dans une des plus belles positions du monde : l'Abbaye de Molke, sur le Danube. La physionomie du paysage est sévère et d'accord avec le château où fut interné Richard Cœur-de-Lion qui en fait un des principaux ornements.

L'immense Danube et ses grandes îles, sur lesquelles on domine d'une hauteur de cent cinquante pieds, forment un spectacle unique. Je n'y trouve à

(1) Lettre inédite. — (*Bibliothèque de Grenoble*). — Brouillon.

comparer que la Terrasse de Lausanne et la vue de Bergame. Mais l'une et l'autre étaient bien moins *striking*, frappantes, avec une nuance de terrible visant au sublime.

J'ai tant de choses à te dire que je tourne court.

Je me reproche depuis quinze jours de ne pas écrire à Mme Z.

Envoie-moi des journaux.

Nous serons demain soir à Vienne ; Saint-Polten en est à seize lieues. S. M. y est, très probablement.

Réunis, je t'en prie, tous les renseignements qui peuvent servir à un journal de mon voyage.

Je ferai copier cela par quelque écrivain du coin des rues, bien bête et ayant une belle écriture.

Le temps me manque pour tout.

Ce matin, en quittant cette belle abbaye, le hasard m'a mis dans la voiture de Martial (1). Aussitôt notre solitude : « Il m'est arrivé dernièrement à Paris une chose plaisante, etc., etc. » Confiance adorable, dirait un courtisan, je dis seulement confiance parfaite.

Deux ou trois heures de penser tout haut avec moi, et, sans que je le demandasse, promesse réitérée et venant de lui, que je serais adjoint dans la garde à la première vacance, vacance assez probable.

Je saute vingt autres choses ; en un mot, tout ce que je pouvais désirer.

Entretiens moi dans le souvenir de Mme de Bézieux, en lui racontant pompeusement quelques-unes

---

(1) Martial Daru.

des esquisses de mon voyage, d'après une lettre reçue la veille, le tout convenablement enduit de de compliments.

Ecris-moi donc sous le couvert de M. Daru.

Je n'ai encore eu de toi, qu'une lettre de quatre pages *upon Lewis's love for Miss* (1).... Fais aussi penser à moi dans cette maison.

Il me paraît probable que nous ne resterons pas à Vienne. Peut-être dans un mois serons-nous au fond de la Hongrie.

Le pays de Strasbourg à Vienne est, aux lacs près, tout ce qu'on peut désirer de plus pittoresque. Il n'y a pas en France une telle route. Adieu.

H. (2).

XLV

A sa Sœur Pauline.

Rome (3), le 2 octobre 1811.

Je me porte bien et j'admire. J'ai vu les loges de Raphaël et j'en conclus qu'il faut vendre sa

(1) Sur l'amour de Louis pour Mademoiselle..

(2) Lettre publiée dans le *Journal de Stendhal. Append.* p. 463. — (*Bibliothèque de Grenoble*) — Brouillon.

(3) Beyle obtint un congé en 1811, et en profita pour faire son second voyage d'Italie ; il ne connaissait que la Lombardie ; il alla cette fois jusqu'à Naples, en passant par Florence et Rome. Voir *Journal de Stendhal*, cahiers xxxi, xxxii xxxiii. Cette lettre laisse deviner tout ce que Beyle a su cacher aux indifférents de sensibilité, d'émotion et d'enthousiasme.

chemise pour les voir quand on ne les a pas vues, pour les revoir quand on les a déjà admirées.

Ce qui m'a le plus touché dans mon voyage d'Italie, c'est le chant des oiseaux dans le Colisée. Adieu ; secret sur le voyage, mais donne de mes nouvelles à notre grand-père et à tutti quanti.

La nomination de M. le duc de Feltre prolongera peut-être mon séjour à Milan. J'y serai le 25 octobre pour y rester quinze ou vingt jours.

Je t'aime.

Henry (1).

XLVI

A la Même

Ekatesberg, 27 juillet 1812.

Hier soir, ma chère amie, après soixante-douze heures de voyage, je me trouvais, deux lieues plus loin que la triste ville de Fulde, à cent-soixante-et-onze lieues de Paris. La lenteur allemande m'a empêché d'aller aussi vite aujourd'hui. Je viens de m'arrêter, pour la première fois, depuis Paris, dans un petit village, que tu ne connaîtras pas davantage quand je t'aurai dit qu'il s'appelle Ekatesberg, ce qui veut dire ce me semble, la montagne d'Hécate. Il est à côté de la bataille de Iéna et à douze

---

(1) Madame Pauline Périer, rue de Sault, à Grenoble (Isère).
Lettre inédite. — (Collection de M. Ed. Maignien).

lieues en deça de la pierre qui marque l'endroit où Gustave Adolphe fut tué à la bataille de Lutzen.

On sent, à Weimar, la présence d'un prince, ami des arts, mais j'ai vu avec peine que là, comme à Gotha, la nature n'a rien fait, elle est plate comme à Paris. Tandis que la route de Stroesen à Eisenach est souvent belle par les beaux bois qui bordent la route. En passant à Weimar, j'ai cherché de tous mes yeux le château du Belvedère, tu sens pourquoi j'y prends intérêt. Give me some news of miss Vict (1).

Vais-je en Russie pour quatre mois ou pour deux ans (2)? Je n'en sais rien. Ce que je sens bien, c'est que mon contentement est situé dans le beau pays

*Che il mare circonda
E che parte l'Alpa e l'Apenin.*

Voilà deux vers italiens joliment arrangés. Adieu, ma soupe arrive et je passe mille amitiés à tout le monde. Donne de mes nouvelles à notre bon grand-père.

HENRI (3).

(1) Victorine Bigillon. Voir *Vie de Henri Brulard.*
(2) Beyle prit part à la campagne de Russie, il revint à Paris, le 31 janvier 1813. Voir *Journal de Stendhal*, p. 420, note 2.
(3) A madame Pauline Périer, rue de Sault, par Gotha, à Grenoble, département de l'Isère.— Lettre inédite.—(*Collection de feu M. Eugène Chaper*).

XLVII

A la Même.

Sagan, le 15 juin 1813.

Je règne ma chère Pauline, mais comme tous les rois, je baille un peu ; écris-moi et presse la D° (1).

J'espère être tiré de mon trou vers le 26 juillet, écris comme à l'ordinaire. Mille choses à Périer. Ne fais-tu pas de voyage cette année ? Mon appartement t'attendait.

Adieu, je tombe de fatigue.

C^{el} Favier (2).

Donne-moi des nouvelles de notre bon grand-père. Fais-lui parvenir des miennes.

XLVIII

A la Même.

Venise (3), le 8 octobre 1813.

Ma chère amie,

Les premières années d'un homme distingué sont comme un affreux buisson. On ne voit de toutes parts qu'épines, et branches désagréables et dangereuses. Rien d'aimable, rien de gracieux dans un

(1) Peut-être la diligence.

(2) A madame Pauline Périer en sa terre de Tuélins, près La Tour-du-Pin, Isère.— Lettre inédite.— (*Collection de feu M. Eug. Chaper*).

(3) Troisième voyage d'Italie.

âge où les gens médiocres le sont pour ainsi dire malgré eux, et par la seule force de la nature. Avec le temps, l'affreux buisson tombe à terre, l'on distingue un arbre majestueux, qui par la suite porte des fleurs délicieuses.

J'étais un affreux buisson en 1801, lorsque je fus accueilli avec une extrême bonté par Mme Borone, milanaise, femme d'un marchand. Ses deux filles faisaient le charme de sa maison. Ces deux filles aujourd'hui sont mariées (1), mais la bonne mère existe toujours; on trouve dans cette société un naturel parfait, et un esprit supérieur de bien loin à tout ce que j'ai rencontré dans mes voyages.

D'ailleurs on m'y aime depuis douze ans. J'ai pensé que c'était là que je devais venir achever de vivre, ou me guérir si, suivant toutes les apparences, la force de la jeunesse l'emportait sur la désorganisation produite par des fatigues extrêmes.

Je me suis placé à Milan dans une bonne auberge dont j'ai bien payé tous les garçons, j'ai demandé le meilleur médecin de la ville, et je me suis apprêté à faire ferme contre la mort. Le bonheur de revoir des amis tendrement chéris a eu plus de pouvoir que les remèdes. Je suis à l'abri de tout danger. Je me joue de la fièvre maintenant. Elle ne me quittera qu'après les chaleurs de l'été prochain, elle me laissera les nerfs extrêmement irrités. Mais, enfin, je dois la santé à cette manœuvre. Quand j'ai la fièvre, je vais me tapir dans un coin du salon, et l'on fait de la musique. On ne me

(1) L'une d'elles était Angela Pietragrua, voir *Journal* et *Vie de Henri Brulard*.

parle pas et bientôt le plaisir l'emporte sur la maladie, et je viens me mêler au cercle.

Il est possible que M. Antonio Pietragrua, jeune homme de quinze ans et sergent de son métier, passe en France. C'est le fils d'une des deux sœurs. Si jamais il t'écrivait, fais tout au monde pour lui procurer quelque agrément en France. J'y serais mille fois plus sensible qu'à ce que tu ferais pour moi. Tes bons services consisteraient à lui faire parvenir une somme de deux à trois cents francs et à le faire recevoir dans une ou deux sociétés de Lyon.

S'il va à Grenoble, je le recommande à Félix; partout ailleurs je le dirigerai de Paris. Garde ma lettre et, le cas échéant, souviens-toi de traiter M. Antoine Pietragrua comme mon fils.

Je suis très content de Venise, mais ma faiblesse me fait désirer de me retrouver chez moi, c'est-à-dire à Milan. Il faudra bien rentrer en France vers la fin du mois de novembre, si cela ne te dérange pas trop, viens à ma rencontre jusqu'à Chambéry ou Genève.

C. Simonetta.

Mille amitiés à François (1). Quels sont tes projets pour le voyage de Paris? tu logeras chez moi, n° 3.

Recacheté par moi avec de la cire (2), ne dis pas to the father où je suis (3).

(1) François Périer, mari de Pauline.
(2) On voit en effet que la lettre a été déchirée deux fois.
(3) A madame Pauline Périer, en sa terre de Tuélins, près La Tour-du-Pin, département de l'Isère. — Lettre inédite.—(*Collection de feu M. Eug. Chaper.*)

IL

A Louis Crozet [1].

Rome, 28 septembre 1816.

Un hasard le plus heureux du monde vient de me donner la connaissance *of 4 ou 5 Englishmen of the first rank and understanding* (2). Ils m'ont illuminé, et le jour où ils m'ont donné le moyen de lire *the Edinburgh Review* (3) sera une grande époque pour l'histoire de mon esprit; mais en même temps une époque bien décourageante. Figure-toi que presque toutes les bonnes idées de l'*H* (4), sont des conséquences d'idées générales et plus élevées, exposés dans ce maudit livre. *In England, if ever the H.* (5) y parvient, on la prendra pour l'ouvrage d'un homme instruit et non pas pour celui d'un homme qui écrit sous l'immédiate dictée de son cœur.

P.S. — Note à mettre au dernier mot du dernier vers de la vie de Michel-Ange (6) :

(1) Louis Crozet, né à Grenoble, contemporain d'Henri Beyle, l'un de ses fidèles amis (voir *Journal, passim*). Louis Crozet était ingénieur des ponts et chaussées.

(2) De 4 ou 5 Anglais du premier rang et de la plus grande intelligence.

(3) La *Revue d'Edimbourg*, fondée en 1802 par Jeffrey, Brougham, Sidney Smith.

(4) L'*Histoire de la Peinture en Italie* qui fut publiée en 1817.

(5) En Angleterre, si jamais l'*H*.

(6) Beyle parle de son *Histoire de la Peinture en Italie*, comme d'un poème.

On me conseille de mettre ici une note de prudence. Il faut pour cela parler de moi. Sous la Chambre de 1814, j'avais eu l'idée de faire imprimer ce ballon d'essai, à Berlin où, en fait d'opinion religieuse la liberté de la presse est honnête. Mais ce préjugé ridicule dans la monarchie, qu'on appelle amour et patrie, m'a fait désirer de voir le jour à Paris.

Toutefois, j'ai voulu, auparavant, acquérir la *certitude qu'on vend publiquement sur les quais et à vingt sous le volume*, la *Guerre des Dieux*, la *Pucelle*, le *Système de la Nature*, l'*Essai sur les mœurs*, de Voltaire, etc., etc.

Je ne savais pas une chose que l'on m'écrit, l'impression terminée, c'est que les délits de la liberté de la presse sont jugés par des juges bien justes et non pas par un jury. Or, ces Messieurs sont hommes, et, comme tels, fort curieux d'orner leur petit habit noir d'une croix rouge. On sait que les ministres mettent tout l'acharnement de la vanité piquée contre la liberté de la presse, et, au moyen du fonds de réserve des décorations, ils sont ici accusateurs et juges. Mon avoué aura beau dire que lorsqu'on permet la *Guerre des Dieux*, il est ridicule de s'offenser d'un livre spéculatif, fait peut-être pour une centaine de lecteurs. Si le ministre a besoin ce jour-là de paraître dévôt, pour faire excuser quelque mesure anti-religieuse, les chanceliers Séguier, les Omer ne sont pas rares (1).

(1) Lettre inédite. — (*Bibliothèque de Grenoble*).

L

Au même.

Rome, le 30 septembre 1816.

*Raisons pour ne pas faire les troisième, quatrième, cinquième et sixième volumes de l'*Histoire de la peinture en Italie.

Depuis qu'à douze ans j'ai lu Destouches, je me suis destiné *to make co*, à faire des comédies. La peinture des caractères, l'adoration sentie du comique ont fait ma constante occupation.

Par hasard, en 1811, je devins amoureux de la comtesse Simonetta (1) et de l'Italie. J'ai parlé d'amour à ce beau pays en faisant la grande ébauche en douze volumes perdue à Moladechino. De retour à Paris, je fis recopier la dite ébauche sur le manuscrit original, mais on ne put reprendre les corrections faites sur les douze jolis volumes verts, petit in-folio, mangés par les cosaques.

En 1814, battu par les orages d'une passion vive, j'ai été sur le point de dire bonsoir à la compagnie du 22 décembre 1814 au 6 janvier 1815 ; ayant le malheur de m'irriter du jésuitisme du bâtard (2), je me trouvais hors d'état de faire du raisonnable, à plus forte raison du léger. J'ai donc travaillé quatre à six heures par jour, et, en deux ans de maladie et

(1) Voir *Journal*.
(2) Le père de Beyle.

de passion, j'ai fait deux volumes. Il est vrai que je me suis formé le style, et qu'une grande partie du temps que je passais à écouter la musique *alla Scala* était employé à mettre d'accord Fénelon et Montesquieu qui se partagent mon cœur.

Ces deux volumes peuvent avoir cent cinquante ans dans le ventre. La connaissance de l'homme, si mon testament est exécuté (1) et si l'on se met à la traiter comme une science exacte, fera de tels progrès qu'on verra, aussi net qu'à travers un cristal, comment la sculpture, la musique et la peinture touchent le cœur. Alors ce que fait Lord Byron on le fera pour tous les arts. Et que deviennent les conjectures de l'abbé Dubos quand on a des Lord Byron, des gens assez passionnés pour être artistes, et qui d'ailleurs connaissent l'homme à fond ?

Outre cette raison sans réplique, il est petit de passer sa vie *à dire comment les autres ont été grands.* Optumus quisque benefacere, etc.

C'est dans la fougue des passions que le feu de l'âme est assez fort pour opérer la fonte des matières qui font le génie. Je n'ai que trop de regrets d'avoir passé deux ans à voir comment Raphaël a touché les cœurs. Je cherche à oublier ces idées et celles que j'ai sur les peintres non décrits. Le Corrège, Raphaël, Le Dominiquin, Le Guide sont tous faits, dans ma tête.

Mais je n'en crois pas moins sage, à 34 ans moins 3 mois, d'en revenir à *Letellier* (2), et de tâcher de faire

---

(1) Voir *Corresp. Inédite*, vol. I p. 6 : *Instruction* pour MM. F. Faure et L. Crozet.

(2) Pièce restée inachevée, voir *Journal*.

une vingtaine de comédies de 34 ans à 54. Alors je pourrai finir la Peinture, ou bien, avant ce temps, pour me délasser de l'art de *Komiker*. Plus vieux, j'écrirai mes campagnes ou mémoires moraux et militaires (1). Là, paraîtront une cinquantaine de bons caractères.

At the Jesuit's death, if I can, I will go in England (2) pour 40,000 fr. et en Grèce pour autant, après quoi, j'essaierai Paris, mais je crois que je viendrai finir dans le *pays du beau*. Si, à 45 ans je trouve une veuve de 30 qui veuille prendre un peu de gloire pour de l'argent comptant, et qui de plus ait les 2/3 de mon revenu, nous passerons ensemble le soir de la vie. Si la gloire manque, je resterai garçon.

Voilà tout ce que je fais de ma vie future.

Le difficile est de ne pas m'indigner contre le Bâtard et de vivre avec 1,600 fr. Si je puis accrocher 30,000 fr. ou trouver un acquéreur pour une maison de 80,000 fr., pour laquelle je dois 45,000 fr. je suis heureux avec 4,600 fr, et la comédie s'en trouvera bien.

CRITIQUE *ferme tout cela*. Peut-être que tu ne vois en moi nul talent comique. Il est sûr que seul je suis toujours sérieux et tendre, mais la moindre bonne plaisanterie, celle de la table de l'*opisk*, par exemple, me font mourir de rire pendant deux heures.

Il me faudrait deux ans pour finir l'Histoire, 4 vol. D'autant plus qu'il faut inventer le beau idéal du coloris et du clair-obscur, ce qui est presque aussi dif-

---

(1) C'est la *Vie de Henri Brulard*.
(2) A la mort du Jésuite (c'est le père de Beyle), si je puis, j'irai en Angleterre.

ficile que celui des statues. Comme cela tient de bien plus près aux cuisses de nos maîtresses, les plats bourgeois de Paris sont trop bégueules pour que je leur montre ce beau spectacle.

Garde cette feuille en la collant dans quelque livre pour que nous puissions partir de ces bases à la première vue.

ALEX. DE FIRMIN.

P.-S. — De plus, en faisant quatre nouveaux volumes, je ne gagnerai pas deux fois autant de réputation (si réputation il y a) que par les deux premiers. Le bon sera de voir dans vingt ans d'ici les Aimé Martin continuer cette histoire. Moi-même je pourrai composer un demi-volume de cette continuation dans leur genre. Quel abominable pathos ; quelles phrases pour la connaissance de l'homme !

Les copies me coûtent trop cher, 15 cent. par page, et les copistes me font donner au diable (1) !

LI

AU MÊME.

Milan, 1er octobre 1816.

Note romantique.

La supériorité logique des Anglais, produite par la discussion d'intérêts chers, les met à cent piques au-dessus de ces pauvres gobes-mouches d'Allemands qui croient tout. Le système romantique, gâté par le

---

(1) Lettre inédite (*Bibliothèque de Grenoble*).

mystique de Schlegel, triomphe tel qu'il est expliqué dans les vingt-cinq volumes de l'*Edinburgh Review* et tel qu'il est pratiqué par Lord Ba-ï-ronne (Lord Byron). *Le Corsaire* (trois chants) est un poème tel pour l'expression des passions fortes et tendres que l'auteur est placé en ce genre immédiatement après Shakespeare. Le style est beau comme Racine. *Giaour* et la *Fiancée d'Abydos* ont confirmé la réputation de Lord Byron, qui est généralement exécré comme l'original de Lovelace, et un bien autre Lovelace que le fat de Richardson. Lorsqu'il entre dans un salon toutes les femmes en sortent. La représentation de cette farce a eu lieu plusieurs fois à Coppet (1). Il a trente ans, et la figure la plus noble et la plus tendre. Il voyage accompagné d'un excellent maquereau, un médecin italien. On l'attend ici au premier jour, je lui serai présenté. Le courrier part, sans quoi j'avais le projet de dicter pour toi la traduction de six pages de l'*Edinburgh*, n° 45, qui exposent toute la théorie romantique. Tâche de glisser le commencement de cet alinéa dans ma note romantique. Il faut bien séparer cette cause de celle de ce pauvre et triste pédant Schlegel, qui sera dans la boue au premier jour. Une fois les mille exemplaires imprimés, en envoyer sur le champ cinq cents à Bruxelles. Que dis-tu de cette idée? Le Corrège est impossible à faire. Je ne sais même si tu me passeras certains morceaux de Michel-Ange. — Il partira le 12 octobre, et moi vers le commencement de novembre pour la patrie de Brutus. Ne dis rien de cela à personne. Toujours la même adresse, n° 1117. J'attends avec

---

(1) Chez Mme de Staël.

impatience les premières feuilles. La lettre sur Coppet court les champs; je n'ai pu la rejoindre (1).

LII

Au Même.

Milan, 20 octobre 1816.

Comment peux-tu douter de ma vive reconnaissance et quel besoin as-tu que Félix (1) te dise que je me loue de toi? Toutes les lettres que je reçois de Grenoble sont toujours pleines de duretés. Je les mets à part pour ne les ouvrir que le soir, et cependant elles m'empoisonnent encore un jour ou deux. Les tiennes seules me sont une fête.

La fête a été double ce matin en voyant arriver deux lettres. Mais un accès de nerfs par excès d'attention pour Michel-Ange me force à sauter la moitié de mes idées.

Je vais chercher partout quelqu'un qui ait des connaissances à Rome. Cela m'est difficile, car aucun de mes amis n'a de ces sortes de relations.

J'ai dîné avec un joli et charmant jeune homme, figure de dix-huit ans, quoiqu'il en ait vingt-huit, profil d'un ange, l'air le plus doux. C'est l'original de Lovelace ou plutôt mille fois mieux que le bavard Lovelace. Quand il entre dans un salon anglais, toutes les femmes sortent à l'instant. C'est le plus grand poète vivant, lord Byron. *L'Edinburgh*

(1) Lettre inédite (*Bibliothèque de Grenoble*).
(1) Félix Faure.

Review, son ennemi capital, contre lequel il a fait une satire (1), dit que, depuis Shakespeare, l'Angleterre n'a rien eu de si grand pour la peinture des passions. *J'ai lu cela*. Il a passé trois ans en Grèce. La Grèce est pour lui comme l'Italie pour Dominique (2). Hors de là, il fait des vers qui, de retour en Grèce, lui semblent plats. Il y retourne.

Michel-Ange aura 180 pages de manuscrit, *id est* 127 pages imprimées. J'en suis à 104. Tout est copié. Je corrige, mais le mal de nerfs est venu hier; au lieu de travailler, — quatre heures sur mon lit.

Pas une note? — Cependant ne crois pas si peu utiles les notes, cela accroche les sots, les benêts, les gens qui ne comprennent pas le texte. D'autres fois la chose difficile est jetée en note. J'avais le projet de n'en point faire, j'ai vu *fair island* (3), Lappy, Mich., Alex., *my brother-in-law* (4), qui sont bien loin d'être sots, et j'ai fait les notes. Tu n'as pas d'idée combien nous sommes en arrière pour les arts et d'une présomption si comique. La présomption rend les trois quarts de nos livres *ridicules à l'étranger*. Si jamais tu écris, songe à lire l'*Edinburgh Review*, pour voir le ton des autres nation. Ce pauvre Travel! si la médecine qu'on lui donne ne le guérit pas, il est mort. On attend l'effet. (Sa femme pleure).

Winkelmann, c'est Mlle Emilie racontant l'histoire d'Héloïse et d'Abélard.

---

(1) *English Bards and Scotch Reviewers*, violente satire, publiée en 1809.
(2) Beyle.
(3) Bellisle, voir *Journal*.
(4) Mon beau-frère.

Je ne suis pas en train de relever cet admirable ridicule. Il y aurait de la prétention. Tous les gens à sensiblerie citent Winkelmann; dans vingt ans, si l'*opus* réussit, on citera l'*opus*.

Religion. — Pour n'être pas un enfonceur de portes ouvertes, Dominique voulait respecter la religion. *Il avait déjà fait* un morceau là dessus. Mais il a étudié l'histoire, il a cru que la seule législation du xv° siècle en Italie était l'Enfer et que Michel-Ange avait été forcé à être peintre juré de l'inquisition. Forcé, poussé par l'histoire (Pignatti, Machiavel, Varchi, Guichardin, etc.) il a été forcé de mal parler dans la vie de M.(1); il a jeté au feu hier sept à huit feuilles atroces. Il craint encore que tu n'en trouves trop. Mais on ne se doute pas de cela à Paris. Il faut bien faire entrer cette idée. Au reste, la nouvelle Chambre, au moyen de deux voix et de quatre places par député, sera probablement modérée, et l'on aura en janvier d'autres chiens à fouetter. Comment rendre discrètes les *shepherderies* (2), et Fair island ? Si tu le peux, fais-le.

Si tu trouves réellement *basse*, *plate*, la dédicace(3), pouvant faire rougir Dominique en 1826, supprime-la. Il m'a consulté, je ne la trouve pas *plate*. *Item, primo panem, deinde philosophari*. Avec 1,200 fr. par an au Cularo (4) je serai le plus malheureux des êtres, avec 4 ou 6 ici, *very happy* (5).

---

(1) Michel-Ange.
(2) Mot forgé par Beyle, de *shepherd*, berger (bergerie).
(3) La célèbre dédicace à Napoléon.
(4) A Grenoble.
(5) Très-heureux. — Lettre inédite.—(*Bibliothèque de Grenoble*).

LIII

Au Même.

Milan, 21 octobre 1816.

Sais-tu que l'ouvrage perdra infiniment s'il n'y a pas de titre à gauche. Pour *fair island*, le père Martin, etc., etc, le sujet est intéressant, mais la manière fatigante, désagréable. Ils fermeront le livre ; puis, poussés par la curiosité, le rouvriront et parcourront les titres à gauche. S'il en est temps encore, le moyen est bien simple, diminue de moitié les titres à gauche.

Ils sont trente, je suppose, n'en mets que dix. Les annonces les plus générales, alors quelque borné que soit le prote, il les placera. Il y aura quelque bévue? Hé bien, j'aime mieux deux ou trois bévues et avoir ces titres qui excitent l'attention, facilitent les recherches, etc. Je viens d'en sentir tout l'agrément dans le *Voyage en Angleterre*, de M. Siméon. Donc, s'il en est temps, etc.

Epigraphe du second volume, sur le titre : *To the happy few* (1).

Pour que mes feuilles ne courent aucun risque, ne m'envoie qu'une ou deux feuilles à la fois. Tu n'as qu'à faire deux ou trois enveloppes avec du papier opaque. Je ne te renvoie pas la lettre du bossu que j'ai déchirée. Mets la lettre de Mme Périer (2) à

---

(1) Pour quelques élus. Epigraphe favorite de Beyle.
(2) Sa sœur Pauline.

la poste. Ou bien monte lui la tête en lui interceptant la moitié de ses lettres. Mes respects à Mme Prax(1). Prie-la de ne pas me voler tout ton cœur (2).

Dubois du Bée.

LIV

Au même.

Livourne, le 15 novembre 1816.

Je n'ai pas voulu t'assassiner de lettres. Tu as autre chose à faire. La dernière que j'ai reçue de toi est celle de Mâcon. Au moins la moitié des lettres sont jetées au feu.

Le trop d'attention pour Michel, m'a donné des nerfs si forts que, depuis dix jours, je n'ai rien pu faire.

J'ai lu devant moi ledit Michel, copié en 192 pages. En deux jours de santé, je donne le dernier poli et j'envoie.

Il y aura quatre lacunes pour des descriptions qui doivent être faites par celui qui décrit et qui a vu ce grand homme sous un jour nouveau. Ce que les auteurs vulgaires blament comme *dur*, je le loue comme contribuant à faire peur aux chrétiens ; cette

---

(1) Mme Praxède Crozet, femme de Louis Crozet.
(2) Monsieur le chevalier Louis Crozet, chez M. Payan l'aîné, à Mens, par Vizille, Isère. — Lettre inédite (*Bibliothèque de Grenoble*).

peur salutaire qui conduit en paradis fut le grand but de Michel-Ange.

Tu es problablement très heureux pour le cœur, figure-toi que je suis le contraire uniquement à cause de Cularo (1). Que faire ? Je suis forcé de contempler le laid moral. Je voudrais ne pas avoir si fort raison contre l'homme (2) qui abuse du droit du plus fort. Si le bâtard n'avait rien, je prendrais un parti vigoureux, probablement professeur en Russie.

*
* *

On laissera tranquille un homme qui raisonne obscurément sur les arts. La religion est la cause unique du *dur* et du *laid* que les sots reprennent dans Michel-Ange. Laisse le plus que tu pourras le développement de ce ressort secret. Mets des points quand tu supprimeras. En un mot, M. le chimiste, cette espèce d'écume qu'on nomme beaux-arts est le produit nécessaire d'une certaine fermentation. Pour faire connaître l'écume, il faut faire voir la nature de la fermentation.

J'ai lu les vieilles histoires *en originaux*, j'ai été frappé de l'ignorance où nous sommes sur le Moyen-Age et de la profonde stupidité et légèreté des soi-disants historiens. Prends pour maxime de ne lire que les originaux et que les *historiens contemporains*.

Pour me rafraîchir le sang, donne-moi quelques détails sur ton bonheur.

(1) Grenoble.
(2) Son père.

Présente mes respects à Mme Praxède et prie la de ne pas me voler tout ton cœur (1).

LV

Au Même.

Milan, le 26 décembre 1816.

Ta lettre du 28 novembre, que je reçois à l'instant, m'a fait le plus vif plaisir, au milieu de l'isolement moral où je me trouve.

Je marche constamment de huit heures du matin à 4, à pied et pour cause. Je suis si harassé que je m'endors à 6 heures jusqu'à 8 le lendemain. Du reste, pas d'attaques de nerfs depuis onze jours que mon extrême curiosité me fait courir. L'économie me jette dans une petite auberge où il n'y a pas même de plume. Je ne te noterai donc pas la centième partie des idées que m'a données ta lettre.

Farcis Michel-Ange, que tu auras reçu le 14 décembre, de notes pieuses et révérencieuses. Tâche de ne pas supprimer de vers, car dans mon illusion, il me semble que tout se tient dans ce poème. Michel-Ange, pour la douce religion de la Grèce, eût été Phidias. Tu recevras dans trois jours, ce qui manque à Michel-Ange. Je n'ai pas eu le temps de polir vingt

---

(1) Monsieur le Chevalier Louis Croizet, ingénieur des Ponts et Chaussées, chez M. Payan l'ainé, à Mens, département de l'Isère.

Lettre inédite. — (*Bibliothèque de Grenoble.*)

pages de détails à la fin de Michel. Efface les détails ridicules par leur peu d'importance. J'aurais eu besoin de laisser dormir deux mois et de revoir ensuite. A l'histoire de Saint-Pierre, après ces mots : *le signe d'aucune religion n'a jamais été si près du ciel*, il y a une longue note sur les temples de l'Inde. Cela n'est pas exact : mets seulement pour toute note : en Europe.

Avant cette cruelle révolution qui a tout bouleversé, en France, on mettait le nom d'une ville ville étrangère aux *books* (1) tolérés. Comme une sage imitation doit toujours conduire l'autorité, je propose de faire faire un nouveau titre au poème des arts. Mettre : par M. Jules-Onuphe Lani (2), de Nice, et pour lieu d'impression : Bruxelles ou Edimbourg. Car, si l'on connaît Dominique, cela incendie son rendez-vous, ce qui piquerait fort ce jeune homme amoureux. Ensuite dès que l'opération de cet infâme monstre d'incorrection, Le Bossu, aura produit mille, je te prie instamment de lui ordonner d'envoyer huit cents à Bruxelles, dormir en paix et à l'abri de M. Le Bon, huissier à verge. On fera cadeau de soixante ou quatre-vingts ; on ne mettra en vente que dix jours après les cadeaux. Par ce moyen l'opinion publique sera dirigée, en quelque sorte par les quatre-vingts gens d'esprit que Seyssins (3) aura gratifiés et dont je lui laisse le choix. Je lui ai envoyé jadis une liste (4)

(1) Livres.
(2) L'*Histoire de la peinture en Italie* parut sans nom d'auteur.—Beyle se désigne simplement sous les initiales B. A. A.
(3) Crozet
(4) Voir cette liste plus loin, p. 253.

qui pourra le guider. Il faut y ajouter, madame Saussure, née Necker, à Genève, M. de Bonstetten, à Gevève ; à Paris, Mme la comtesse de Saint-Aulaire, M. le comte François de Nantes, M. le général Andreossy. N'oublie pas la note comique de Schlegel qui voudrait couper le cou à la littérature française. Il faut cela pour me différencier de ce pédant pire que les La Harpe. *The work of Mme de Stael which I Know* fera bien un autre scandale. Cette pauvre dame qui, au fond, manque d'idée et d'esprit pour l'impression, quoiqu'elle en ait beaucoup pour la conversation, me semble vouloir avoir recours au scandale pour faire effet. Elle parlait *of going to America after this book* (1) qui paraîtra la veille de son départ de Paris pour Coppet.

Immédiatement après les vers sur le beau-moderne vient le Michel-Ange. Le cours de cinquante heures est après Michel-Ange. Les volumes seront assez gros, ce me semble. La paresse m'empêche de faire l'appendice. Nos yeux sont si en arrière ! je vis ici avec dix ou douze..... impossible, dix mille fois impossible de faire sentir les arts à ce qu'on appelle à Paris un homme d'esprit parlant bien de tout ; j'ai eu beau les mettre en fonctions de la connaissance de l'homme — lettre close par les Français. Après avoir remué toute la journée hier pour avoir des billets pour la première représentation du grand Opéra, ils ont fait de l'esprit sur les costumes pendant la première demi-heure, ont parlé continuellement, et enfin l'ennemi les a chassés avant le tiers du spec-

---

(1) L'ouvrage de Mme de Staël que je connais.
(2) D'aller en Amérique une fois ce livre paru.

tacle. C'était le *Tancrède* du charmant Rossini, jeune homme à la mode.

Je pourrais tout au plus t'envoyer quatre pages de notes précises sur la richesse de Florence au 13° siècle à mettre à la fin du *first vol* (1). Cela est aussi curieux qu'ignoré. Mais, au total, je désespère de faire sentir les arts à ces monstres de vanité et de bavardage. Ils sont de bonne foi quand il disent : cela est mauvais, leur âme sèche ne peut sentir le beau. Je vois partout des Mlle Emilie. Je ne crains qu'une chose, c'est que, trouvant de la duperie à faire quoi que ce soit, je ne finisse par me dégoûter du seul métier qui me reste. Je me suis tué à la lettre *for this work* (2) par le café et des huit heures de travail pendant des trente ou quarante jours d'arrache pied. Je réduisais par là à vingt pages ce qui en avait d'abord cinquante. J'ai usé le peu d'argent disponible, j'ai donné les soins les plus minutieux et les plus ennuyeux à un excellent ami, je risque d'incendier mon rendez-vous avec la musique, et tout cela pour offrir du rôti à des gens qui n'aiment que le bouilli. Y a-t-il rien de plus bête (3)?

(1) Premier volume.
(2) Pour cet ouvrage.
(2) Lettre inédite. — (*Bibliothèque de Grenoble*).

LVI

AU MÊME.

Rome, 31 décembre 1816.

Monti raisonnait un jour sur la philosophie de la poésie devant le célèbre Lord Byron et M. Hobhouse, l'historien. Il m'adressait la parole et débitait toutes les vieilles théories : qu'il valait mieux que le poète peignît Minerve qui arrête le bras d'Achille, que de montrer les anxiétés d'un héros emporté tantôt par la colère, tantôt par la prudence. M. Hobhouse s'écria tout à coup : *He knows not how he is a poet !* (1).

Il en était tout honteux, et me fit répéter plusieurs fois l'assurance que Monti n'entendait pas l'anglais. Je vois que cette remarque s'applique à Canova. Cet homme, qui, avec le ciseau, donne des sentiments si sublimes, avec la parole n'est qu'un Italien vulgaire. Voilà ce qui, pour la première fois, je te le jure, m'a donné un peu de vanité. Les gens qui expliquent les règles, et surtout qui les font sentir, sont donc bons à quelque chose.

Accuse-moi la réception d'une feuille ridicule, si on la trouvait, intitulée : Raisons pour ne pas faire les 3e, 4e, etc., volumes de l'*H*. (2).

Tu as dû recevoir, de Turin, un blanc-seing avec un projet de lettre. Je persiste, excepté pour le mot : *Ballon d'essai* qui me semble ridicule. Corrige et fais

---

(1) Il ne sait pas comment il est poète !
(2) Voir plus haut, p. 231.

transcrire moyennant trois sous la feuille. Je tiens assez à la signature dissemblable pour ne pas incendier le rendez-vous sous les grands marronniers où l'on entend de si douce musique. Cependant on en recevra une seconde où il n'y a d'altéré que le mot Londres.

Mais, maudit bavard, envoie-moi donc les omissions de *Michel-Ange!*

J'ai lu le livre de M. Jules Onuphro Lani (de Nice), Edimbourg 1817. Cela me paraît le plus prudent. Le livre de Mme de Staël couvrira l'autre. Mets Dominique à même de solliciter la dispense. Ne peux-tu pas te placer à l'Ecole des Mines ?

Dis-moi au moins l'effet que *Michel-Ange* a produit sur toi. Sans note, je crains que cela ne soit trop pour les *Fair islands* (1).

LVII

Au Même

Rome, 6 janvier 1817.

J'espère, mon cher Louis, que tu es le plus content des Dauphinois depuis le 26 décembre. Félix me le fait entendre. Cette idée-là me rendrait tout content sans la mort de ce pauvre Périer (2).

(1) Lettre inédite. — (*Bibliothèque de Grenoble*).
(2) Le mari de sa sœur Pauline.

Ce matin, en revenant de la villa Albani, où j'avais été tourmenté par le soleil que j'avais fui sous une allée sombre de chênes verts, j'ai appris la triste nouvelle.

J'avais reçu 2,100 fr., ce qui, avec 240 que j'ai encore, me permettrait de rester six mois à Rome ou à Naples. L'amitié que j'ai pour Pauline me rappelle à Cularo (1). Je pars. Quand ? Je ne suis pas encore résolu.

Si j'avais quelque espoir raisonnable de t'embrasser, je t'assure que je me hâterais, mais tu seras parti.

Il m'arrive un accident étrange, mais j'avais juré de ne rien prendre au tragique, ne songeant pas qu'une véritable tragédie me tomberait sur la tête. Mes deux malles mises au roulage à Florence le 12 et qui devaient être ici le 18 décembre, ne sont pas encore arrivées le 6 janvier. Dans ces malles est tout le style de Michel-Ange.

Que faire ? J'ai fait le plafond de la Sixtine ; sans faute le premier convoi te l'apportera écrit par moi, bien large. Il suffira de le coudre en son lieu dans le volume vert.

Il n'y a rien à dire à la chapelle Pauline, attendu que la fumée des cierges a fait justice de la chute de saint Paul et du saint Pierre.

Reste uniquement la lacune du *Jugement dernier*. Si cela est plus commode au bossu qu'il laisse huit pages ou une demi-feuille en blanc et qu'il finisse son ouvrage en mettant après Michel-Ange, le cours de cinquante heures (1), plus une table.

(1) Grenoble.
(1) Epilogue de *l'Histoire de la Peinture*.

Quarante-huit heures après avoir reçu mes malles je t'expédie un jugement terrible. Je suis plein du physique de la chose; il me manque tous les petits détails critiques et techniques que j'ai renvoyés là, pour les faire passer à l'aide d'un morceau célèbre. Je t'enverrai cela en toute hâte. T'envoyer un jugement sans détails techniques, les amateurs maniérés ne manqueraient pas de dire plus haut encore : « C'est un monsieur qui fait fort bien la philosophie, la politique, et même un peu de peinture. »

Les amateurs que j'ai vus ici enterrés dans la technique me montrent à la fois et le *comment* de la médiocrité actuelle et les critiques que l'on fera du pamphlet de Dominique.

Parle-moi un peu de toi. Les Zii se conduisent bien, c'est là l'essentiel.

Ma sœur est plus accablée que je ne l'aurais cru. Elle me dit pas même s'il y a testament. Périer en avait fait un qui donnait tout à ma sœur, sous la condition de payer 90,000 fr. aux neveux. Cela lui ferait 120,000 ou 100,000 francs en un domaine, à deux lieues de La Tour-du-Pin, dans des bois pittoresques. Avec ces 4,000 fr. de rente et les 4 ou 5,000 de Dominique, ils pourraient vivoter ensemble dans quelque coin. Ce coin sera-t-il à Paris ou à Milan?

Adieu, il y a de beaux yeux qu'il vaut mieux regarder que mes pattes de mouche. Que ces beaux yeux n'étaient-ils ce matin à la villa Albani devant le Parnasse de Raphaël Mengs!

Onuphro LANI (1).

(1) Monsieur Louis Crozet, ingénieur du corps royal des ponts et chaussées, chez M. Payan l'aîné, à Mens (Isère). Lettre inédite. — (*Bibliothèque de Grenoble*).

Au Même.

Rome, le 13 janvier 1817.

Comme je suis né malheureux, le ciel, qui veut que je passe pour le contraire d'un homme d'ordre à tes yeux, a retardé jusqu'au 12 janvier l'arrivée des matériaux du *Jugement dernier*. Je t'envoie la *Sixtine* copiée d'après nature. Couds-moi cela en son lieu et place avec une aiguille préparée par une belle main. Je la supplie de me rendre ce service. Elle sera ainsi la marraine de l'ouvrage. Plût à Dieu que l'enfant eût la fraîcheur de la marraine !

Reste *le Moïse* et *le Jugement*. Ce *Moïse* est un morceau bien dur. Je ne sais comment l'approximer de ces petits oiseaux à l'eau de rose qu'on nomme des Français aimables. Ceux que je vois ici me font désespérer et m'ôtent tout courage. Les fonctions analytiques de Lagrange seraient plus claires pour eux.

Mais parlons de ton bonheur. Dis moi quand le destin cruel te fera quitter Mens pour Plancy. C'est

de là que j'attends les critiques. Elles seront un peu tardives.

Je pense que tu vas envoyer *Michel* au Bossu. Pour ne pas ennuyer par cent pages continues à la Bossuet, j'ai mis une couleur de prosopopée. Je ne sais si cela fait bien. J'ai mis la chambre obscure et les trois paysages pour faire sentir les styles, le portrait de mon duc d'après nature ; mais ce portrait est-il assez fondu ?

Je l'ignore. Mon homme va être bientôt duc. Si j'ai manqué de tact, corrige-moi. Si décidément cette couleur de prosopopée te choquait, renvoie-moi les deux pages ; il n'y a qu'à ôter en trois traits de plume, tout est rentré dans le style sublime. As-tu décidé pour Jules Onuphre. Lani de Nice, à Edimbourg ? As-tu reçu deux ou trois lettres piquées ? Mais il faudrait que cet animal n'en fît usage qu'au moment de la mort. Autrement le charmant rendez-vous que j'ai avec *sweet music* serait incendié. Paris est un théâtre plus curieux, mais je suis si amoureux, et tu sens la force de ces termes, de ma charmante musique que je doute si Paris pourra jamais me convenir.

Ce problème va se présenter. Ce pauvre P. (1) a faussé compagnie bien mal à propos. Je vais être obligé d'aller me *rinfrangere* en février. Je perdrai deux mois sans plaisir ni utilité. Que deviendra *the good sister* (2) ? Je la laisserai religieusement libre, mais je pense qu'elle verra qu'à trente et un ans, il lui convient d'habiter avec Dominique. Leurs deux

---

(1) Périer.
(2) La bonne sœur (Pauline).

petites lampes réunies pourront jeter une honnête clarté, mais comme les déplacements sont mortels à d'aussi frêles fortunes, il s'agit de choisir pour toujours. Si à Plancy, il te vient quelque pensée là-dessus, communique-la moi. Depuis la lettre sur *Dotard, you know myself as I* (1).

Mais revenons. J'insiste pour envoyer 5 ou 600 exemplaires respirer l'air natal à Bruxelles. Vu le bâtard (2), il faut tâcher de rentrer dans nos fonds, et vaincre un peu de paresse.

Je suis passionné pour ta critique, tu me connais *intus et in cute.* Ne ménage rien, donne le mot le plus cruel à la plus cruelle nouvelle, comme dit notre ami Shakespeare.

R. le 21 j. 1817.

Comme je suis né malheureux, observant trop longtemps les loges de Raphaël au Vatican le 16, par un temps froid, je suis au lit depuis le 16 au soir, *cum grandi dolore capitis.* Cela ne retarde que de 4 ou 5 jours le Moïse et le jugement, car le médecin m'annonce la fin de la fièvre pour demain. Fais pousser le Bossu jusqu'au jugement. L'ouvrage, à son égard, sera comme fini.

Recommande au Bossu de ne faire feu qu'à propos, autrement il incendie mon rendez-vous. Appelle Jules Onuphro Lani, surtout envoie à Bruxelles 600. Je serai à Cularo pour la fin de février. Je crains que le timbre n'ait ébruité la grossesse de cette

---

(1) Tu me connais comme je me connais moi-même.
(2) Le père de Beyle.

pauvre Dominique. Dieu sait quel scandale dans Landerneau, outre que l'envieux Alexandre nous a déjà vu lire le gros volume l'année dernière (1).

LIX

Note pour le Libraire.
(Envois de l'*Histoire de la peinture en Italie*).

Le 15 septembre 1817.

Nota : n'afficher et n'envoyer aux journaux que quinze jours après avoir adressé des exemplaires aux personnes nommées ci-après.

Ne pas envoyer d'exemplaires à la *Quotidienne*, aux *Débats*, au *Bon Français*, à la *Quinzaine*.

Envoyer à :

M. le duc de La Rochefoucault-Liancourt, rue Royale-Saint-Honoré, 9;

M. le duc de Choiseul-Praslin, rue Matignon, 1;

M. le comte de Tracy, rue d'Anjou-Saint-Honoré, 42;

M. le comte de Volney, pair de France, membre de l'Académie française, rue de La Rochefoucault, 11;

M. le comte Garat, rue Notre-Dame-des-Champs;

M. le lieutenant-général, comte, pair de France Dessoles, rue d'Enfer-Saint-Michel, 4;

M. le lieutenant-général Andreossy, rue de la Ville-l'Evêque, 22;

---

(1) Lettre inédite. — (*Bibliothèque de Grenoble*).

M. de Cazcs, ministre ;

M. le duc de Broglie, pair de France, rue Lepelletier, 20. Et le duc de Broglie, de la Chambre des députés, rue Saint-Dominique, 19 ;

M. de Staël fils ;

M. Benjamin Constant (*Mercure*) ;

Sir Francis Eggerton ;

M. le duc de Brancas-Lauraguais, pair de France, rue Traversière-Saint-Honoré, 45 ;

M. Terier de Monciel ;

Mme la comtesse de Saint-Aulaire ;

M. le comte Boissy-d'Anglas, pair, rue de Choiseul, 13 ;

M. le comte Chaptal, membre de l'Institut, président de la Société d'encouragement, rue Saint-Dominique-Saint-Germain, 70 ;

M. Thénard, membre de l'Académie des Sciences, rue de Grenelle-Saint-Germain, 42 ;

M. Biot, membre de l'Institut, au Collège de France, place Cambrai. Absent de France ;

M. le chevalier Poisson, membre de l'Institut, rue d'Enfer-Saint-Michel, 20 ;

M. le comte La Place, pair de France et membre de l'Institut, rue de Vaugirard, 31 ;

M. de Humboldt ;

M. Maine-Biran, rue d'Aguesseau, 22 ;

M. Manuel, avocat ;

M. Dupin, avocat, rue Pavée-Saint-André-des-Arcs, 18 ;

M. Berryer, avocat, rue Neuve-Saint-Augustin, 40 ;

M. Mauguin, avocat de la Cour royale, rue Sainte-Anne, 53 ;

M. de Jouy, de l'Institut, rue des Trois-Frères, 11 ;

M. Say, du *Constitutionnel* ;

M. Villemain, chef de division à la Police ;

M. le comte de Ségur, grand-maître des cérémonies, rue Duphot, 10 ;

M. de Lally-Tollendal, pair, membre de l'Institut, Grande-Rue-Verte, 8 ;

M. Laffitte, banquier, député, rue de la Chaussée-d'Antin, 11 ;

M. le maréchal duc d'Albuféra, rue de la Ville-l'Evêque, 18 ;

M. le prince d'Eckmüll, rue Saint-Dominique-Saint-Germain, 107 ;

M. Béranger, auteur du *Recueil de chansons* ;

Mme Récamier ;

M. Récamier (Jacques), banquier, rue Basse-du-Rempart, 48 ;

M. Dupuytren, chirurgien en chef, vis-à-vis la colonnade du Louvre ;

M. Talma, rue de Seine-Saint-Germain, 6 ;

Mlle Mars, rue Neuve-du-Luxembourg, 2 *bis* ;

M. Prud'hon, peintre d'histoire, rue de Sorbonne, 11 ;

M. Gœthe, ministre d'État, à Francfort-sur-le-Mein ;

M. Sismonde-Sismondi, à Genève ;

Sir Walter Scott, poète, à Edimbourg (1).

---

(1) Document inédit. — (*Bibliothèque de Grenoble.*)

LX

Au baron de Mareste.

Milan, le 15 octobre 1817 (1).

Jugez du plaisir que m'a fait votre lettre, je n'ai pas encore de journaux ! — Je suis ravi de la défaite des jacobins Manuel, Laffitte et consorts. Dites-moi comment on a mis le désordre parmi eux. Ensuite, je ne conçois pas la peur du bon parti. Que feraient cinq ou six bavards de plus ? — La généralité de la France a nommé de gros butors, qui seront toujours du parti de notre admirable Maisonnette (2). Je suis peiné à fond de ce que vous me dites de Besançon (3), qui n'a pas encore son affaire. Ceci est un exemple pour Henri. Il est résolu à ne prendre de place qu'à la dernière extrémité. Or, il a encore 6,000 fr. pour six ans. Cependant voici son état de services. Je vous prie de mettre tous vos soins aux articles.— Maisonnette va croître en puissance et, en ayant le courage d'attendre cinq ou six mois, nous serons *articulés, id est* vendus. Ne pourrait-on pas essayer de faire passer au *Constitutionnel* et au *Mercure*, l'article de Crozet ? — En attendant, faisons parler le *Journal général*, ou même les *Lettres Champenoises*. Quant

---

(1) Il existe une autre lettre du 15 octobre 1817, datée de Thuélin, tome 1er de la correspondance, page 43.

(2) Lingay.

(3) Mareste, lui-même.

aux *Débats*, Maisonnette pourrait se réduire à les prier de parler, même *en mal*. Je finis par répéter qu'en en parlant à Maisonnette tous les quinze jours, d'ici à six mois nous obtiendrons l'insertion. Quand ce serait d'ici à un an, mieux vaut tard que jamais.

Je suis bien fâché de la paresse de Crozet. Ça vous aurait fait une maison charmante ; sa femme est pleine d'esprit naturel ; vous y auriez présenté deux ou trois hommes de sens ; c'était un excellent endroit pour être les pieds sur les chenets. Grondez-le ferme afin qu'en dépit de la grande maxime, il se repente.

Adieu, parlez de moi à Mme Chanson et à Maisonnette. Je parle de vous à Hélie, qui est tout à fait supérieur (1).

LXI

Au même.

Milan, le 12 septembre 1818.

Enfin, vous voilà en pied, mon cher ami, et distribuant des passeports aux voyageurs ébahis, qui viennent d'être renvoyés de commis en commis, pendant vingt minutes, et avec sept mille francs encore (2). Je vous assure que cet heureux événement m'a donné une joie sincère. Est-il vrai qu'il date du

---

(1) Lettre inédite (*Collection de M. Auguste Cordier*), copie de la main de R. Colomb.
(2) Mareste avait un poste à la Préfecture de police.

1er janvier dernier? C'est le cas de dire : *chi la dura la vince*. Rien de nouveau. Un ballet d'*Otello* archi-sublime; trois opéras de suite archi-plats. Le dernier de Solliva est le plus mauvais de tous. Nous allons en avoir un de Winter et un de Morlachi.

Ici, les Romantiques se battent ferme contre les Classiques; vous sentez bien que je suis du parti de l'*Edinburgh Review*. A propos, remettez à M. Joubert le n° 56, il me l'enverra par la poste. Ne pourriez-vous pas risquer la même voie pour les autres livres?

J'ai vu avec plaisir cet homme d'esprit, M. Courvoisier, recevoir le prix de son zèle désintéressé. *Lyon en 1817*, fait grand bruit hors la France.

Nous aurons ici *Marie Stuart*, ballet de Vigano. Comment s'en va votre Opera buffa? Dites à vos plats journalistes de vanter un peu les ballets de Vigano et les décorations de Milan. Nous en avons eu cent-vingt-deux de nouvelles en 1817; chacune coûte vingt-quatre sequins.

Vous n'avez pas le temps de lire; mais le samedi, chez Maisonnette, vous devez apprendre des nouvelles littéraires. Je pense qu'il peut bien paraître à Paris, six volumes par an, dignes de vous. Faites-moi connaître ce qui vous semble bon.

Voyez-vous quelquefois M. Masson et M. Busche (1)?

---

(1) Lettre inédite (*Collection de M. Aug. Cordier*). — Copie de la main de R. Colomb.

Au Même.

Grenoble, le 9 avril 1818.
(Maison Bougy, place Grenette, n° 10.)

Mon aimable ami, le procès et la maladie de ma sœur me tiendront ici un long et ennuyeux mois. J'espère, comme moyen de salut, quelques lettres de vous. Je vous expliquerai la position de Milan et vous me comprendrez ensuite à demi-mot. Je vous décrirai les merveilles de nos arts. Cela faisait la seconde partie de ma réponse à votre délicieuse lettre de dix-huit pages, que je sais par cœur. Vous aurez trouvé, sans doute, trop de politique dans la mienne. Comme vos agents vous flattent, j'ai copié la manière de voir de plusieurs Anglais qui ont passé chez nous en dernier lieu. Je suis d'avis qu'il faut garder l'armée d'occupation et s'en tenir au Concordat de 1801, plus une ordonnance du Roi qui, pour dix ans, défende tous les titres, une suspension provisoire de la noblesse, comme nous avons une suspension provisoire des trois quarts de la Charte.

Vous reconnaîtrez la sottise de mon cœur; le discours de M. Laffitte, lu hier à Chambéry, m'a pénétré de douleur. Je pense qu'il exagère pour tâter du ministère. Je pense de plus, avec Jefferson, qu'il faut faire au plus vite et proclamer la banqueroute. Sans les emprunts, on n'aurait pas payé les Alliés. Ils auraient divisé la France ? Où est le mal ? — faut-il être absolument 83 départements, ni plus ni moins, pour être heureux ? Ne gagnerions-nous pas à être Belges ?

D'ailleurs, il faudrait une garnison de vingt mille hommes par département, pour garder, au bout de cinq ans, la France démembrée. Si l'on avait déclaré que les dettes contractées sous un roi, ne sont pas obligatoires pour son successeur, voyez Pitt impossible et l'Angleterre heureuse.

Comme votre aimable ami (Maisonnette), poursuivi par la politique, jusque dans sa tasse de chocolat, doit-être non moins poursuivi par les flatteurs, communiquez-lui ces idées *américaines*.

M. Gaillard, consul à Milan, fut invoqué dernièrement par quelques Français qui, à la Police avaient des difficultés pour un *visa* oublié sur leurs passeports : il répondit en refusant d'intervenir. Je suis Consul du Roi et non « des Français. » — Le comte Strassoldo, indigné du propos, fit lever la difficulté. Vous maintenez de tels agents et vous renvoyez l'armée d'occupation.

Je trouve ici un préfet un peu méprisé, pour n'avoir pas répondu, *en Français*, aux provocations entendues par ses oreilles au Cours de la Graille (1), devant cinq cents témoins. Je suppose qu'il avait ses ordres. D'après mes idées, chez un peuple étiolé par deux cents ans de Louis XIV, il est utile d'avoir des autorités personnellement méprisées. Cependant, je vous engage à renvoyer M. de Pina.

J'envoie à l'aimable Maisonnette les tragédies de

(1) Quai de Grenoble.

Monti; c'est le Racine de l'Italie, du génie dans l'expression. La tragédie des Gracques (1) peut être une nourriture *fortifiante* pour un poète classique. Mais le classicisme de notre ami ne cède-t-il pas à la connaissance des hommes, qui s'achète quai Malaquais (2)? Se tue-t-il toujours de travail?

Si le couvert du ministre n'est pas indiscret, je vous enverrai, pour vous, deux petits volumes, bien imprimés, contenant plusieurs poèmes de Monti. Comme cette digne girouette n'a changé de parti que quatre fois seulement, ses poèmes sont rares (3).

LXIII

Au Même.

Paris, le 4 mai 1818.

Cher tyran, enfin, hier soir, en rentrant, jé havé trouvé une letter du duc de Stendhal : elle est tellement excellente que je crois devoir vous faire bien vite cadeau d'une copie d'icelle.

(*Schmit*).

---

(1) La tragédie de *Caio Gracco*, composée postérieurement à 1800, lorsque Monti avait le titre d'historiographe du royaume d'Italie.

(2) Sous M. le duc Decazes, le ministère de la police était dans un hôtel du quai Malaquais.

(3) Lettre inédite (*Collection de M. Auguste Cordier*). — Copie de la main de R. Colomb.

Copie :

Grenoble, le 1er mai 1818.

Mon aimable compagnon, que votre longue lettre m'a fait de plaisir ! Elle m'a attendu vingt-quatre heures, parce que j'étais dans nos montagnes, la seule chose qui puisse rompre l'ennui dans ce pays d'égoïsme plat.

C'est aussi bien plat l'avantage en question. O ciel ! faut-il qu'un Moscovite s'avilisse à ce point !. Mais comme Besançon dit que l'on perd la moitié de son bon sens dès qu'on est seulement à quarante lieues de Paris, je prends le parti de faire comme lui dans cette circonstance ; s'il en veut, j'en prends, et demain je vous envoie l'extrait de baptême. En me prévenant quinze jours d'avance, ce qui me vaudra une autre lettre de vous, je ferai compter les 200 francs à Paris.

Parlez-vous sérieusement ? Le vicomte (1) en queue de morue ! Le vicomte dîner *aux Frères provençaux !* C'est trop fort, c'est incroyable ! Je le voyais au troisième degré du marasme moral. Il m'écrivait autrefois des lettres délicieuses et, depuis un an, il n'est rien sorti. Portez-en mes plaintes à la vicomtesse.

Je vous approuve de tout mon cœur, dans votre dos à dos silencieux avec quelque pour cent. Il faut apprendre à ces coquines-là qu'elles ne sont bonnes que quand on les désire. Et Mina ? Dites à Besançon que je compte partir d'ici le 10 mai, au plus tard : qu'il me dépêche encore une secousse électrique avant mon départ.

(1) M. Louis de Barral.

Ne plaisantez pas mon tyran *Milaniste*, songez qu'il n'y a point eu de réaction. Depuis la chute des brigands, en tout 23 *arrestations*; pesez cela. Je finis parce que je m'ennuie tant dans ce pays que je suis éteint.

Quand vous écrirez à Dessurne (1), demandez-lui, comment vont les ventes. On lui a envoyé trois marchandises, savoir : *Vie de Haydn*, l'*Histoire de la peinture*, *Voyages de Stendhal* (2). Le n° 57 de l'*Edinburg-Review*, parlant de ce dernier, on a dû en vendre. Savez-vous que Besançon vous remettra 300 francs avec prière de les faire passer Fleet street, 203, pour acheter une *Edinburg Review* de rencontre, plus 2 *volumes de table*, *Paternoster row*, chez Longmans.

Adieu, mon cher secrétaire d'ambassade. Je vous somme de me donner des nouvelles. Alors quel est le moins plat des *Annales* ou du *Journal général*? Je suis chargé d'abonner mes amis à quelque chose qui ne soit pas les *Débats*. — Je ne suis pas taillé en solliciteur; j'ai la jambe trop grosse.

Yours, Tavistock (3).

(1) L'éditeur Delaunay.
(2) *Rome, Naples et Florence*.
(3) Lettre inédite. — (*Collection de M. Auguste Cordier*).
— Copie de la main de R. Colomb.

LXIV

Au Même.

Milan, le 20 novembre 1818.

Il est plus facile pour Henri d'avoir des *Books* (1), traduits en Anglais, que de les avoir annoncés à Paris. Voilà le voyage traduit (2), avec dix pages des plus grandes louanges (en mai 1818).

C'est vous qui m'avez donné l'anecdote de Grécourt. J'avais des nerfs ce jour-là et l'ajoutai tant bien que mal au livre que je corrigeais. Refaites-moi ce conte ainsi que celui de *la Bisteka* (3) *gran francesi grandi in tutto*, et ajoutez-le au manuscrit, quand il passera sous vos yeux. Vous savez bien que je ne ne suis pas auteur à la *Villehand* (4). Je fais de ces niaiseries le cas qu'elles méritent ; çà m'amuse; j'aime surtout à en suivre le sort dans le monde, comme les enfant mettent sur un ruisseau des bateaux de papier. Vous ai-je dit que Stendhal a eu un succès fou ici, il y a quatre mois. Par exemple, l'exemplaire du Vice-Ring fut lu au café par quatre personnes qui ne voulaient que le feuilleter et qui se trouvèrent arrivées à une heure du matin, croyant qu'il était dix heures du soir, et ayant oublié d'aller prendre leurs dames au théâtre, etc. On a découvert trois faussetés.

(1) Livres.
(2) *Rome, Naples et Florence en* 1817, 1re édition.
(3) Voir pour l'explication la 1re édition de *Rome, Naples et Florence en* 1817, p. 182-183.
(4) à la Villemain.

Je vois qu'il va y avoir une *Revue encyclopédique.*
Au fait, il n'y a plus de journaux littéraires, ce besoin doit se faire sentir. Je pense sincèrement que tout ce que nous avons à désirer en politique, c'est que les choses continuent du même pas, dix ans de suite. Il n'y a plus d'alarmes à avoir. Donc, l'intérêt politique doit céder un peu à l'intérêt littéraire. D'ailleurs, les discussions politiques commencent à être si bonnes, c'est-à-dire, si profondes, qu'elles en sont ennuyeuses. Qui pourra, par exemple, suivre celle sur le Budget ? Voyez donc si vous pouvez obtenir accès à la *Revue enclyclopédique*, qui a une division intitulée : *Peinture.* Voilà pour l'*essentiel.* Le luxe, pour ma vanité, serait un vrai jugement, en conscience, par Dussault, Feletz ou Daunou.

Il y a ici huit ou dix excellents juges des *Sensations du Beau*, qui ont un mépris extrême pour M. *Quatremère de Quincy* et les connaisseurs de France. Le *Jupiter Olympien* de M. Quatremère est d'un ridicule achevé, par exemple. — 1° Quels sont à Paris, les gens qui passent pour connaisseurs ? — 2° pour grands peintres ? — 3° pour bons sculpteurs ? Ne me laissez pas devenir étranger dans Paris.

CH. DURIF (1.)

7 Décembre 1818.

---

(1) Lettre inédite (*Collection de M. Auguste Cordier*). — Copie de la main de R. Colomb.

LXV

A Madame ***

Grenoble, le 15 août 1819.

Madame,

J'ai reçu votre lettre il y a trois jours. En revoyant votre écriture j'ai été si profondément touché que je n'ai pu prendre encore sur moi de vous répondre d'une manière convenable. C'est un beau jour au milieu d'un désert fétide, et, toute sévère que vous êtes pour moi, je vous dois encore les seuls instants de bonheur que j'aie trouvés depuis Bologne. Je pense sans cesse à cette ville heureuse où vous devez être depuis le 10. Mon âme erre sous un portique que j'ai si souvent parcouru, à droite au sortir de la porte Majeure. Je vois sans cesse ces belles collines contournées de palais qui forment la vue du jardin où vous vous promenez. Bologne, où je n'ai pas reçu de duretés de vous, est sacré pour moi; c'est là que j'ai appris l'événement qui m'a exilé en France, et tout cruel qu'est cet exil il m'a encore mieux fait sentir la force du lien qui m'attache à un pays où vous êtes. Il n'est aucune de ces vues qui ne soit gravée dans mon cœur, surtout celle que l'on a sur le chemin du pont, aux premières prairies que l'on rencontre à droite après être sorti du portique. C'est là que, dans la crainte d'être reconnu, j'allais penser à la personne qui avait habité cette maison heureuse que je n'osais presque regarder en passant. Je vous écris après avoir transcrit de ma main deux longs actes destinés, s'il se peut, à me garantir des fripons dont je suis entouré. Tout ce que la haine la plus profonde, la plus implacable et la mieux calculée peut arranger contre un fils, je l'ai éprouvé de mon père (1). Tout cela est revêtu de la plus belle hypocrisie, je suis héritier et, en apparence, je n'ai pas lieu de me plaindre.

Ce testament est daté du 20 septembre 1818, mais l'on était loin de prévoir que le lendemain de ce jour il devait se passer un petit événement qui me rendrait absolument insensible aux outrages de la fortune. En admirant les efforts et les ressources de la haine, le seul sentiment que tout ceci me donne, c'est que je suis apparemment destiné à sentir et à inspirer des passions énergiques. Ce testament est un objet de curiosité et d'admiration parmi les gens d'affaires ; je crois cependant, à force de méditer et de lire le code civil, avoir trouvé le moyen de parer le coup qu'il me porte. Ce serait un long procès avec mes sœurs, l'une desquelles m'est chère. De façon que, quoique héritier, j'ai proposé ce matin à mes sœurs de leur donner à chacun le tiers des biens de mon père. Mais je prévois que l'on me laissera pour ma part des bien chargés de dettes et que la fin de deux mois de peines, qui me font voir la nature humaine sous un si mauvais côté, sera de me laisser avec très peu d'aisance et avec la perspective d'être un peu moins pauvre dans une extrême vieillesse. J'avais remis à l'époque où je me trouve les projets de plusieurs grands voyages. J'aurais été cruellement désappointé si tous ces goûts de voyages n'avaient disparu depuis longtemps pour faire place à une pas-

(1) Voir lettre suivante.

sion funeste. Je la déplore aujourd'hui, uniquement parce qu'elle a pu me porter dans ses folies à déplaire à ce que j'aime et à ce que je respecte le plus sur la terre. Du reste, tout ce que porte cette terre est devenu à mes yeux entièrement indifférent, et je dois à l'idée qui m'occupe sans cesse la parfaite et étonnante insensibilité avec laquelle de riche je suis devenu pauvre. La seule chose que je crains c'est de passer pour avare aux yeux de mes amis de Milan qui savent que j'ai hérité.

J'ai vu, à Milan, l'aimable L..., auquel j'ai dit que je venais de Grenoble et y retournais. Personne que je sache, Madame, n'a eu l'idée qu'on vous avait écrit. Quand on n'a pas de beaux chevaux, il est plus facile qu'on ne pourrait l'imaginer d'être bien vite oublié.

Ne vous sentez-vous absolument rien à la poitrine? Vous ne me répondez pas là dessus et vous êtes si indifférente pour ce qui fait l'occupation des petites âmes que tant que vous n'aurez pas dit expressément le non, je crains le oui. Donnez-moi, je vous prie, de vos nouvelles dans le plus grand détail, c'est la seule chose qui puisse me faire supporter la détestable vie que je mène.

J'ai la perspective de voir ma liberté écornée à Milan, je ne puis me dispenser d'y conduire ma sœur qu'*Otello* a séduit et qui, dans ce pays, est toujours plus malade..

Je finis ma lettre, il m'est impossible de continuer à faire l'indifférent. L'idée de l'amour est ici mon seul bonheur. Je ne sais ce que je deviendrais si je ne passais pas à penser à ce que j'aime le temps des longues discussions avec les gens de loi.

Adieu, Madame, soyez heureuse; je crois que vous ne pouvez l'être qu'en aimant. Soyez heureuse, même en aimant un autre que moi.

Je puis bien vous écrire avec vérité ce que je dis sans cesse:

> La mort et les enfers s'ouvriraient devant moi,
> Phédime, avec plaisir j'y descendrais pour toi.

HENRI (1).

LXVI

A M. LE COMTE DARU,
Pair de France,
Rue de Grenelle, n. 82, faubourg Saint-Germain.
Paris.

Grenoble, le 30 août 1819.

Monsieur,

J'ai eu le malheur de perdre mon père en juin. J'arrive d'Italie, et je trouve que la plupart des lettres que j'ai écrites depuis six mois ne sont pas parvenues en France. Je désire qu'une lettre que j'ai eu l'honneur de vous adresser au mois d'avril ait été plus heureuse. Je me féliciterais, comme Français, qu'on vous eût rendu quelque influence sur la chose publique; comme particulier, je prends une part bien vive à ce qui peut vous être agréable. Je dois aux dignités dont vous avez été revêtu de n'être pas un petit bourgeois plus ou moins ridicule, et d'avoir

(1) Lettre inédite (*Bibliothèque de Grenoble.*)— Brouillon.

vu l'Europe et apprécié les avantages des places (1).

Mon père laisse des dettes énormes. S'il me reste 4,000 francs de rente en terre, je retournerai vivre à Milan ; dans le cas contraire, j'irai faire à Paris, le pénible métier de solliciteur. Comme la liquidation marche lentement, j'aurai le temps d'aller passer quelques semaines à Paris, et de vous renouveler de vive voix, l'assurance de toute ma reconnaissance et du respect avec lequel j'ai l'honneur d'être, Monsieur, votre très humble et très obéissant serviteur.

H. BEYLE (2).

LXVII

A Madame ***

8 juillet 1820.

Permettez-moi, madame, de vous remercier des jolis paysages suisses. Je méprisais ce pays depuis 1813, pour la manière barbare dont on y a reçu nos pauvres libéraux exilés. J'étais tout à fait désenchanté. La vue de ces belles montagnes que vous avez eu sous les yeux, pendant votre séjour à Berne, m'a un peu réconcilié avec lui.

(1) La bibliothèque de Grenoble possède le *brouillon* de cette lettre ; on y lit : des places *amphibologiques*; et au-dessous de : *les avantages des places*, etc., apprécié *l'avantage de l'ambition*.

(2) Lettre publiée dans : *Stendhal et ses amis*, par Henri Cordier, p. 46-47.

J'ai trouvé, dans les mœurs dont parle ce livre, précisément ce qu'il me fallait pour prouver, ce dont je ne doute pas, c'est que pour rencontrer le bonheur dans un lien aussi singulier, et j'oserais presque dire aussi contre nature, que le mariage, il faut au moins que les jeunes filles soient libres. Car au commun des êtres il faut une époque de liberté dans la vie, et pour être bien solitaire il faut avoir couru le monde à satiété.

J'espère, madame, que vos yeux vont bien ; je serais heureux de savoir de leurs nouvelles en détail.

Agréez, je vous prie, l'assurance des plus sincères respects.

H. B. (1).

LXVIII

Au baron de Mareste.

Milan, le 20 octobre 1820.

Ai-je besoin de vous répéter que vous avez le pouvoir *despotique* sur *Love* (2).

Si vous trouvez du baroque, du faux, de l'étrange, laissez passer ; mais si vous trouvez du *ridicule*, effacez. Consultez l'aimable Maisonnette, qui, en corrigeant les épreuves, est prié de tenir note des passages *ridicules*.

---

(1) Lettre inédite (*Bibliothèque de Grenoble*), brouillon.
(2) Le livre : *De l'Amour*.

Le faux, l'exagéré, l'obscur, sont peut-être tels à vos yeux et non aux miens. Corrigez aussi les fautes de syntaxe française.

J'attends avec impatience que vous m'annonciez l'arrivée du manuscrit ; je n'en ai pas d'autre. Dès qu'il y aura une feuille d'épreuve, envoyez-la moi à l'adresse ordinaire. Je m'amuserai, à la campagne, à corriger le style pour une seconde édition. — Vous aurez la comédie *romantique* (1) dans six mois.

Si vous avez la patience de lire *Love*, dites-moi franchement ce que vous en pensez. Maisonnette le trouvera obscur, exagéré, trop dénué d'ornements.

Je voudrais qu'il n'arrivât aucun exemplaire aux lieux où je suis. La jalousie de la peinture (2) a porté plusieurs personnes à me calomnier. Il paraît que la calomnie est presque entièrement tombée.

J'ai la plus entière confiance dans le cynique comte Stendhal ; je le crois parfaitement honnête homme.

Je pense beaucoup à votre idée d'aller à Rome. La principale objection, c'est que j'aime les lacs, mes voisins. J'y passe économiquement plusieurs semaines de l'année. Je crois les gens d'ici moins coquins que les Romains et plus civilisés. Quatre heures de musique tous les soirs me sont devenues un besoin que je préférerais à Mlle Mars et Talma. Voyez combien nous sommes différents ! Enfin, j'ai pour ce pays une certaine haine ; c'est de l'instinct, cela n'est pas raisonné ; à mes yeux il est le repré-

---

(1) *Racine et Shakespeare*, publiée en 1823.
(2) Il s'agit de son *Histoire de la peinture en Italie*.

sentant de tout ce qu'il y a de bas, de prosaïque, de vil, dans la vie ; mais brisons.

Je viens de lire Byron sur les lacs. Décidément les vers m'ennuient, comme étant moins exacts que la prose. Rebecca, dans *Ivanhoe*, m'a fait plus de plaisir que toutes les *Parisina* de lord Byron. Que dites-vous de ce dégoût croissant pour les vers ? Comme je fais une comédie en prose, serait-ce la jalousie de l'impuissance ? Éprouvez-vous ce dégoût ? Crozet le ressent-il ?

Nommez-moi les trois ou quatre bons livres qui, chaque année, doivent montrer le bout de leur nez à Paris. — Par exemple, on ne se doute pas ici qu'il existe un *Sacre de Samuel*. Le beau talent de Crozet périra-t-il d'engourdissement à Troyes ? Je le crois né pour écrire l'histoire.

Il est chaud, anti-puéril, libéral, patient, exact. J'ai lu avec plaisir les lettres de A. Thierry dans le *Courrier*. Cela est conforme au peu que j'ai entrevu de l'histoire de France. Surtout, j'estime beaucoup le jésuite Daniel et méprise le libéral Mézeray ; comme hommes, ce serait le contraire.

Tout est fort tranquille ici, quoiqu'en disent les libéraux.

Mes compliments au courageux Sel gemme, je suis ravi de son opuscule. Ah ! si je pouvais lui faire avaler le commentaire de Tracy et le Bentham qu'on vient d'imprimer chez Bossange (1) !

(1) Lettre inédite (*collection de M. Aug. Cordier*), copie de la main de R. Colomb.

LXIX

Au Même.

Milan, le 13 novembre 1820.

Cher ami, ajoutez la pensée ci-après, aux 73 pensées que vous avez déjà, pour mettre à la fin de l'*Amour*.

Je vois dans le journal de ce matin (*Le Courrier Français* n° 492, du 24 octobre 1820), que M. de Jouy, un écrivain distingué, dit encore (1) du mal d'Helvétius. Helvétius a eu parfaitement raison lorsqu'il a établi que le principe d'utilité ou *l'intérêt*, était le guide unique de toutes les actions de l'homme. Mais, comme il avait l'âme froide, il n'a connu ni l'amour, ni l'amitié, ni les autres passions vives qui *créent des intérêts nouveaux et singuliers*.

Il se peut qu'Helvétius n'ait jamais deviné ces intérêts ; il y a trop longtemps que je n'ai lu son ouvrage, pour pouvoir l'assurer. Peut-être que, par ménagement pour la facilité que montre le bon public à se laisser égarer, il aurait dû ne jamais employer le mot *intérêt* et le remplacer par les mots *plaisir* ou principe d'utilité.

Sans nul doute, il aurait dû commencer son livre par ces mots : « Régulus retournant à Carthage pour « se livrer à d'horribles supplices, obéit au désir « du plaisir, ou à la voix de l'intérêt. »

---

(1) Voir *de l'Amour*, Edition Michel Lévy, p. 251 et 252.

M. de Loizerolles marchant à la mort, pour sauver son fils, obéit au principe de l'intérêt. Faire autrement eût été pour cette âme héroïque, une insigne lâcheté, qu'elle ne se fût jamais pardonnée; avoir cette idée sublime crée à l'instant un devoir.

Loizerolles, homme raisonnable et froid, n'ayant point à craindre ce remords, n'eût pas répondu, au lieu de son fils, à l'appel du bourreau. Dans ce sens, on peut dire qu'il faut de l'esprit pour bien aimer. Voilà l'âme prosaïque et l'âme passionnée (1).

LXX

A Métilde.... (?)

(1821 ?)

Madame,

Ah! que le temps me semble pesant depuis que vous êtes partie ! Et il n'y a que cinq heures et demie ! Que vais-je faire pendant ces quarante mortelles journées? Dois-je renoncer à tout espoir, partir et me jeter dans les affaires publiques? Je crains de ne pas avoir le courage de passer le Mont-Cenis. Non, je ne pourrai jamais consentir à mettre les montagnes entre vous et moi. Puis-je espérer, à force d'amour, de ranimer un cœur qui ne peut être mort pour cette passion ? Mais peut-être suis-je ridicule à vos yeux, ma timidité et mon silence vous ont ennuyée, et vous

---

*(1) Lettre inédite (C^r^ *ig. Cordier*), copie de la main de R. Colomb.

regardiez mon arrivée chez vous comme une calamité. Je me déteste moi-même ; si je n'étais pas le dernier des hommes ne devais-je pas avoir une explication décisive hier avant votre départ, et voir clairement à quoi m'en tenir?

Quand vous avez dit avec l'accent d'une vérité si profondément sentie : *ah! tant mieux qu'il soit minuit!* ne devais-je pas comprendre que vous aviez du plaisir à être délivrée de mes importunités, et me jurer à moi-même sur mon honneur de ne vous revoir jamais ? Mais je n'ai du courage que loin de vous. En votre présence, je suis timide comme un enfant, la parole expire sur mes lèvres, je ne sais que vous regarder et vous admirer. Faut-il que je me trouve si inférieur à moi-même et si plat (1) !

LXXI

A Madame ***

Berne, le 28 juin 1822.

Je ne vous ai pas encore adressé l'*Amour*, madame, parce que je ne suis pas allé à Paris. Après vous avoir quittée, la pluie et le froid vinrent compléter le malheur commencé par l'absence d'une société si bonne et aimable pour moi. Je n'ai trouvé la chaleur qu'à Cannes, où j'ai passé trois jours à me promener au milieu des orangers en pleine terre. Me voici en Suisse, paysages admirables, mais j'ai

(1) Lettre inédite (*Bibliothèque de Grenoble*), brouillon.

froid. N'oubliez pas, madame, l'auberge de la Couronne, à Genève, bâtie depuis deux ans. Demandez une chambre au troisième, ayant vue sur le lac; on ferait payer ces chambres dix francs par jour, que ce ne serait pas cher. Rien de plus beau au monde, (elles coûtent deux francs) (1).

LXXII

Au baron de Mareste.

Rome, le 23 janvier 1824.

Ce n'est pas ma faute, mon cher ami non marié, si vous n'avez pas reçu une longue lettre sur la divine laideron Pisaroni. Je veux vous reporter votre mot trop court du 7 novembre dernier, avec le timbre *douze* janvier 1824; je l'ai reçu, je crois, le 13 janvier. Il pleut, pour la première fois, depuis le 4. — Temps sublime! Grandes promenades avec M. Chabanais et M. Ampère (2), et de nouveaux amis. Demandez une communication à M. Stricht ou au docteur Shakespeare (M. Edwards).

Mille amitiés à la Giuditta (3), à son aimable mari, à son excellente mère. Comment se porte le chevalier Michevaux (4)? Que j'aurais de plaisir à bavarder

---

(1) Lettre inédite. (*Bibliothèque de Grenoble.*) Brouillon.
(2) J.-J. Ampère.
(3) La Pasta.
(4) Voir *Souvenirs d'égotisme*, p. 84 et suivantes.

avec lui! Dans la *Naissance de Parthénope* (1), il y a eu huit premiers partis à Naples. — Plate musique, exécution délicieuse. On attend à Rome la Ferlotti, jolie chanteuse, qui vaut 25,000 francs pour Paris. — Mauvais spectacles à Rome. — Hier, charmant spectacle français chez M. Demidoff. Mme Dodwell, la plus jolie tête que j'aie vue de ma vie (2).

LXXIII

Au Même.

Paris, le 3 mai 1824.

Monsieur et cher Compatriote,

Vous devriez bien me faire une histoire de l'établissement de l'opéra bouffe à Paris, de 1800 à 1823. Cela ferait un beau chapitre de la *Vie de Rossini*. Nous mettrions en note: Ce chapitre est de M. Adolphe de Besançon.

La négociation pour l'impression dudit *Rossini* prend une bonne tournure. J'ai envoyé une convention signée de moi ; j'en attends le retour.

Dans cette histoire de l'opéra bouffe à Paris, vous pourrez fourrer toutes les méchancetés qui composent l'article que La Baume néglige. Leur coup sera

(1) Titre d'un opéra de Pavesi.
(2) Lettre inédite (*Collection de M. Aug. Cordier.*) Copie de la main de R. Colomb.

bien plus sensible à cet animal de Papillon (1) placé dans une espèce d'ouvrage historique, où il y a des faits.

Vous pourrez donner plus d'étendue et de largeur à vos accusations de *conspiration* contre le dit opéra. Je vous conseillerais même d'insérer la lettre du dit Papillon à Pellegrini, Zuchelli et Cie.

Si vous ne faites pas ce chapitre, il me donnera une peine du diable à moi qui, ayant été absent, n'ai nulle *mémoire des faits*. Vous aurez à épancher votre bile sur les sottises de l'administration de Mme Catalani et à montrer votre génie, en esquissant un projet de constitution pour cet Opéra. Le bon Barilli, qui vous voit de bon œil, vous donnera tous les petits renseignements dont vous pourrez avoir besoin, entre deux *fottre*, au pharaon.

Si j'avais à proposer une constitution, je nommerais un comité composé de dix hommes louant des loges à l'année, fortifiés d'un membre de l'Académie et d'un Italien riche établi à Paris. Voilà un comité de douze personnes qui se réunira une fois tous les quinze jours. Sur les douze, il y en aura neuf de présents. Ils feront un rapport au ministre sur les faits et gestes de l'entrepreneur.

Il y aura un entrepreneur auquel on donnera l'*impresa* du théâtre. On obligera à fournir le spectacle actuel ; spectacle que l'on décrira en vingt articles. Il recevra 150,000 fr. par an, par 24e, tous les quinze jours. Or, ces 24es ne lui seront pas payés que sur le *Vu bon à payer* du président du comité des amateurs,

(1) M. le vicomte Papillon de la Ferté, intendant du mobilier de la couronne, sous Charles X.

président élu par eux, de six mois en six mois. Ce comité présidera aussi au choix des pièces et à l'engagement des acteurs.

Le grand avantage est que ce comité de douze personnes riches comme le Bailly de Ferette, le duc de Choiseul, M. Gros, peintre, M. de Sommariva, M. Montroud, défendra dans les salons les faits et gestes de l'administration de l'Opéra. Ces discussions feront que les salons bavarderont de l'Opera buffa et s'y intéresseront.

Méditez cette idée ; modifiez-là ; prenez l'avis de La Baume. Tel jeune homme de vingt-six ans lira notre brochure qui sera ministre dans dix ans. Alors, il aura la fatuité de croire que nos idées sont les siennes (1).

Tamboust (2).

LXXIV

Au Même.

Paris, le 17 décembre 1824.

Que dites-vous de cette préface (3) ? Qu'en diriez-vous si vous ne me connaissiez pas ?

J'ai l'idée de réunir les articles du *Salon* ainsi que ceux sur l'Opera buffa, insérés dans le *Journal de Paris*.

(1) Voir au sujet de ces questions : *Utopie du Théâtre Italien* (*Vie de Rossini*, chapitre XLIII).

(2) Lettre inédite (*Collection de M. Aug. Cordier*), copie de R. Colomb.

(3) Probablement la préface placée en tête de la *Vie de Rossini*, 1re édition en 1824.

Pour plaire à la haute société il faudrait :

1° Ne jamais imprimer. Tout livre, si petit qu'il soit, *nuit* à l'aristocratie ;

2° Il ne faudrait pas défendre un régicide (1). Mais jamais je ne pourrais plaire à qui a 60,000 francs de rente ; car je me *fiche* sincèrement d'un homme qui a 60,000 francs de rente et cela perce (2).

LXXV

Au Même.

Paris, le 10 novembre 1825.

Que dites-vous de la chute du 3 pour 0/0 ?

Je pense que vous êtes mort pour nous, mon cher ami. Rapportez-moi, en passant, la diatribe contre l'*Industrialisme*(3), je veux la publier *chaud*, après l'emprunt d'Haïti.

M. Ternaux a été aussi Cassandre.

M. Laffitte aussi peu délicat que deux ducs de la Cour, se disputant un ministère. De plus, je sais par expérience, que j'aime mieux dîner avec M. le duc de Laval qu'avec une *Demi-Aune*, comme Cassandre-Ternaux. Les Thierry appellent cela de l'aristocratie, mais je pense que Victor Jacquemont a

---

(1) L'abbé Grégoire, député de l'Isère en 1819 ; Beyle lui donna sa voix comme électeur.

(2) Lettre inédite (*Collection de M. Aug. Cordier*), copie de la main de R. Colomb.

(3) *D'un nouveau complot contre les Industriels*, brochure, Paris, 1825.

trop d'esprit, pour rester longtemps dans cette bande.

De La Palice-Xaintrailles Aîné (1).

LXXVI

A V. de la Pelouze.

Ce mardi, 20 mars 1827.

Monsieur,

Vous souvient-il que vous avez bien voulu me promettre, dans le temps, une annonce pour mon voyage en Italie (2)?

L'imprimeur *de la Forest* s'est trouvé le très humble serviteur de la Congrégation, il a mis 50 cartons.

Les Chambres vont être bien plates pendant un un mois jusqu'à la discussion de la loi *d'Amour* à la Chambre des Pairs. Ne pourrait-on pas profiter du moment?

Je prie M. Chatelain, M. Mignet ou celui de vous, Messieurs, qui fera l'annonce, de me traiter avec :
    Sévérité,
      Impartialité,
        Justice.

L'auteur a passé 10 ans en Italie; au lieu de décrire des tableaux ou des statues, il décrit *des mœurs, des habitudes morales, l'art d'aller à la chasse au bonheur* en Italie.

(1) Lettre inédite (*Collection de M. Aug. Cordier*). Copie de la main de R. Colomb.
(2) Son livre : *Rome, Naples et Florence en* 1817.

Je vous souhaite, Monsieur, bien des succès dans cette chasse, et suis votre
Très humble et très obligeant serviteur,
H. Beyle (1).

LXXVII

A Alphonse Gonsolin (2).

Isola Bella, le 17 janvier [1828].

C'est une des îles Borromées où se trouve une auberge passable à l'enseigne du *Delfino*, nom cher à tous les Français. C'est pour cela que je m'y arrête depuis deux jours à lire Bandello (3) et un volume compact de l'*Esprit des lois*. J'ai assisté au fiasco de l'Opéra, à Bologne, le 26 décembre, car il y avait opéra quoiqu'on nous eût assuré le contraire à Florence. Croyez après cela à ce qu'on nous dit sur ce qui s'est passé il y a cent ans !

J'ai été enchanté du spectacle de Ferrare. Il n'y avait de mauvais que la partition du maëstro. C'était l'*Isolina* de ce pauvre Morlacchi (4). Cet homme est

(1) A M. V. de le Pelouze, rue Saint-Honoré n° 340 ou 44, vis à vis la rue de la Sourdière.
Lettre publiée par Henri Cordier, dans *Stendhal et ses amis*, p. 6 et 7.
(2) *All'ornatissime signore il signor Alphonse Gonsolin, piazza Santa Croce, casa del Balcone, n° 7671, in Firenze*.
(3) Conteur italien mort à Agen vers 1562. C'est à Bandello que Shakespeare emprunta le sujet de *Twelfth Night*.
(4) Fr. Morlacchi 1784-1841, son opéra de *Tebaldo et Isolina* eut un grand succès.

en musique ce qu'est en littérature M. Noël ou M. Droz. J'ai trouvé l'hiver à Ferrare. Ce sont les plus obligeants des hommes. Un ami de diligence voulait me présenter partout. L'étranger est rare sur le bas Pô.

Avant de quitter les environs de Bologne, il faut que je vous prie de remercier M. Alph. de L. (1) de toutes les bontés qu'il a eues pour moi. J'ai trouvé qu'on donnait à Bologne pour 10 écus des tableaux dont on voulait 200 écus il y a quatre ans. Si jamais M. de L. M. est curieux du plaisir d'acheter ou de marchander des tableaux, il peut demander à Bologne M. Fanti, marchand distributeur de tabac et de plus père de la *prima donna* Fanti. Ce M. Fanti a un ami qui possède cinq cents croûtes. On peut se faire un joli cabinet passable avec 10 tableaux de 40 écus pièce, entre autres une esquisse du Guide.

En arrivant à Milan, la police du pays m'a dit qu'il était connu de tous les doctes que Stendhal et B. étaient synonymes, en vertu de quoi elle me priait de vider les Etats de S. M. apostolique dans douze heures. Je n'ai jamais trouvé tant de tendresse chez mes amis de Milan. Plusieurs voulaient répondre de moi et pour moi. J'ai refusé et me voici au pied du Simplon.

Venise m'a charmé. Quel tableau que l'*Assomption* du Titien (2) ! Le tombeau de Canova (3) est à la fois le tombeau de la sculpture. L'exécrabilité des statues

(1) Alphonse de Lamartine, alors à l'ambassade française de Florence.
(2) A l'Académie de Venise.
(3) A l'Eglise des Frari.

prouve que cet art est mort avec ce grand homme.

M. Hayez (1), peintre vénitien à Milan, me semble vieux moins que le premier peintre vivant. Ses couleurs réjouissent la vue comme celles de Bassan et chacun de ses personnages montre une nuance de passion. Quelques pieds, quelques mains sont mal emmanchés. Que m'importe ! Voyez la *Prédication de Pierre l'Ermite*, que de crédulité sur ces visages! Ce peintre *m'apprend quelque chose de nouveau* sur les passions qu'il peint. A propos de bons tableaux j'ai oublié mon tableau de Saint-Paul chez M. Vieusseux. Si vous y songez, rapportez-moi ce chef-d'œuvre, mais surtout remerciez infiniment MM. Vieusseux, Salvagnoli, etc., de la bonté avec laquelle ils ont bien voulu me faire accueil. Faites, je vous prie, trois ou quatre phrases sur ce thème et avec quatre dièzes à la clé.

Dites à Mesdames les marquises Bartoli que je n'ai rien trouvé à Venise ou à Milan d'aussi aimable que leur accueil. Là aussi faites des phrases, surtout envers cette pauvre jeune marquise qui s'est imaginé trouver dans la patrie de Cimarosa les douces mélodies de Mozart.

Que n'avons-nous pas dit de Madame de Tévas avec Miss Woodcock ? J'ai raconté toute l'intrigue de.... ; j'ai longuement parlé à Gertrude. Figurez-vous que le roman attendu avec tant d'impatience n'est pas encore arrivé à Milan, que je me suis repenti de ne l'avoir pas apporté. Mlle Woodcock me demandait si son caractère était peint à propos d'une des trois hé-

---

(1) Fr. Hayez, né à Venise en 1792. Voir aussi *Promenade dans Rome*, II. page 321.

roines. Je vois que non, lui ai-je dit. Ai-je deviné ? Demandez à Madame de Tévas ?

C'est vous apparemment, Monsieur et cher ami, ou cher ami tout court, si vous le permettez, que je dois remercier pour deux épîtres de finances que j'ai reçues à Venise. Tenez compte des ports de lettres que vous ont coûtés les dites épîtres. Quand vous reverrez le pays de la vanité, n'oubliez pas que M. de Barral, rue Favart n° 8, place des Italiens, vous donnera l'adresse de votre très humble serviteur. J'ai passé mes soirées à Venise, avec le grand poète Buratti. Quelle différence de cet homme de génie à tous nos gens à chaleur artificielle! Jamais je ne rapportai à Paris un plus profond dégoût pour ce qu'on y admire; voilà ce qu'il faudra bien cacher. Hayez me semble l'emporter même sur Schnetz. Que dire de M. Buratti, comparé à M. Soumet ou à Mme Tastu (1)?

LXXVIII

Au Baron de Mareste.

Paris, le 6 juillet 1828.

Vous savez que de M. de Boisberti m'avait comme nommé à une place de 1,700 francs aux Archives du royaume.

Les Archives ont passé à M. le vicomte Siméon.

(1) Lettre publiée dans la *Revue des Documents Historiques*, décembre 1874.

M. Palhuy m'a recommandé à son collègue, le chef de bureau qui a hérité des archives.

Cela posé et bien compris, M. *Gilmert*, chef de bureau aux Archives, vient de mourir.

Faut-il demander une place de 1,700 francs aux Archives? M. Siméon ne s'impatientera-t-il point?

Je rêve à cela depuis deux jours, espérant vous voir au café.

Comte DE L'ESPINE (1).

LXXIX

MONSIEUR VIOLLET-LE-DUC,

Chef de Division à la Maison du Roi.

[Novembre 1828] (2).

Cher et obligeant ami,

Permettez que je vous présente M. Lolot, mon ami. C'est l'un des principaux propriétaires de la célèbre fabrique de cristaux établie à Bacarat. Le Roi y est allé, on lui a fait des cadeaux, il ne veut pas être en reste. On a emballé ces jours-ci des objets d'art destinés aux propriétaires de Bacarat. M. Lolot voudrait avoir quelques détails à ce sujet, trahissez

---

(1) Lettre inédite (*Collection de M. Aug. Cordier*), copie de la main de R. Colomb.

(2) La date de cette lettre a pu être fixée, grâce à l'allusion, au discours de M. de Barante. M. de Barante, fut reçu à l'Académie française, le 20 novembre 1828; il fit l'éloge de son prédécesseur le comte de Sèze (C.S.).

en sa faveur le secret de l'Etat et comptez en revanche sur toute ma reconnaissance.

Delécluze est invisible cette année, mais si vous êtes visible le vendredi, j'aurai l'honneur de faire ma cour à Madame Leduc. Viendrez-vous jeudi à l'Académie, M. de Barante doit y dire du mal de feu M. de Robespierre, qui n'a pas de cordons à donner.

Je vous suis dévoué comme si vous en aviez les mains pleines.

H. BEYLE (1).

Ce lundi matin, 71, rue Richelieu.

LXXX

A ALPHONSE GONSOLIN.

N° 71, rue de Richelieu, 10 février [1829].

Enfin voilà signe de vie de votre part. Nous craignions pour votre santé. Je fais la commission. M. Duret va faire le buste de madame *Bleue* (2). Je le crois assez bien dans cette cour. Ce soir, on joue *Henri III* de M. Dumas. C'est un acheminement au véritable Henri III politique. Ceci est encore Henri III à la Marivaux.. Victor Hugo, ultra vanté, n'a pas de succès réel, du moins pour *les Orientales* (3). Le con-

---

(1) Lettre publiée dans *Stendhal et ses amis*, par Henri Cordier. p. 105-106.

(2) Mme Azur. Voir *Vie de Henri Brulard*.

(3) *Comp.* « M. Victor Hugo n'est pas un homme ordinaire mais il veut être extraordinaire, et les *Orientales* m'ennuient. » *Corresp. inéd.* II, p. 68.

damné fait horreur et me semble inférieur à certains passages des *Mémoires de Vidocq* (1). Le registre de la police Delavau (2) a été volé chez un pauvre vieil espion qui est mort, et *Moutardier* l'imprime tel quel.

Les *Mémoires de M. Bourienne* me semblent une trahison domestique. Il fut renvoyé pour avoir vendu le crédit du premier consul. Les salons sont indignés de Terceira (3). La délivrance de l'Islande est assurée. L'extrême gauche a failli se séparer; le grand citoyen (4) lui a fait entendre raison. Peignez-moi *exactement* une de vos journées, sans rien ajouter ni retrancher *par vanité*. Ayez la vanité d'avoir de l'orgueil et de tout dire.

Relisez la *huitième section de l'homme*, par Helvétius, et vous serez considéré

de votre dévoué

Cotonet (1).

(1) Les *Mémoires de Vidocq* avaient paru depuis peu. (Paris Tenon, 1828-1829, 4 vol.) et *Le Dernier jour d'un condamné* venait d'être mis en vente.

(2) Préfet de police tombé avec Villèle (janvier 1828). — *Corresp. inéd.*, II, p. 68.)

(3) Expédition des réfugiés portugais pour Terceira (18 janvier 1829).

(4) La Fayette. (*Corresp. inéd.*, II, p. 68).

(6) Lettre publiée dans la *Revue des documents historiques*. Deuxième année.

LXXXI

Au baron de Mareste.

Paris, le 17 février 1830.

Voici l'état de la librairie.

Ambroise Dupont a remis ou va remettre son bilan. Dans cette pièce éloquente, M. Tastu figure pour 45,000 francs.

Ladvocat aurait fait banqueroute; lui ou les personnes dont il est le nom officiel. Mais un spéculateur fait paraître sous son nom les *Mémoires de Bourienne*. Ladvocat ou sa maison, totalement étranger à cette affaire, aura 25 centimes ou 40 centimes par volume.

Docagne et *Lefèvre*, sont peut-être sur le point de remettre leur bilan. Il résulte de ces renseignements, qu'il y a une grande fortune à faire dans la librairie. Les libraires ne pouvant payer comptant, payent cent francs à l'imprimeur et au marchand de papier, pour ce qui vaut 50 francs.

Ensuite, le libraire en boutique qui reçoit réellement votre argent et le mien, obtient un rabais de 55 pour cent sur les romans, par exemple. Ce détail ne mène à rien, il a pour but de vous mettre au fond de cette affaire. Trois *Colombs* se réunissent, apportant 50,000 francs chacun et payant tout comptant, pourront donner de superbes volumes, comme les *Mémoires de l'Etoile*, de Foucauld, que vous m'avez prêtés, pour trois francs; car, à qui payerait comptant, ces volumes coûteraient trente sous, ou plutôt vingt-huit sous (nous venons d'en faire le calcul).

La papier d'un seul libraire est bon ; c'est celui de notre ami Delaunay.

M. Dondey-Dupré passe pour un peu *truffatore* (1) Du papier donné par lui ne passerait pour bon qu'autant qu'il aurait une autre signature. On pense que le jour où il aurait intérêt de *manquer*, il le ferait sans peine.

Je viens de passer une matinée amusante avec l'homme d'esprit (2) qui estimait 4,000 fr. le manuscrit que vous savez (3). Les deux hommes qui devaient donner 2,000 francs comptant et un billet de 2,000 francs sont en déconfiture. M. Tastu aurait été charmé de l'ouvrage ; il désire imprimer du bon et il estime cet auteur ; mais il est dans une crise horrible. Calburn ne payant pas ce qui est échu le 1er janvier dernier, j'aime mieux toucher quelque chose aujourd'hui que de renvoyer à l'année prochaine.

Vos occupations vous permettent-elles de voir Delaunay ? S'il dit non, pouvons-nous, avec honneur, renouer avec Dondey-Dupré ?

Dans l'état des choses, voilà le seul parti à prendre. Si j'étais plus jeune, j'approfondirais les idées que je vous présente, plus haut et je me ferais libraire. Deux bons et sages amis, comme Colomb et moi, nous pourrions donner de beaux *in-octavo* à trois francs ou deux francs cinquante centimes et gagner vingt sous par volume vendu. Le public achète énor-

---

(1) Fripon. — Filou. — Fourbe. — Trompeur.
(2) M. Hector de Latouche.
(3) Celui des *Promenades dans Rome*.

mément; tout sot qui a 8,000 francs de rente se fait une bibliothèque ; il n'y songeait pas en 1780, ou même en 1812.

CHOPPIER DES ILETS (1).

LXXXII

Au Même.

Paris, le 7 mars 1829.

Voulez-vous voir la mine de ces gens faibles et empesés, qui ont gagné un gros lot à la loterie de la fortune ?

Venez avec moi lundi, vers les onze heures du matin, au transport du corps de M. le duc Charles de Damas.

Il habitait le faubourg Saint-Honoré et Saint-Philippe-du-Roule priera pour lui. Je dis *onze heures*; mais j'ignore le moment précis ; tâchez de le savoir.

Venez me prendre au café Teissier (place de la Bourse), ou au nouveau café de M. Pique (l'ancien café de Rouen), qui s'est réfugié au coin de la rue du Rempart et de la rue Saint-Honoré.

M. Z. m'a fort bien reçu ce matin. Quelle raison supérieure (2) !

(1) Lettre inédite (*Collection de M. Aug. Cordier*), copie de la main de R. Colomb.

(2) Lettre inédite (*Collection de M. Auguste Cordier*), copie de la main de R. Colomb.

LXXXIII

Au Même.

Paris, le 10 mars 1829.
(Café Teissier, vis-à-vis la Bourse).

Je vous remercie sincèrement; je vois que vous suivez avec intérêt ma pauvre petite affaire. J'ai refait, depuis six semaines, tous les morceaux de l'itinéraire de Rome qui me semblaient manquer de profondeur. Il n'y a pas d'amour-propre à vanter ce livre, dont les trois quarts sont un extrait judicieux des meilleurs ouvrages. Si j'avais épousé la fille sans jambes de M. Bertin de Vaux, j'aurais six mille francs de ces deux volumes (1). M. de Latouche m'a dit quatre mille.

Si M. Ladvocat en donne quatre mille francs, ce ne sera que trois mille six cents, à cause des escomptes à payer à M. Pourra. Je pense que nous serions heureux d'en avoir trois mille. Comme j'ai *besoin d'argent*, suivant la phrase des vendeurs de meubles, je le donnerai même à moins; mais réellement c'est dommage. Aucun être, bien élevé, n'ira à Rome, sans acheter cet itinéraire.

Il faudrait que vous eussiez la bonté de voir Mirra (2), je ne l'ai pas assez cultivé; il m'écrit avec un *Monsieur* en tête.

(1) Tout ceci concerne les *Promenades dans Rome*.
(2) C'était le fils de *Brunet*, le célèbre acteur des *Variétés*

Le brave Colomb pioche ferme avec moi, tous les matins (1). Je suis prêt à livrer les deux volumes ; j'ai de quoi en faire trois.

Je puis, comme disent les marchands, *forcer en anecdotes*, ou *forcer* dans le genre *instructif*.

J'étais avec Amica (2) à la représentation Bouffé ; c'est une attrape incroyable. Il semble qu'une des nouveautés, *la Recette*, n'a pas été terminée.

M. Ladvocat devrait placer vis-à-vis le titre *Promenades dans Rome*, une vue de Saint-Pierre (3), cela soulagerait beaucoup l'attention du lecteur qui n'est pas à Rome. J'espère que vous serez content de la description du Vatican et de Saint-Pierre. A cela, il n'y a d'autre mérite que la patience.

Le général Claparède était en grande loge avec la Noblet (4) ; cela m'a choqué. — J'ai été content de la figure napolitaine de la duchesse d'Istrie. — Félicie, des Variétés, avait l'air d'un mulet de Provence, fier de porter son panache.

P. F. Piouf (5).

LXXXIV

Au Même.

Paris, le 19 septembre 1830.

Avez-vous touché quelque argent ? Moi, j'ai cent francs le 1er octobre et cinq cents le 8, mais, en

(1) Cela a duré pendant près d'une année (Note de R. C.)
(2) Mme de Ménainville.
(3) C'est ce que fit M. Delaunay, pour la 1re édition en 2 volumes in-8°.
(4) Danseuse de l'*Opéra* ; elles étaient deux sœurs. (R. C.)
(5) Lettre inédite (*Collection de M. Auguste Cordier*), copie de la main de R. Colomb.

attendant, je suis comme la cigale qui a chanté.

Les apparences sont toujours superbes du côté du Consulat. — Mme de T... (1) est admirable pour moi ; je lui devrai *tout*, tout simplement.

Michal père (2).

LXXXV

Au Même.

Paris, le 26 septembre 1830.

Cher ami, mardi il y avait une ordonnance qui nommait Dominique, consul à Livourne. Probablement le crédit d'un M. de Formont l'a fait déchirer. Par ordonnance d'aujourd'hui, Dominique est nommé consul à Trieste. *In mezzo ai barbari* (3). Par un reste de bonté, le Ministre a fait porter les appointements à quinze mille francs (4).

LXXXVI

A M. Levavasseur, Editeur a Paris.

Paris, novembre 1830.

En vérité, Monsieur, je n'ai plus la tête à corriger des épreuves.

(1) Mme Victor de Tracy.
(2) Lettre inédite (*Collection de M. Aug. Cordier*), copie de la main de R. Colomb.
(3) *Sous l'œil des barbares*, comme dirait le stendhalien Maurice Barrès.
(4) Lettre inédite (*Collection de M. Aug. Cordier*), copie de la main de R. Colomb.

Ayez la bonté de bien faire relire les cartons.

C'est avec le plus grand des regrets que je me prive du plaisir de dîner avec vous et avec M. Janin. Que j'aurais voulu avoir une plume pour adoucir la grossesse de Mathilde !

Puisse ce roman être vendu, et vous dédommager des retards de l'auteur. Je croyais qu'il serait imprimé à deux feuilles par semaine, comme *Armance*.

Je vous demande comme preuve d'amitié, Monsieur, de ne pas laisser vendre un exemplaire sans les cartons.

Veuillez envoyer les lettres à M. Colomb, n° 35, rue Godot-de-Mauroy.

Agréez tous mes regrets de ne plus vous revoir cette année, et tous mes remerciements pour vos bons et aimables procédés. H. Beyle.

Bien des compliments au puissant M. Courtepi.., aristarque du quai Malaquais (1).

LXXXVII

Au baron de Mareste.

Venise, le 3 février 1831.

Grand Sbaglio (2).

Dominique n'a jamais été assez courtisan pour avoir la ※ aux affaires étrangères. Il a dit : « Tôt

---

(1) Cette lettre a été écrite avant le 6 novembre 1830, date du départ de Beyle pour l'Italie. *Le Rouge et le Noir*, dont il est question, a paru chez Levavasseur, en novembre 1830, daté 1831. — Cette lettre fait partie de la collection Stassart, à l'Académie royale de Belgique, Bruxelles, et m'a été obligeamment communiquée par M. le vicomte S. de Lovenjoul.

(2) Grande bévue.

ou tard un ministre de l'intérieur *homme d'esprit*, dira au King : « Les Bignon, les Ancelot, les Ma-
« litourne, tous les gens de lettres, un tant soit peu
« au-dessus de la médiocrité, ont eu la ✣ de Char-
« les X. Je propose à V. M. de la donner à MM. Bé-
« ranger, Thiers, Mignet, Dubois, du *Globe*, Ar-
« taud, traducteur d'*Aristophane*, Beyle, Mérimée,
« Vatout. »

Voilà toute l'étendue de ma présomption, comme dit Othello. Par le ministère de l'intérieur uniquement. — Tant mieux si Apollinaire (1) a parlé au général Sébastiani. Sûrement à mon ministère, *si l'on compte les campagnes* (à moins que votre envie ne me nie Moscou), j'aurais un peu droit ; mais jamais je n'ai eu cette idée. — Toujours par un ministre de l'Intérieur, *homme d'esprit*, et je parie qu'avant deux ans, nous aurons des gens d'esprit. Les bêtes ne peuvent pas durer dans une machine où il faut INVENTER des mesures, des arrestations de MM. Sambac et Blanqui, et enfin des proclamations.

Ne vous plaignez pas de ma mauvaise écriture, je suis dans un pays barbare. Hier, j'achète de la cire pour cacheter une lettre à Colomb, avant d'être à la poste, la lettre s'était décachetée dans ma poche. Que vous dirai-je, de l'encre, de la plume ? — Je suis de votre avis sur le nouveau et futur séjour de Dominique. Comme vous êtes des rétrogrades *encroûtés*, je ne vous écris rien là-dessus depuis un mois. Marie-Anne d'Autriche, ou une autre reine, disait au cardinal de Retz : « Il y a de la révolte à
« annoncer qu'on se révoltera. »

---

(1) Comte d'Argout.

Je pense comme vous ; votre frère n'ayant développé aucune *individualité*, ayant été convenable comme M. de Croisenois et rien de plus, ne peut inspirer aucun attachement. Il n'y a pas de magie dans son nom, dirait M. de Salvandy. Donc, tout finira par six mois d'*extrême-gauche*. Donc Apollinaire, s'il a quelque bienveillance pour Dominique, ce dont il est permis de douter, profitera des moments que le destin lui laisse, pour dire au général Sébastiani :

« Le pauvre garçon vient de recevoir un fier souf-
« flet ; il quitte la première ville de commerce du con-
« tinent (900 vaisseaux entrés, 890 sortis en 1830,
« sans compter un immense cabotage. Cette paren-
« thèse est pour vous). Donc, on le renvoie d'une
« ville superbe, pour le jeter dans un trou, qui res-
« semble fort à Saint-Cloud ; si ce n'est qu'il est beau-
« coup plus laid. C'est un ancien serviteur ; il a,
« quarante-huit ans, dont quatorze à l'armée ; il
« a vu Moscou et Berlin, comme vous, général ; donc
« la ✳. »

Toute plaisanterie à part, vous n'avez pas d'idée de la supériorité dont jouissent les Consuls crucifiés sur les autres. Rien ne se fait que pour le bonheur d'être admis souvent aux dîners et aux soirées du Gouverneur (1).

---

(1) Lettre inédite (*Collection de M. Aug. Cordier*), copie de la main de R. Colomb.

LXXXVIII

Au Même.

Trieste, le 16 mars 1831.

Enfin, cher ami, ce matin j'ai reçu la lettre de voyage, dont voici copie.

Paris le 5 mars 1831.

Monsieur, j'ai l'honneur de vous annoncer que le Roi a jugé utile au bien de son service de vous nommer Consul de France à Civita-Vecchia, et que S. M. par la même ordonnance, en date du 5 de ce mois, a désigné pour vous remplacer M. Levasseur, qui se dispose à se rendre prochainement à Trieste. Vous voudrez bien, toutefois, Monsieur, ne pas quitter ce poste avant l'arrivée de votre successeur, et sans lui avoir fait la remise régulière des papiers de la chancellerie du Consulat. Je vous préviens en même temps, Monsieur, que je vais envoyer votre brevet à l'ambassadeur du Roi à Rome, en l'invitant à vous le transmettre directement à Civita-Vecchia, aussitôt que, par ses soins, il aura été revêtu de l'exequatur du gouvernement pontifical. Sa Majesté ne doute pas du zèle, etc. H. Sébastiani.

Pas un mot des appointements ; sans doute, ils sont barbarement réduits à 10,000 francs ; sur quoi il faut entretenir un Chancelier. La Chancellerie rend 475 francs, au plus.

Maintenant M. de Sainte-Aulaire m'aimera comme

M. Guizot m'a aimé. La rancune d'auteur se fera sentir. L'*Histoire de la Fronde* est fort modérée comme les écrits politiques du Guizot.

Mais l'influence de l'excellent Apollinaire me semble suffisante pour que Sainte-Aulaire ne me *fasse pas de mal*. Il passera là un an, tout au plus. Un gouvernement à bon marché aura à Rome un envoyé avec 30,000 francs et un Consul général pour les Etats Romains, avec 8,000 francs. L'essentiel, comme vous l'aurez vu, si vos occupations vous ont permis de parcourir la lettre au grand peintre (1), l'essentiel est que Régime (2) me permette de passer à Rome le carnaval et quinze jours par mois, pendant le reste de l'année, excepté dans les grandes chaleurs. M. Dumoret, consul à Ancône jadis, passait six mois à Rome.

Civita-Vecchia, malheureusement, est un peu révolté ; j'aurai bien à souffrir du mauvais esprit des habitants. On chassera les plus égarés. Je pense qu'on se sera assuré d'avance de l'exequatur de Dominique. On a une dent bien longue contre tout animal écrivant. Pourquoi écrire? Si tous les imprimeurs étaient chapeliers ou tailleurs de pierre, nous serions plus tranquilles.

Je vous prie d'engager Apollinaire de me recommander à M. Régime, s'il est encore à Paris. « Ce « pauvre diable, dira-t-il, est tombé. Permettez-lui « de se consoler en admirant les ruines de la ville « éternelle. Lui-même est une ruine, quarante-huit « ans d'âge et triste débris de la campagne de Russie « et de dix autres, Vienne, Berlin, etc. » Mais je ré-

(1) M. Horace Vernet.
(2) Le comte de Sainte-Aulaire, ambassadeur à Rome.

fléchis : Régime a, cependant, dû être jeune une fois. Par exemple, en 1800, quand j'étais dragon, que diable était-il, lui (1)?

LXXXIX

A X...

Trieste, le 7 mai 1831

Monsieur et cher ami,

Le 5 mars dernier, j'ai perdu le tiers de mon petit avoir, j'ai été nommé consul à Civita-Vecchia. Pourriez-vous écrire à M. de Sainte-Aulaire, pour qu'il *ne me fasse pas de mal.*

Vous savez, Monsieur, qu'un jour, M. Guizot était fort bien pour moi, deux jours après il était indifférent, vingt-quatre heures plus tard hostile.

Donc j'ai *un ennemi* dans la société doctrinaire. On a toujours permis au consul de Civita-Vecchia d'avoir un pied à terre à Rome. La tempête me poussa en 1817, à Civita-Vecchia. Cela est un peu plus grand que Saint-Cloud et la fièvre y règne deux mois de l'année. Il n'y a que 14 lieues de ce beau port de mer à Rome. Aussitôt l'arrivée à Trieste de M. Levasseur, mon successeur, je partirai pour Rome. M. le comte Sébastiani m'annonce qu'il envoie mon brevet à l'ambassadeur du roi, à Rome, avec prière de

(1) Lettre inédite (*Collection de M. Aug. Cordier*), copie de la main de R. Colomb.

me le transmettre directement à Civita-Vecchia, aussitôt qu'il aura été revêtu de l'exequatur du gouvernement pontifical.

Si nous pouvons obtenir que M. de Sainte-Aulaire ne me fasse pas de mal, ce sera un grand point. Au bout de quelques mois, nous pouvons avoir un chargé d'affaires non doctrinaire, non hostile à mon chétif individu. M. de Latour-Maubourg, par exemple eût été excellent pour moi; il n'est point écrivain et écrivain dans le genre emphatique.

Je vous remercie sincèrement de ce que vous avez fait pour la ※. Je vous demande votre bienveillance auprès du successeur, qui peut-être ne tiendra pas au *Globe*, dont j'ai eu le tort de me moquer.

Je lis vos œuvres avec grand plaisir dans le *Moniteur*.

Je vous félicite de la croix donnée à ce pauvre diable de Corréard et autres naufragés.

Agréez mes remerciements et mes respects.

H. Beyle (1).

XC

Au baron de Mareste.

Civita-Vecchia, le 15 mai 1831.

Malgré l'imprudence, je vous dirai une bouffonnerie déjà ancienne, mais vérissime. Contez-là à *Di Fiore*.

(1). Lettre publiée dans *Stendhal et ses amis* par Henri Cordier, p. 60-61.

Il y avait disette abominable dans tout l'Etat. Arrivent à Civita-Vecchia, quatre vaisseaux chargés de blés d'Odessa. Au lieu de les envoyer faire quarantaine à Gênes, le gouverneur les fait mettre à *la Rota* (on jette une ancre; le vaisseau s'y attache avec une corde et tourne, selon le vent, *rota*, autour de l'ancre). Le gouverneur écrit au ministre ces précieuses paroles :

« Les quatre bâtiments chargés de blé sont arrivés.
« Ils ont passé à Constantinople; leur patente est
« donc des plus *sporche* (douteuses). Mais vu la
« disette, je les ai mis à la *Rota*, et je prends la har-
« diesse d'envoyer un courrier à V. E., pour lui de-
« mander des ordres. »

Réponse : « J'ai reçu votre courrier, etc.. etc.
« Puisque les quatre vaisseaux sont à la *Rota*, nous
« attendrons la décision de ce très saint tribu-
« nal (1). »

N'est-ce pas Arlequin ministre (2)?

XCI

Au même.

Rome, le 30 juin 1831.

L'opium a suspendu les douleurs plutôt qu'il ne m'a guéri; je suis très faible. J'ai passé plusieurs fois

---

(1) Le célèbre tribunal de la *Rota*, à Rome, est composé de douze prélats de différentes nations catholiques, revêtus du titre d'auditeurs (R. C.)

(2) Lettre inédite (*Collection de M. Aug. Cordier*), copie de la main de R. Colomb.

six jours avec un verre de limonade. J'ai eu une inflammation d'estomac me donnant horreur pour toute espèce d'aliments ou de boissons. Je n'ai pas de grandes douleurs depuis le 15 juin. — Dissolution complète et sans remède chez vos amis. Si j'avais un secrétaire, je vous en dirais long. Le malade ne peut vivre. Mille tendresses à nos amis. Qu'ils me voient faible et non froid.

Baron Relguir (1).

XCII

A Henri Dupuy.

Civita-Vecchia, le 23 juin 1835.

Je suis extrêmement sensible, Monsieur à votre offre obligeante. J'ai pris la résolution de ne rien publier tant que je serai employé par le gouvernement. Mon style est malheureusement arrangé de façon à blesser les balivernes, que plusieurs coteries veulent faire passer pour des vérités.

Dans le temps, j'ai eu le malheur de blesser la coterie du *Globe*. Les coteries actuelles, dont j'ignore jusqu'au nom, mais qui, sans doute, veulent faire fortune, comme le *Globe*, nuiraient par leurs articles à la petite portion de tranquille considération qui doit environner un agent du gouvernement.

(1) Lettre inédite (*Collection de M. Aug. Cordier*), copie de la main de R. Colomb.

Si nous devions entrer en arrangement, je ne vous dissimulerais pas un obstacle terrible : je ne suis pas un charlatan, je ne puis pas promettre à un éditeur, *un seul article* de journal.

Si jamais je change de dessein, j'aurai l'honneur, Monsieur, de vous en prévenir. L'action du roman est à Dresde en 1813. Avant de traiter avec toute autre personne, j'aurai l'honneur de vous prévenir, mais je compte me taire huit ou dix ans.

Agréez, Monsieur, les assurances de la parfaite considération avec laquelle j'ai l'honneur d'être,

Votre très humble et très obéissant serviteur.

H. Beyle.

P; *S*. — Si vous rencontrez cet homme de tant d'esprit, M***, je vous prie de lui dire que bien souvent je regrette sa piquante conversation (1).

XCIII

A Sutton-Sharp, Londres (2).

Rome, le 24 novembre 1835.

En échange des nouvelles intéressantes que vous me donnez, cher ami, je vous envoie quelques croquis biographiques ; ils vous donneront une idée de

(1) A M. Henri Dupuy, imprimeur-libraire, 14, rue de la Monnaie, Paris. Lettre inédite (*Bibliothèque de Grenoble*).

(2) Cette lettre figurait dans la copie fournie par M. Romain Colomb pour les deux volumes de *Correspondance inédite*, désignés sous le titre d'*Œuvres posthumes*, dans l'édition

la manière dont on traite ici les affaires. D'ailleurs, pendant un voyage en Italie, vous pouvez rencontrer ces individus dans quelques salons, et alors ces renseignements acquerraient un véritable intérêt.

TARTARIE CHINOISE

PRINCIPAUX HONNÊTES GENS DU PAYS.

Probité. — *Talents.* — *Lumières.* — *Naissance.*

M. M... était conducteur de fiacre à Rome. Créé chevalier par Pie VII pour avoir affiché les excommunications contre Napoléon à la porte de Saint-Jean-de-Latran, on lui donna en outre la ferme du

---

des *Œuvres complètes de Stendhal*, publiée par la maison Michel Lévy frères, en 1854-1855.
    Elle portait le N° CCCXXI, et était paginée sur l'épreuve : p. 220, 221, 222, 223, 224, 225. t. II.
    M. Julien Lemer, chargé par l'éditeur du classement et de la revision de l'œuvre complète, avait lu cette lettre en manuscrit et en épreuve. Surpris de ne plus la retrouver dans les volumes définitifs lors de leur mise en vente, il parvint à trouver, à l'imprimerie Simon Raçon, une épreuve *en première* de ce curieux morceau, criblée de corrections typographiques, qu'il fit encarter et relier dans l'exemplaire de sa bibliothèque. C'est d'après cet exemplaire *unique* que nous reproduisons ici cette lettre, grâce à l'amabilité de M. Lemer.

macinato (de la farine), source de gains énormes pour ce *fermier général*. Riche, superbe, *prepotente* (abusant de son crédit), protecteur de cette affreuse canaille, inconnue hors de l'Italie, nommée les *sbirri*; chef des Transteverins en mars 1831, lors de la révolte de Bologne.

M. M... (Paul), *maestro di casa*, intendant du comte F... et maître absolu du cœur de ce ministre, possède un grand nombre d'emplois. Ami intime de M..., qu'il aida jadis à afficher les excommunications, action qui n'était pas réellement périlleuse, mais qui, sans doute, le paraissait beaucoup à leurs yeux.

M. M..., vend les grâces, escamote les adjudications, prélève une part sur le prix des fermes adjugées par le gouvernement. Les sels et les tabacs, qui rendaient douze cent mille écus, ont été adjugés à MM. T..., M... et Cie pour huit cent mille écus. Il est vrai qu'*à monsieur il en rend quelque chose* : on comprend que ce monsieur est M.... M. M... a rendu des services grands, aux yeux du ministre actuel, en enrôlant les Transteverins et la canaille de toute espèce, lors de la révolte en mars 1831, M. M... était uni à M..., N... et G... le B....

Comte F..., quelque esprit naturel, sans talents administratifs, chargé de dettes qu'il voudrait payer. Son jugement est assez sûr pour voir qu'il en est au commencement de la fin. Le beau sexe est l'objet de ses attentions ; ami du *brio* de la princesse D..., F... est rusé et fin politique.

Monseigneur V... C..., gouverneur de Rome et directeur général de la police, furieux, arbitraire, sans aucun talent, adonné au vin.

ainsi que de grosses sommes de Léon XII ; il les gagnait, assure-t-on, par des crimes ou plutôt, ce me semble, par d'affreuses injustices.

Le comte V... d... de S..., directeur *del Botto e Registro*, a plusieurs autres emplois : homme à renvoyer bien vite ; jésuite, fripon, ennemi de toute pensée libérale.

T... M..., bon dessinateur, jésuite, espion, il s'introduit dans les maisons comme maître de dessin ; l'un des grands affidés du cardinal B... et du gouverneur ; il rend de nombreux services à ces messieurs ; un des principaux agents de la haute police du pays ; coquin complet ; un des grands prêtres du culte grec.

M. L..., cardinal de V..., eut le talent de s'introduire dans les loges des francs-maçons et ensuite révéla les secrets, s'il y en a, et donna la liste des frères. Dévoué aux jésuites, rusé politique, grand ami et confident du cardinal B... ; du reste, employé supérieur à l'administration *del Botto e Registro*.

Les frères G..., J..., présidents du tribunal de commerce, insignes fripons. J..., ennemi jusqu'à la fureur de tout sentiment généreux ; ne respirant que des supplices pour les partisans du progrès ; entrepreneur de l'éclairage de Rome. Espions politiques, les deux frères fréquentent habituellement le cabinet littéraire de *Cracos al Corso*. Outre les deux frères G..., on rencontre dans ce cabinet l'abbé S... de C... de T..., espion, le comte M..., l'avocat don D... d'A... de F..., et beaucoup d'autres individus dévoués au gouvernement qui, en récompense des services qu'ils lui rendent, leur donne les moyens de voler impunément.

Voyons maintenant ces coquins en action.

Il existe beaucoup de tribunaux civils et criminels, et l'autocrate suprême en crée *au besoin*. Ce sont de véritables *commissions*, comme celles du cardinal de Richelieu.

L'*Uditore santissimo* est le grand ministre de cette partie de l'administration si funeste au public ; un rescrit santissimo, on interrompt le cours de la justice, on impose silence au bon droit.

L'un des tribunaux les plus pernicieux est le tribunal du commerce, composé de deux imbéciles, et d'un des voleurs les plus effrontés et les plus adroits, qui en est le président. Son principal moyen de faire de l'argent est de protéger les banqueroutiers frauduleux ; il leur vend, d'abord, un *sauf-conduit*, et ensuite un *provisoire* (une pension alimentaire), jusqu'à la formation *dello stato patrimoniale*, ou bilan définitif de la banqueroute. Par exemple, dans la banqueroute Santangeli et Paccinci, ils ont accordé à ces messieurs un *provisoire* de soixante écus par mois. On calcule que, sans compter ce que les juges obtiennent de cette manière, leurs droits patents absorbent environ le tiers de l'actif de la banqueroute. Les négociants honnêtes n'obtiennent justice qu'au moyen de leur crédit particulier ; c'est-à-dire par l'injustice.

C'est encore par le moyen de l'*uditore santissimo* que des familles patriciennes ou d'autres, après s'être ruinées par leurs fortes dépenses, obtiennent un *administrateur*. Elles indiquent ordinairement le sujet qu'elles désirent et qu'on leur accorde toujours. C'est, en général, un cardinal, qui délègue un monsignor avec les plus amples pouvoirs. Ce prélat commence par suspendre toutes les procédures dirigées contre son administré ; il ne paye personne, mais, en revanche, force tout le monde à payer ce qui est dû à son administré ; tout le crédit du cardinal et du prélat est employé à activer les rentrées ; qui pourrait résister à une telle puissance ?

Monsignor F... avait tous les goûts dispendieux ; il fit environ trente mille écus de dettes. Pressé par ses créanciers, il eut recours au pape, qui lui fit cadeau de trois mille écus pour faire un voyage, et, par un rescrit santissimo, il fut défendu aux créanciers d'agir contre la personne sacrée de monseigneur ou contre ses propriétés. Monsignor N..., *indice di signatura*, obtint un semblable rescrit santissimo.

Feu monsignor M..., de la secrétairerie d'état, vola une grande partie de leurs biens à ses pupilles ; il achetait les juges par des emplois, ou les gagnait au moyen de son crédit ; tout cela a été prouvé par pièces authentiques.

Il est presque inutile d'ajouter que le régime le plus arbitraire règne dans les formes de procéder de tous les tribunaux criminels ; ils ne se font pas faute de perquisitions, de détentions préventives, etc., etc. Le plus infâme de ces tribunaux est, sans contredit, celui du *vicaire*, qui a conservé les formes employées par l'inquisition espagnole. Ainsi, le procès est secret et l'accusé ne peut avoir de défenseur ; on y envoie aux galères, ou on condamne à de fortes amendes ceux qui oublient de faire leurs pâques. Il est vrai qu'avec un protecteur ou, à défaut, avec de l'argent, on parvient souvent à adoucir les rigueurs des terribles juges du tribunal du *vicaire*.

Le cardinal D... a chez lui la femme d'un co

:r, qu'il fait retenir aux galères pour un léger dé-
La moindre affaire de ce genre serait sévère-
nt punie chez un laïque, à moins, cependant, que
aïque n'eût de puissants protecteurs, auquel cas
t lui est permis.

XCIV

A Paul de Musset.

Juin 1839.

e pense bien, Monsieur, qu'il vous est assez égal
plaire à un lecteur de plus, mais permettez-moi
me donner le plaisir de vous dire combien je suis
hanté d'*Un Regard* (1). Cela est délicieux et ce
semble parfait. Dans un sujet si scabreux, et
tant naturellement à l'emphase, il n'y a pas une
ces lignes sublimes qui inspirent si bien au lec-
r la volonté de fermer le livre.

Ille Rachel a su charmer le public, parce que
is le siècle de l'*exagère*, elle a su marquer la pas-
ɔ sans l'outrer. Votre conte de ce matin présente
ctement le même mérite. Si vous avez le cou-
e de continuer, et de ne jamais tomber dans
nphase, vous atteindrez sans nul effort et sans
le image exagérée à une place qui se trouvera à
 près unique dans notre littérature.

Iais quel besoin avais-je de cette lettre, direz-
is ? C'est moi, Monsieur, qui avais le besoin de

) *Un Regard*, roman par Paul de Musset, 1839.

vous dire combien je suis étonné d'une tel
sence d'emphase, et peut-être y a-t-il bien
personnes à Paris qui pensent comme moi.
rester simple.

On paraît froid quand on s'écarte de l'affecta
la mode, mais aussi rien de plus ridicule que le
illisible) de l'an passé et l'homme qui ose le br
un vernis charmant d'originalité. Je pense qu
souvent vous êtes tenté par l'apparition de qu
belle *phrase emphatique*, songez alors qu'il y
nombre de gens qui aiment le simple, le natu
style des Lettres de Pline, traduites par M. de
Depuis J.-J. Rousseau, tous les styles sont e
sonnés par l'emphase et la froideur.

Agréez les hommages et les compliments de

Cotonet (1)

XCV

A. H. de Balzac.

(18

Mon portier, par lequel je voulais vous envo
Chartreuse comme au Roi des Romanciers du
sent siècle, ne veut aller rue Cassini, n° 1; il pr

de l'Observatoire, *en demandant*, voilà ce qu'on m'en a dit.

Quelquefois vous venez, Monsieur, en pays chrétien, donnez-moi donc une adresse honnête, par exemple chez un libraire (vous direz que j'ai l'air de chercher une épigramme).

Ou bien envoyez prendre le dit roman rue Godot-de-Mauroy, 30 (Hôtel Godot-de-Mauroy).

Si vous me dites que vous l'enverrez quérir, je le mettrai chez mon portier. Si vous le lisez, dites-m'en votre avis bien sincèrement (1).

Je réfléchirai à vos critiques avec respect.

Votre dévoué,
FRÉDÉRICK (2).
Rue Godot-de-Mauroy, n° 30.

Vendredi 27.

XCVI

Au DR LAVERDANT (3).

Civita-Vecchia, 8 juillet 1841.

Je vous prie, Monsieur, d'excuser le long retard de ma réponse. M... (4) m'a remis la lettre que vous m'avez fait l'honneur de m'écrire au moment où l'on me soumettait à huit saignées. C'est un accès de goutte. Je n'ai presque plus la faculté de penser.

---

(1) Voir l'article que Balzac écrivit sur *la Chartreuse* dans la *Revue Parisienne,* p. 278.
(2) Lettre publiée dans *Stendhal et ses amis,* par Henri Cordier, p. 70-71.
(3) N° 6, rue de Tournon, à Paris.
(4) En blanc dans l'original.

Puisque le hasard a fait tomber mes idées sous vo[s] yeux, je vous dirai que la décadence de la langue la[ti]ne (1) après Claudien me représente l'état du fran[ç]ais de 1800 à 1841.

On ne disait plus par exemple : « Les pauvre[s] « assiègeaient le palais des riches, mais la pauvret[é] « assiège le palais de la richesse. »

Faute d'idées, on s'attachait à Ségur. Voilà le gran[d] vice du moment. Ou je me trompe fort, ou la proli[x]ité de nos grands prosateurs ne sera que de l'ennu[i] pour 1880.

Si vous aviez des doutes, monsieur, supposez l[a] première page du *Henri IV* de Tallemant des Réau[x] traduite en français de 1841 par un des grands pro[sa]teurs actuels. Cette page de Tallemant produirai[t] six pages de M. Villemain. Je choisis exprès u[n] homme de talent.

Cette idée m'a porté à faire attention au fond e[t] non à la forme. Plût à Dieu, au milieu de l'ennui ac[]tuel, qu'il nous arrivât un bon livre écrit en patoi[s] auvergnat ou en provençal. Voyez ce que produi[]raient nos prosateurs traduits en allemand ou en ita[]lien.

Adieu, monsieur, je me réserve de vous répondr[e] encore quand je serai moins tourmenté.

Agréez l'hommage de mes sentiments les plus dis[]tingués.

H. Beyle (2).

(1) La lettre n'est de la main de Beyle qu'à partir de ce mot.
(2) Lettre publiée dans la *Vie littéraire* (6 juillet 1876), journal fondé par un stendhalien bien connu, M. Albert Collignon, auquel l'on doit une étude très consciencieuse : *l'Art e[t] la vie de Stendhal*, 1 vol., Germer-Baillière, 1869.

TABLE

Stendhal et les Salons de la Restauration.............. i

SOUVENIRS D'ÉGOTISME

Chapitre PREMIER....................................	1
Chapitre II...	10
Chapitre III..	21
Chapitre IV..	26
Chapitre V...	34
Chapitre VI..	55
Chapitre VII.......................................	60
Chapitre VIII......................................	84
Chapitre IX..	99
Chapitre X...	107
Chapitre XI..	120
Chapitre XII.......................................	124

LETTRES INÉDITES

I. — A sa sœur Pauline..................	131
II. — A la même.......................	133
III. — A Edouard Mounier................	136
IV. — Au même.......................	141
V. — A sa sœur Pauline..................	144
VI. — A Edouard Mounier................	146
VII. — Au même.......................	147
VIII. — Au même.......................	150

TABLE DES MATIÈRES

IX. — Au même..........................
X. — A son père.........................
XI. — A Edouard Mounier...................
XII. — Au même..........................
XIII. — Au même.........................
XIV. — Au même..........................
XV. — Au même..........................
XVI. — Au même.........................
XVII. — Au même ....
XVIII. — Au même........................
XIX. — A Mélanie Guilbert...... ....
XX. — A la même........................
XXI. — Mélanie Guilbert à Henri Beyle.......
XXII. — A sa sœur Pauline..................
XXIII. — A la même ....
XXIV. — A la même ....
XXV. — A la même........................
XXVI. — A la même.......................
XXVII. — A Edouard Mounier..................
XXVIII. — A sa sœur Pauline..................
XXIX. — Mélanie Guibert à Henri Beyle.........
XXX. — A sa sœur Pauline...................
XXXI. — A la même........................
XXXII. — A la même.......................
XXXIII. — A la même......................
XXXIV. — Mélanie Guilbert à Henri Beyle ....
XXXV. — A Martial Daru....................
XXXVI. — Mélanie Guilbert à Henri Beyle.......
XXVXII. — Mélanie Guilbert à Henri Beyle.......
XXVXIII. — A sa sœur Pauline..................
XXXIX. — A Monsieur Mounier, auditeur au Conseil d'Etat, secrétaire de S. M. l'Empereur et Roi, à Schœnnbrunn..
XL. — A sa sœur Pauline...................
XLI. — A M. Krabe, membre de la Chambre de Guerre et des Domaines...........
XLII. — A sa sœur Pauline..................
XLIII. — A Félix Faure.....................
XLIV. — Au même ....
XLV. — A sa sœur Pauline ....

XLVI.	— A la même	224
XLVII.	— A la même	226
XLVIII.	— A la même	226
IL.	— A Louis Crozet	229
L.	— Au même	231
LI.	— Au même	234
LII.	— Au même	236
LIII.	— Au même	239
LIV.	— Au même	240
LV.	— Au même	242
LVI.	— Au même	246
LVII.	— Au même	247
LVIII.	— Au même	250
LIX.	— Note pour le libraire	253
LX.	— Au baron de Mareste	256
LXI.	— Au même	257
LXII.	— Au même	259
LXIII.	— Au même	261
LXIV.	— Au même	264
LXV.	— A Madame ***	266
LXVI.	— A M. le comte Daru	269
LXVII.	— A madame ***	270
LXVIII.	— Au baron de Mareste	271
LXIX.	— Au même	274
LXX.	— A Métilde ***	275
LXXI.	— A madame ***	276
LXXII.	— Au baron de Mareste	277
LXXIII.	— Au même	278
LXXIV.	— Au même	280
LXXV.	— Au même	281
LXXVI.	— A V. de la Pelouze	282
LXXVII.	— A Alphonse Gousolin	283
LXXVIII.	— Au baron de Mareste	286
LXXIX.	— A M. Viollet-le-Duc	287
LXXX.	— A Alphonse Gousolin	288
LXXXI.	— Au baron de Mareste	290
LXXXII.	— Au même	292
LXXXIII.	— Au même	293
LXXXIV.	— Au même	294
LXXXV.	— Au même	295

LXXXVI. — A M. Levavasseur, éditeur à Paris.....
LXXXVII. — Au baron de Mareste.................
LXXXVIII. — Au même.........................
LXXXIX. — A X***............................
XC. — Au baron de Mareste.................
XCI. — Au même ....
XCII. — A Henri Dupuy ....
XCIII. — A Sutton-Sharp, à Londres...........
XCIV. — A Paul de Musset...................
XCV. — A H. de Balzac....................
XCVI. — Au Dr Laverdant...................

Imp. F. Imbert, 7, rue des Canettes.

Lightning Source UK Ltd.
Milton Keynes UK
UKHW012048040219
336748UK00009B/1080/P